Katharina Reiß
Texttyp und Übersetzungsmethode

Monographien
Literatur + Sprache + Didaktik 11

Herausgeber der Reihe:
Barbara Kochan · Detlef C. Kochan · Harro Müller-Michaels

Katharina Reiß

Texttyp
und Übersetzungsmethode

Der operative Text

Scriptor Verlag Kronberg/Ts. 1976

Die vorliegende Arbeit wurde 1974
vom Fachbereich Philologie II
der Johannes Gutenberg-Universität zu Mainz
als Habilitationsschrift angenommen

© Scriptor Verlag GmbH & Co KG
Wissenschaftliche Veröffentlichungen
Kronberg/Ts. 1976
Alle Rechte vorbehalten
Umschlaggestaltung Helmuth Krieg
Satzarbeiten:
computersatz bonn gmbh, Bonn
Druck- und Bindearbeiten:
Graph. Großbetrieb Friedrich Pustet, Regensburg
Printed in Germany

ISBN 3-589-20379-X

INHALTSVERZEICHNIS

0.	Abgrenzung und Zielsetzung	1

TEIL I

1.	Übersetzungsrelevante Texttypologie	5
1.1	Texttypologie	5
1.11	Verschiedene Klassifikationsmodelle	5
1.12	Zugänge zu einer übersetzungsrelevanten Texttypologie	7
1.12.1	Empirischer Zugang	7
1.12.2	Sprachwissenschaftlicher Zugang	8
1.12.3	Kommunikationstheoretischer Zugang	11
1.12.4	Zusammenfassung der Ergebnisse	17
1.2	Auswirkungen auf die Übersetzungsmethode	20
1.21	Intentionsadäquate Methode	20
1.22	Verhältnis von Textfunktion und Übersetzungsfunktion	23
1.23	Funktionsadäquate Methode	23

TEIL II

2.	Der operative Texttyp	34
2.1	Begriff	35
2.2	Material	38
2.3	Beschaffenheit des Materials	38
2.31	Theoretische Fundierung	38
2.31.1	Reklametexte	43
2.31.2	Propagandatexte	49
2.31.3	Missionarische Texte	
2.4	Zusammenfassung der Ergebnisse	55
2.41	Textkonstituierende Merkmale (Kommunikative Funktion)	55
2.41.1	Appellfunktion	55
2.41.11	Sachappell	56
2.41.12	Sprachlicher Appell	56
2.41.2	Dominanz des Empfängerbezugs	59
2.41.21	Ortsbezug	60
2.41.22	Zeitbezug	60
2.41.23	Mentalität des Empfängers	61

2.41.3	Spannungsverhältnis zwischen Redegegenstand und Redeweise	62
2.42	Textspezifische Merkmale (Gestaltungsprinzipien)	64
2.42.1	Volkstümlichkeit und Verständlichkeit	65
2.42.2	Lebensnähe und Aktualitätsbezug	66
2.42.3	Einprägsamkeit und Erinnerungswert	66
2.42.4	Suggestivität und vorgeprägtes Werturteil	67
2.42.5	Emotionalität	67
2.42.6	Sprachmanipulation	69
2.42.7	Glaubwürdigkeitsstreben	70

TEIL III

3.	Die Übersetzungsmethode für den operativen Text	86
3.1	Die Frage nach dem Sinn der Übersetzung operativer Texte	87
3.2	Die Frage nach der intentionsadäquaten Übersetzungsmethode	91
3.3	Aspekte der Analyse operativer Texte	94
3.31	Sprachlicher Elemente	94
3.32	Literarische Formen	95
3.33	Psychologische Aspekte	96
3.34	Hermeneutische Probleme	97
3.4	Übersetzungstechniken zur Realisierung der intentionsadäquaten Übersetzungsmethode	99

TEIL IV

4.	Spezielle Übersetzungsprobleme beim operativen Text	109
4.1	Die textkonstituierenden Merkmale	109
4.2	Die textspezifischen Merkmale	114
4.21	Sprachliche „Universalien"	114
4.22	Einzelsprachlich gebundene Sprachelemente	116
4.23	Kulturgebundene Sprachelemente	118
4.24	Zusammenfassung der Ergebnisse	122

TEIL V

5.	Zusammenfassende Darstellung des Ablaufs und der Ergebnisse der Untersuchung	127

Bibliographie 132

Register der erörterten Übersetzunsprobleme 139

Namenregister 140

Sachregister 142

0. ABGRENZUNG UND ZIELSETZUNG

Die nachstehenden Ausführungen fassen sich als einen Beitrag zur übersetzungswissenschaftlichen Diskussion auf. Wenn von „Übersetzen" die Rede ist, so ist stets Übersetzen als Sonderform der Translation[1] gemeint. Diese Abgrenzung erweist sich als notwendig, da die z. T. erheblichen Unterschiede[2] der Bedingungen und Möglichkeiten beim mündlichen und schriftlichen Translationsprozeß von vornherein gesonderte Vorgehensweisen bei jedem Versuch zur wissenschaftlichen Erfassung und systematischen Durchdringung der Problematik dieses Prozesses erforderlich machen. Das schließt keineswegs die Existenz gemeinsamer Grundphänomene und die Übertragbarkeit von Ergebnissen der Übersetzungsanalyse auch auf die Fragen des Dolmetschens aus, falls eindeutige Gemeinsamkeiten mit dem Übersetzen erkennbar werden.

In Weiterführung und Präzisierung von Überlegungen, die in früheren Publikationen bereits angestellt, jedoch nicht systematisch ausgebaut wurden[3], soll in der vorliegenden Arbeit der Versuch unternommen werden, eine übersetzungsrelevante Texttypologie zu erarbeiten und diese in Beziehung zu übersetzungsmethodischen Entscheidungen beim Übersetzungsprozeß zu bringen. Ausgangspunkt ist dabei die These, daß der Texttyp die zu wählende Übersetzungsmethode bestimmt[4], weil verschiedene Texttypen unterschiedliche Äquivalenzmaßstäbe und daher differenzierte übersetzerische Realisierungsmodalitäten verlangen. Zur Erhärtung dieser These wird nach einer kurzen Auseinandersetzung mit anderweitig erarbeiteten Texttypologien eine eigene Typenbestimmung entwickelt, die von der kommunikativen Funktion von Texten ausgeht. Sodann soll nachgewiesen werden, in welcher Weise der Texttyp auf die Wahl einer adäquaten Übersetzungsmethode einwirkt. Schließlich wird an einem Texttyp der theoretische Befund praktisch demonstriert. Zu diesem Zweck wurde der operative Texttyp und dieser nicht zuletzt deswegen ausgewählt, weil er trotz seiner unbestreitbaren Bedeutung für die menschliche Kommunikation bisher als eigener Texttyp nicht herausgestellt wurde und es sich zudem für die Belange des Übersetzens als notwendig erweist, die in der übersetzungswissenschaftlichen Diskussion traditionell vorausgesetzte Dichotomie von „pragmatischen" (bzw. „Gebrauchstexten"[5]) und „literarischen" Texten zu überwinden.

Da das Übersetzen als zweisprachiger Kommunikationsakt[6] verstanden wird und sich die Erkenntnis durchgesetzt hat, daß Übersetzen keine rein „linguistische Operation"[7] ist, orientieren sich die nachstehenden Ausführungen nicht nur an sprachwissenschaftlichen, sondern auch an kommunikationstheoretischen und literaturwissenschaftlichen Gesichtspunkten.

Der Ausgangspunkt der Untersuchungen sind Texte[8], und zwar schriftlich fixierte Texte, die auf ihre typenkonstituierenden Merkmale befragt werden. Der Untersuchungsgegenstand ist somit, was die Typologie anbelangt, faktisch innerhalb der Textwissenschaft[9] anzusiedeln, und die Arbeit versteht sich daher auch als ein Beitrag zur Textwissenschaft, die sich nicht in der formalen Textlinguistik erschöpfen darf[10]. Das Recht der textlinguistischen Methode, „bei der Analyse vom ganzen Text zu seinen konstituierenden Einheiten vorzugehen, nicht aber umgekehrt von den kleinsten Einheiten aus den Text" aufzubauen[11], bleibt davon unberührt und wird auch in der vorliegenden Arbeit in Anspruch genommen. Im Anschluß an die noch im Gange befindliche linguistische Diskussion, die zu einer allgemein akzeptierten Definition des Textbegriffs noch nicht vorgedrungen ist, sei dabei für die folgenden Ausführungen der im Sekundärsystem der Sprache realisierte Text definiert als: kohärenter, thematisch orientierter, im Medium der Schrift realisierter, abgeschlossener Kommunikationsakt[12]. Angesichts der in der linguistischen Diskussion nur unzureichend berücksichtigten Differenzierung zwischen „manifesten Einzelerscheinungen funktionsfähiger Sprache" (P. Hartmann) im Primär- und im Sekundärsystem der Sprache (erst neuerdings bricht sich die Erkenntnis Bahn, „daß die andersartige Strukturiertheit spontaner Redeweise gegenüber der reflektierten Schriftform methodisch eine strikte Unterscheidung zwischen mündlichen und schriftlichen Texten anrät"[13], sei eigens hervorgehoben, daß schriftkonstituierte Texte als Akte der Einweg-Kommunikation[14] aufgefaßt werden und in Übereinstimmung mit R. Chiu[15] alle sprachlichen Äußerungen umfassen sollen, die für einen beabsichtigten Kommunikationsakt schriftlich fixiert wurden, gleichgültig, ob sie dann graphisch oder akustisch vermittelt werden.

Abschließend eine technische Bemerkung: die junge Übersetzungswissenschaft ist zwar um eine klare begriffliche und terminologische Sprache bemüht, hat aber — bedingt durch die unterschiedlichen wissenschaftstheoretischen Ansätze und die noch ausstehende Konsolidierung als Teildisziplin der Angewandten Sprachwissenschaft — noch keine einheitliche und allgemein akzeptierte Terminologie entwickelt. Darin teilt sie das Schicksal der neueren Linguistik. Aus der Kommunikationswissenschaft stammen z. B. die Termini „Sender" und „Empfänger", die auch in dieser Arbeit benützt werden, wenn es um kommunikationstheoretische Aspekte geht. Die im Anschluß an die technische Kommunikationsvermittlung (Rundfunk) gewonnenen Termini wechseln jedoch mit den Begriffen „Autor" (bzw. Textverfasser) und „Leser" (oder Textempfänger) ab, sobald Fragen der Texttypologie und des Übersetzens zur Diskussion stehen[16]. Kontroverse Begriffe werden jeweils beim ersten Auftauchen definiert bzw. auf ihre Herkunft erklärt. Bibliographische Angaben bringen die Anmerkungen in kürzestmöglicher Form: eine Ziffer in Klammern verweist jeweils auf die durchnumerierten Angaben im bibliographischen Anhang[17].

ANMERKUNGEN

1 Dieser von der Leipziger Schule progagierte Terminus (vgl. *O. Kade*, (60),) hat sich in der übersetzungswissenschaftlichen Diskussion als Oberbegriff zu den beiden Grundformen der interlingualen Textumsetzung, Dolmetschen einerseits (mündliche Übertragung mündlich dargebotener Texte) und Übersetzen andrerseits (schriftlich fixierte Übertragung eines schriftlich fixierten Textes) durchgesetzt.
2 Unterschiede beim Dolmetschen und Übersetzen, die sich auf die Translationsmethode auswirken, sind u. a. psychologischer Art (Kurzspeicher und Langzeitgedächtnis etwa spielen bei beiden Translationsformen sehr unterschiedliche Rollen), arbeitstechnischer Art (vor allem bei der Umkodierung in die ZS) und methodischer Art.
Zur Illustration einige Beispiele: „Je m'adresse aux peuples, aux peuples au pluriel" (aus einer De-Gaulle-Rede). Beim Simultandolmetschen der mündlich vorgetragenen Rede mag es vorkommen, daß der Dolmetscher formuliert: „Ich wende mich an das Volk, an die Völker", da er die Pluralbezeichnung beim ersten „peuples" ja nicht mithört. Im schriftlich fixierten Text heißt es lediglich: „Ich wende mich an die Völker", da der Übersetzer den Zusatz „aux peuples au pluriel" ohne weiteres als bloßen Ersatz für das nicht hörbare Pural-Morphem erkennt. Die unterschiedliche Beeinflussung des Textverständnisses durch prosodische Elemente der Sprache, spielen ebenfalls eine Rolle. In gesprochener Rede ist „*über*setzen" von „über*setzen*" ohne Schwierigkeit zu unterscheiden und translatorisch zu bewältigen; im geschriebenen Text muß wegen der fehlenden prosodischen Kennzeichnung u. U. der sprachliche oder situationelle Kontext zum richtigen Verständnis der Homographe herangezogen werden. Der Satz „Thou wilt not murder me?" (Shakespeare, Hamlet; Vgl. *F. Güttinger* (52), S. 61) verlangt in der ZS Deutsch unterschiedliche schriftliche Fixierung, je nachdem, ob er im Tone reiner Frage („Du willst mich nicht umbringen?") oder im Tone des Entsetzens („Du willst mich doch nicht umbringen?") ausgesprochen wird. Der Dolmetscher kann sich von der Intonation leiten lassen, der Übersetzer muß den Kontext hilfsweise zu Rate ziehen.
3 Vgl. *K. Reiss*, (105)–(112)
4 Wenn Textfunktion und Übersetzungsfunktion zusammenfallen. Näheres dazu unter 1.22
5 Vgl. *Chr. Gniffke-Hubrig*, (45), S. 39
6 Vgl. *K. Rülker*, in (117), S. 100
7 Vgl. *G. Mounin*, (93), S. 61: „Übersetzen (ist) zu allererst und immer eine linguistische", aber doch „niemals eine einzige und ausschließlich linguistische Operation."
8 Damit wird der Erkenntnis Rechnung getragen, die *W. U. Dressler*, (32), in die Worte kleidet: „In unseren Tagen bricht sich die Auffassung Bahn, daß die oberste und unabhängigste sprachliche Einheit nicht der Satz, sondern der Text ist."
9 Dieser Terminus wurde, ausgehend von einer Textdefinition, die eine Integration von Sprach- und Literaturwissenschaft zumindest für die Analyse bestimmter Teilbereiche möglich erscheinen läßt, von *E. Leibfried* und *S. J. Schmidt* vorgeschlagen. Vgl. *M. Scherner*, (120), S. 58
10 Zwar heißt es bereits in dem grundlegenden Aufsatz von *P. Hartmann* (54), S. 23: „Wie kann man Textausdehnung, Textkonstellation und Textfunktion (Äußerungsabsicht) zu einer sinnvollen Klassifikation verbinden? Genügt es, Texte jeder Bildung für alle Aufgaben anzuerkennen, oder kann man vorwiegende Kriterien erkennen?" Doch bezieht sich diese Fragestellung noch ausschließlich auf die Erkundung über-

satzmäßiger (transphrastischer) sprachlicher Phänomene (Vgl. *K. Brinker*, (16), S. 233), auf die sich die textlinguistische Forschung unter weitgehendem Ausschluß der Sinnebene des Textes konzentrierte. Erst in jüngster Zeit setzt sich die Überzeugung durch, daß „eine Texttheorie auch eine Kontexttheorie beinhalten müsse, die nach sprachlichen und außersprachlichen Kriterien zu differenzieren sei" (Vgl. *U. Engel, O. Schwenke* (Hrsg.), (36), S. 60). Mit anderen Worten: „Damit deutet sich an, daß eine umfassende Textdefinition außer der syntaktischen und der semantischen eine weitere Dimension enthalten muß, die man unter Anlehnung an die Morrissche Trias am besten als ‚pragmatisch' bezeichnet." (*M. Scherner*, (120), S. 56) Wenn die vorliegende Arbeit in diesem Sinne auf der Grundlage der Textfunktion eine typologische Klassifikation erarbeitet, so stützt sie sich also auf einen Textbegriff, der die Berücksichtigung nicht nur textimmanenter, struktureller, sondern auch textexterner Kriterien erlaubt (Vgl. *K. Brinker*, (16), S. 235).

11 *K. Brinker*, (16), S. 233
12 Vgl. dazu die Textbegriffsdiskussion u. a. bei *D. Breuer*, (15), *H. Glinz*, (44), *P. Hartmann*, (55), *W. Sanders*, (119) und *S. J. Schmidt* (123).
13 Vgl. *W. Sanders*, (119), S. 40 f.
14 nach *H. Glinz*, (44), S. 15 ff.
15 Vgl. *R. Chiu*, (28), S. 57
16 Dabei wird unter Sender/Autor jeweils der Verfasser des zu übersetzenden schriftlich fixierten Textes, unter Empfänger/ Leser grundsätzlich der Leser ebendieses Textes verstanden.
17 Die beiden oft wiederkehrenden Termini „Ausgangssprache" und „Zielsprache" bezeichnen beim Übersetzen jeweils die Sprache des Originals und die der Übersetzung. Sie werden ebenso wie die entsprechenden Adjektive „ausgangssprachlich" und „zielsprachlich" grundsätzlich in der üblichen Abkürzung AS und ZS gebracht.

TEIL I

1. Übersetzungsrelevante Texttypologie

1.1 Texttypologie

Im Bereich übersetzungstheoretischer und -praktischer Erörterungen ist die Frage, warum etwas so und nicht anders übertragen wurde oder werden sollte, durchaus auch immer wieder in Beziehung zu der je besonderen Art der zu übersetzenden Texte gebracht worden. Hier ist in der neueren Zeit vor allem auf K. Fedorov (*UdSSR*), E. Tabernig de Pucciarelli (Argentinien), Francisco Ayala (Spanien), O. Kade (DDR), R. W. Jumpelt (BRD), J. B. Casagrande (USA) und G. Mounin (Frankreich) hinzuweisen. Eine kritische Würdigung dieser Textklassifizierungsversuche fördert jedoch die Erkenntnis zutage, daß sie alle im Grunde unbefriedigend bleiben[1], weil ihnen eine jeweils einheitliche Konzeption für die Isolierung verschiedener Texttypen abgeht und die Begründungen sich — wenn sie überhaupt gegeben werden — wechselnder Motive bedienen oder nicht sachdienlich, d. h. nicht auf die Bedingungen des Übersetzungsprozesses abgestellt sind. Außerdem läßt sich nicht übersehen, daß bei aller Differenzierung die alte Zweiteilung in literarische und nicht-literarische Texte im Grunde genommen nicht überwunden wird[2]. Das stimmt schon allein deswegen bedenklich, weil bei der Erörterung einzelner Übersetzungsprobleme dann doch die Lösungsvorschläge ohne Bezugnahme auf den Texttyp gemacht werden.

1.11 Verschiedene Klassifikationsmodelle

In jüngster Zeit wurden zwei Klassifikationsvorschläge zur Diskussion gestellt, die auf ihre Brauchbarkeit für Fragen der Übersetzungsmethode zu untersuchen sind[3].
Nur A. Neubert geht dabei unmittelbar auf die Beziehung zwischen Textsorte und Übersetzung ein. Er konstituiert vier Übersetzungstypen, aus denen er vier Gradstufen der Übersetzbarkeit ableitet. Das Einteilungsprinzip liegt für ihn beim gedachten Empfängerkreis, seine Kriterien stützen sich auf die unterschiedlichen Auswirkungen der jeweils gegebenen Pragmatik des Textes und seiner Übersetzung[4]. Im Vordergrund der Überlegungen steht die Frage nach der Übersetzbarkeit. Neubert erarbeitet die folgenden vier Übersetzungstypen:
1. Ausschließlich ausgangssprachlich gerichtete Texte (z. B. landeskundliche Texte mit rein ausgangssprachlichem Bezugspunkt)
2. primär ausgangssprachlich gerichtete Texte (z. B. literarische Texte)
3. ausgangssprachlich und zielsprachlich gerichtete Texte (z. B. fachsprachliche Texte)

4. primär und ausschließlich zielsprachlich gerichtete Texte (z. B. Texte für Auslandspropaganda)

Jedem dieser Texttypen eignet ein anderer Grad von Übersetzbarkeit, die von relativer oder absoluter Unübersetzbarkeit (Typ 1), über partielle Übersetzbarkeit (Typ 2) bis zu optimaler Übersetzbarkeit (Typ 3 und 4) reicht. Die gewonnenen Einsichten sind nicht von der Hand zu weisen. Da jedoch die Pragmatik nur *ein* Aspekt der Übersetzungsproblematik ist, reicht die Klassifikation für die umfassende Bestimmung einer übersetzungsrelevanten Texttypologie nicht aus, so sehr die pragmatische Dimension die einzelnen Übersetzungsoperationen auch beeinflussen kann. Das gilt insbesondere für operative Texte (vgl. 2.1), die ja aber ungeachtet ihrer relativen bzw. absoluten Unübersetzbarkeit in der Praxis übersetzt werden und werden müssen (vgl. 3 und insbesondere 3.1). Darüber hinaus ist zu fragen, ob bei der Abfassung eines Textes von Typ 4 (Neubert) nicht bereits ein gewisser Übersetzungsprozeß die Redaktion in der AS begleitet (Adaptation an die ZS-Pragmatik), was gleichzeitig eine Mehrfachfassung des als Beispiel genannten Textes für Auslandspropaganda zur Folge haben müßte.

H. Glinz geht unter dem Titel „Texttypologie auf soziologischer Grundlage" von den „Absichten und Erwartungen der Texthersteller und von den Erwartungen und dem Verhalten der Textbenützer aus (anders gesagt: von der Unterscheidung der verschiedenen Rollen der Texthersteller und Textbenützer)"[5]. Er unterscheidet sieben Texttypen: 1. Texte, auf die man sich berufen kann, die man einklagen kann (Verträge, Gesetze, Verordnungen); 2. Texte, durch die jemand bei einem anderen etwas zu seinem eigenen Vorteil erreichen will (Bitte, Gerichtsrede, Werbung); 3. Texte, die den Benützer befähigen sollen, sich ein Wissen oder Können anzueignen (Lehrbücher, Anleitungen); 4. Texte, die einfach Information speichern (Notizzettel, Telefonbuch); 5. Texte, die eine Information (sachlich oder personal) einem bestimmten Adressaten mitteilen sollen (Briefe, Berichte); 6. Texte, die sachliche (auf Faktizität gerichtete, an ihr nachprüfbare) Information für beliebige Benützer bieten sollen (Sachbücher); 7. Texte (für beliebige Benützer), die nicht auf Nachprüfung an Faktizität angelegt sind, sondern die man zur personalen Erweiterung oder auch nur zur Spannung und Entspannung liest (sog. „Schöne Literatur").

Abgesehen davon, daß sieben verschiedene, auf den jeweiligen Texttyp abgestimmte Übersetzungsmethoden (wegen ihrer Vielzahl) ebenso unpraktikabel zur Erarbeitung einer generellen Übersetzungsmethodik sein dürften, wie es die bisherige Dichotomie von pragmatischen und literarischen Texten (wegen der zu groben Differenzierung) war, läßt sich eine nach soziologischen Kriterien betriebene Klassifikation nicht ohne Widerspruch in eine übersetzungsrelevante Typologie übertragen. Wenn z. B. als Typ 7 „Texte (für beliebige Benützer), die nicht auf Nachprüfung an Faktizität angelegt sind, sondern die man zur personalen Erweiterung oder auch nur zur Spannung und Entspannung liest (sog. ‚Schöne Literatur')" isoliert werden, so liegt hier gewiß ein plausibles Kriterium zur Bestimmung einer homogenen Gruppe von Texten vor. Beim

Übersetzen jedoch wären — wie später nachzuweisen sein wird — sehr unterschiedliche Methoden anzuwenden, je nachdem, ob es sich bei dem „Text der schönen Literatur" um einen Kriminalroman, ein lyrisches Gedicht, ein Drama oder eine Satire handelt. Andrerseits ist aus der Sicht des Übersetzers kein Methodenwechsel angezeigt, ob es sich nun unter Punkt 3 um „Texte, die den Benützer befähigen sollen, sich ein Wissen oder Können anzueignen (Lehrbücher, Anleitungen)" handelt oder unter Punkt 5 um „Texte, die eine Information (sachlich oder personal) einem bestimmten Adressaten mitteilen sollen (Briefe, Berichte)". Bei beiden Textgruppen geht es um Weitergabe von Informationen[6], deren Übersetzung in erster Linie auf die Erhaltung der unverkürzten, unverzerrten Information zu achten hat. Sie wären demnach als verschiedene (formal unterscheidbare) Textsorten ein- und demselben Texttyp (mit der kommunikativen Funktion der Information) zuzuordnen.

1.12 Zugänge zu einer übersetzungsrelevanten Texttypologie

Auf dreifache Weise soll nun versucht werden, den Zugang zu einer auf die Belange des Übersetzens abgestellten Texttypologie zu öffnen.

1.12.1 Empirischer Zugng

Der Anstoß zur Frage nach der Beziehung zwischen der Textsorte[7] und der Legitimität gewisser Übersetzungsoperationen ergab sich für die Verfasserin aus der Unterrichtspraxis und der Sichtung vorhandener Übersetzungsliteratur auf der Suche nach einer Lösung für dieses Problem.

Dabei ließ sich feststellen, daß im Grunde genommen nur eine Faustregel zur Verfügung stand: man müsse jeweils „so genau wie möglich, so frei wie nötig" übersetzen. Doch die Begriffe „frei" und „genau" sind dehnbar. Nirgends wurden sie in ein Bezugssystem eingeordnet und damit einer eindeutigen Interpretation zugänglich gemacht. Bei konkreten Beispielen ergaben sich völlig widersprüchliche — anscheinend willkürliche — Beurteilungen einzelner Übersetzungsverfahren. So wird es einerseits als legitim angesehen, daß in Bibelübersetzungen nicht nur Worte, sondern die dahinterstehenden Realitäten verändert werden[8], andrerseits bei einer Gedichtübersetzung die Auswechslung eines einzigen Wortes hart kritisiert[9].

Angesichts dieser und anderer Beispiele drängt sich die Überlegung auf, ob die Beurteilung der jeweiligen Übersetzungslösungen, die sich mit der obengenannten Faustregel nicht rechtfertigen lassen, unter Berücksichtigung der verschiedenen Textsorten transparenter wird. Sind „Sumpf", „Fisch" und „Seehunde" im ersten Beispiel (siehe Anm. 8) tatsächlich echte Äquivalente, weil mit den Bibeltexten in ihrer erstmaligen Übersetzung in die Indianer- und die Eskimosprache vor allem missioniert werden sollte, die Formulierungen also in die sozio-kulturelle Umwelt der Textempfänger eingebettet werden mußten, um diese überhaupt an-sprechen zu können? Ist „der Gott" für „Amour" deshalb nicht annehmbar, weil das Wort in einem Gedichttext vorkommt und deshalb die Übersetzung nicht nur auf den Begriff, sondern auch auf die Konnotationen und Assoziationen im Ausgangstext Rücksicht nehmen muß, um die dichterische Konzeption nicht zu verfälschen?

Daß die Textsorten mit ihren spezifischen Bedingungen tatsächlich bei der Wahl optimaler Äquivalente eine Rolle spielen, scheint naheliegend. Jedoch würde dieser Ausgangspunkt wiederum zu einer unpraktikablen Vielfalt von Übersetzungsmethoden führen, da es eine zu große Fülle von Textsorten gibt. Der nächste Schritt besteht daher in der Suche nach einer übergeordneten Einheit, bei der in überschaubarer, möglichst kleiner, jedoch zum Differenzieren ausreichender Zahl eine Basis für die Entwicklung jeweils zuständiger Übersetzungsmethoden gegeben wäre. Nach den üblichen Klassifikationsschemata bietet sich der Begriff des Texttyps an.

Wie — so ist jetzt zu fragen — kann man mehrere Textsorten zu einem Texttyp zusammenfassen? Wenn man sich fragt, wozu denn Texte geschrieben werden, wenn man also die kommunikative Funktion von Texten zur Basis einer Typologie zu machen versucht[10], so läßt sich rein empirisch antworten: Texte werden geschrieben:

entweder, um Nachrichten, Kenntnisse, Ansichten, Wissen zu vermitteln, kurz: um zu informieren;

oder weil ein Autor sein Denken, Wollen, Fühlen kreativ in Sprache zum Ausdruck bringen will, wobei er einen Inhalt bewußt nach ästhetischen Gesichtspunkten gestaltet: der Text ist Ausdruck seiner Individualität, ein geistiges Gebilde, das nicht so sehr informieren, als durch seinen Ausdruck einen entsprechenden Eindruck erzielen will;

oder um mit Hilfe von intellektueller und emotionaler Beeinflussung die Meinungen des Lesers zu steuern, Verhaltensimpulse bei ihm auszulösen oder ihn sogar zu Aktionen zu provozieren.

Auf empirischem Wege ist somit der Zugang zu einer Texttypologie gegeben: Textsorten, die informieren wollen; Textsorten, die ein künstlerisch-ästhetisches Gebilde darstellen und geistigen Genuß (ein geistiges Erlebnis) bereiten wollen; Textsorten, die auf eine außersprachliche Reaktion des Lesers abzielen; sie lassen sich jeweils zu einem Texttyp zusammenfassen. Der nächste Schritt muß nun darin bestehen, den empirischen Befund wissenschaftlich abzusichern.

1.12.2 Sprachwissenschaftlicher Zugang

Es erscheint logisch, für eine Texttypologie zuerst einmal das Material heranzuziehen, aus dem Texte bestehen: die Sprache.

Fassen wir mit Saussure die Sprache (im Sinne von faculté de langage) als das vornehmste Mittel des Menschen auf, mit anderen Menschen in Kommunikation zu treten und sich auf diese Weise mitzuteilen, so ergibt sich bereits unter diesem Gesichtspunkt eine Möglichkeit der Zuordnung der empirischen Befunde, wenn auf die jeweilige Intention der sprachlichen Mitteilung abgehoben wird. In der ersten Textgruppe („um zu informieren") wird Gebrauch von der Sprachfähigkeit gemacht, um „Welt" darzustellen; in der zweiten („kreative Verwendung der Sprache zur Schaffung von Sprachkunstwerken") dient die Sprachfähigkeit dazu, „Welt" zu bereichern; in der dritten schließlich („Verhaltenssteuerung und Provokation zur Tat") wird die Sprachfähigkeit dazu eingesetzt, „Welt" zu verändern.

Die Sprache („langue") jeder Sprachgemeinschaft stellt die Elemente zur Verfügung, um diese Intentionen zu verwirklichen. Jeder konkrete Text (als Erzeugnis der „parole") trifft eine Auswahl unter den von der „langue" bereitgestellten (oder nach ihren Gesetzen neubildbaren) Elementen.

Auch jeder schriftlich fixierte Text — und um solche Texte geht es hier ausschließlich — kommt mit dem Mittel der Sprache zustande. Dabei ist zu beachten, daß die Sprache drei Grundfunktionen hat: Darstellung, Ausdruck und Appell, die sich in Parallelität zu den oben genannten Intentionen bei sprachlichen Mitteilungen bringen lassen[11].

Diese von K. Bühler[12] herausgearbeiteten drei Grundfunktionen schaffen einen von der Übersetzungswissenschaft bisher nicht beachteten Zugang zu einer sprachwissenschaftlich begründeten Texttypologie. Grundsätzlich kommen zwar in jedem Text alle drei Funktionen der Sprache ins Spiel, doch läßt sich durchaus eine je verschiedene hierarchische Abfolge dieser Funktionen in konkreten Texten beobachten[13], die mit den unterschiedlichen Mitteilungs-Intentionen in Beziehung gesetzt werden kann. Wenn wir voraussetzen, daß die Intention die Auswahl der zweckmäßigen sprachlichen Elemente bestimmt und damit auch die hierarchische Ordnung der Sprachfunktionen im Text auf charakteristische Weise herstellt, so läßt sich folgern, daß bei Texten, die „Welt" darstellen, die Darstellungsfunktion, bei Texten, die „Welt" bereichern, die Ausdrucksfunktion, bei Texten, die „Welt" verändern, die Appellfunktion der Sprache dominiert und damit den Charakter des jeweiligen Textes auch formal weitgehend prägt[14]. Anders gesagt: verändert man diese hierarchische Ordnung, so verliert der Text seinen spezifischen Charakter. Gerade dieser Gesichtspunkt erweist sich als für den Übersetzungsprozeß relevant. Soll ein Text adäquat, und das besagt hier: textadäquat, übersetzt werden[15], so muß vor allem die Hierarchie der Sprachfunktionen in Ausgangs- und Zieltext erhalten bleiben[16].

Wie kann diese dreifach mögliche hierarchische Abfolge der Sprachfunktionen in konkreten Texten zur Grundlage einer Texttypologie gemacht werden?

Dort, wo die Darstellungsfunktion der Sprache vorherrscht, gilt im allgemeinen die Intention des Textautors vor allem der Sinnvermittlung, der Weitergabe von Informationen, Wissen, Kenntnissen. Es wird informiert (z. B. Nachricht, Bericht, Sachbuch), es wird mitgeteilt (philosophische Texte, Traktate) oder festgestellt und dargelegt (Gesetze, Verträge). In diesem Fall fungiert die Sprache vor allem als Träger von Information[17]. Der diese Funktion widerspiegelnde Texttyp ließe sich als darstellender Texttyp bezeichnen[18]. Ihm läßt sich — wie bereits andeutungsweise geschehen — eine Vielzahl von Textsorten zuordnen, die relativ leicht voneinander abgegrenzt werden können. Obwohl die Unterschiede zwischen den einzelnen Text*sorten* durchaus wieder je eigene Übersetzungsprobleme mit sich bringen, berühren sie doch nicht mehr die Wahl der grundsätzlichen Übersetzungsmethode, da diese vom Texttyp bestimmt wird. Im vorliegenden Fall geht es stets um die unverkürzte, unverzerrte Übersetzung der im Text dargestellten Sache.

Wo der Text vorwiegend Ausdrucksfunktion hat, wo also die expressiven und assoziativen Möglichkeiten der Sprache kreativ genutzt werden, ist es in der Regel die Hauptaufgabe des Textes, nach ästhetischen Gesichtspunkten sprachlich gestaltete Inhalte zu vermitteln: Es wird nach ästhetischen Gesichtspunkten verbalisiert; einem Inhalt wird künstlerisch Ausdruck verliehen; Inhalte werden kreativ gesetzt und dichterisch gestaltet. Dieser Texttyp ließe sich in Übereinstimmung mit der die Verbalisierung beherrschenden Ausdrucksfunktion der Sprache als ausdrucksbetonter Typ bezeichnen[19]. Bei der Übersetzung solcher Texte ist vor allem auf eine analoge künstlerisch-ästhetische Gestaltung zu achten, die sich die expressiven und assoziativen Möglichkeiten der ZS zunutze macht. Schon hier scheint der Hinweis angebracht, daß dieser Texttyp keineswegs identisch ist mit dem, was in der Regel als „literarischer Text" bezeichnet wird. Literarische Texte machen sich zwar im allgemeinen die expressiven Möglichkeiten der Sprache zunutze, das heißt jedoch nicht, daß unbedingt der Expressivität das Hauptgewicht bei der Verbalisierung zukommt[20]. Vor der Zuordnung zu einem übersetzungsrelevanten Texttyp ist *jeder* Text, gleichgültig ob er traditionell den Gebrauchstexten oder den literarischen Texten zugeordnet wird, sorgfältig nicht nur auf die tatsächlich vorgenommene Hierarchisierung der Sprachfunktionen, sondern auch auf seine kommunikative Funktion zu untersuchen[21].

Dort, wo die Sprache vorwiegend Appellfunktion hat, wo die appellativen Möglichkeiten der Sprache ins Spiel gebracht werden, sollen durch den Text in der Regel Meinungen beeinflußt (z. B. Kommentare mit Werturteilen), Verhalten gesteuert (Propagandaschriften, Tendenzromane), Reaktionen oder Aktionen provoziert werden (Polemik, Reklame, Missionierung). Durch den sprachlichen Appell soll etwas bewirkt werden. Daher läßt sich dieser Texttyp als appellbetonter Typ charakterisieren[22]. Wenn solche Texte übersetzt werden, muß vor allem Invarianz bei der Auslösung identischer Verhaltensimpulse angestrebt werden.

Mit diesen Überlegungen ist der sprachwissenschaftliche Zugang zu einer übersetzungsrelevanten Texttypologie dargelegt, die sich auf die durch ihre jeweilige Dominanz den Einzeltext charakterisierenden Funktionen der Sprache begründet[23].

Graphisch läßt sich die Zuordnung von Texttypen zur dominierenden Sprachfunktion folgendermaßen darstellen:

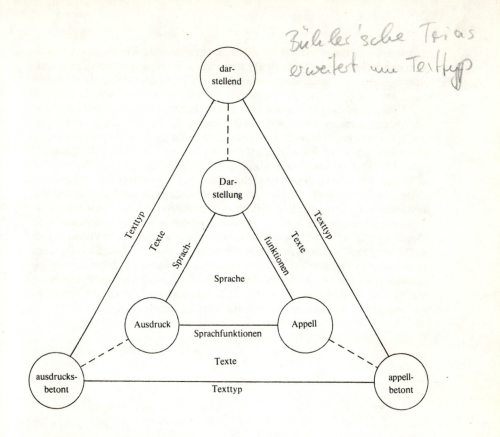

1.12.3 Kommunikationstheoretischer Zugang

Die auf sprachwissenschaftlicher Grundlage erarbeitete Dreiergruppierung von Texttypen ist für die Belange des Übersetzens noch nicht ausreichend fundiert. Die angeführten Beispiele des Kolportageromans und der Feuilletontexte (Anm. 20, 21) gaben bereits einen Hinweis darauf, daß sich die (äußerlich-formale) Dominanz einer der Sprachfunktionen[24] nicht unbedingt mit der kommunikativen Funktion eines Textes völlig gleichsetzen läßt[25]. Auf diese kommunikative Funktion kommt es aber bei einer Übersetzung in erster Linie an. Wenn man bei gewissen Textsorten noch bezweifeln mag, ob sie wirklich primär der Kommunikation dienen (etwa: Notizen, Tagebücher, Gedächtnisprotokolle), so muß für die Übersetzung[26] auf jeden Fall gelten, daß sie kommunikative Funktionen erfüllen soll, d. h. daß übersetzte Texte auf keinen Fall nur dazu dienen, dem AS — Autor Gedächtnisstütze oder Mittel zur Selbstdarstellung zu sein, sondern daß sie für einen Empfänger bestimmt sind (der nicht der Autor selbst ist), dem eine sprachliche Mitteilung zugedacht ist.

Aus diesem Grunde muß die übersetzungsrelevante Texttypologie durch kommunikationstheoretische Erwägungen gestützt — und wenn nötig modifiziert — werden[27]. Jede Übersetzung kann als — zweisprachiger — Kommunikationsvorgang aufgefaßt werden[28].

Zu jedem sprachlichen Kommunikationsvorgang gehören unabdingbar: ein *Sender*, der etwas mitteilen will, ein *Empfänger*, dem etwas mitgeteilt werden soll, und ein *Gegenstand* (oder *Sachverhalt*), über den der Sender dem Empfänger etwas mitteilen will[29]. Ein schriftlich fixierter Text stellt demnach einen schriftlich fixierten Kommunikationsvorgang[30] mit drei Faktoren dar, deren jeder in einem besonderen Verhältnis zum Kommunikationsvorgang steht.

Der *Gegenstand* (oder *Sachverhalt*)[31] gibt das Material für den Vorgang her und bestimmt durch seine Beschaffenheit weitgehend die Gemäßheit der auszuwählenden sprachlichen Mittel. Ist der Redegegenstand das dominierende Element im Text[30], steht also die im Text verhandelte „Sache" im Vordergrund, so läßt sich der Text als *sachorientiert* charakterisieren. Über diese Sache werden Informationen vermittelt. Die kommunikative Funktion des derart sachorientierten Textes wird in der Regel durch den auf sprachwissenschaftlicher Basis erarbeiteten darstellenden Texttyp erfüllt. Von der kommunikativen Funktion her ist dieser nun als *informativer* Texttyp zu bezeichnen.

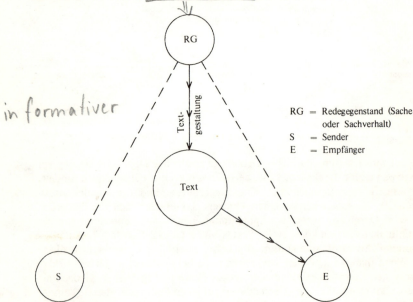

Der graphisch dargestellte Kommunikationsvorgang besagt demnach, daß der Sender sein Augenmerk auf einen Redegegenstand richtet, wobei er durchaus auch einen am Redegegenstand interessierten (= auf Information bedachten) Empfänger im Auge behält. Unter diesen Vorbedingungen bestimmt dann der Redegegenstand die Textgestaltung; in ihrer so verbalisierten Gestalt erreicht die Kommunikation den Empfänger in Form eines Textes. Bei diesem „Information" vermittelnden und somit vom Redegegenstand geprägten Text wird in erster Linie die Verstandessphäre angesprochen; umgekehrt formuliert: ein Text, der nicht primär die Verstandessphäre ansprechen soll, verliert den Charakter des informativen Textes.

Dem *Sender* obliegt die Auswahl der sprachlichen Mittel für den Kommunikationsvorgang — entweder im Blick auf die Beschaffenheit des Redegegenstands oder die des Empfängers oder auch die des eigenen Mitteilungs- und Gestaltungswillens. Dominiert dieser eigene Impuls zur Kommunikation, so ist das Ergebnis ein *senderorientierter* Text. Sein Kennzeichen ist dann nicht nur die individuelle sprachliche Prägung des Textes durch den Autor, sondern darüber hinaus die kreative Setzung und dichterische Gestaltung von Redegegenständen. Die kommunikative Funktion des senderorientierten Textes wird in der Regel in dem auf sprachwissenschaftlicher Ebene erarbeiteten ausdrucksbetonten Texttyp realisiert, der nun von dieser Kommunikationsfunktion her als *expressiver* Texttyp zu bezeichnen ist.

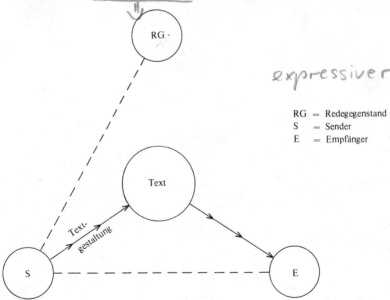

RG = Redegegenstand
S = Sender
E = Empfänger

Der graphisch dargestellte Kommunikationsvorgang verdeutlicht, daß der Sender einen Redegegenstand auswählt, dabei sich durchaus das Vorhandensein eines Textempfängers bewußt machen kann, dann aber die Textgestaltung kreativ, nur dem eigenen Willen zur Expressivität verpflichtet, vornimmt.

In der so verbalisierten Form erreicht der Text den Empfänger. Bei diesem von der „Expressivität" des Senders gestalteten, vom Sender kreativ gesetzten Redegegenstand wird in der Regel vor allem das ästhetische Empfinden angesprochen, anders gesagt: bleibt die ästhetische Komponente ausgeschlossen, so fehlt ein Hauptcharakteristikum des expressiven Texttyps.

Dem *Empfänger* schließlich ist die Entgegennahme der Mitteilung aufgegeben. Von der Wahl der sprachlichen Mittel hängt es weitgehend ab, ob er den vom Sender vermittelten Redegegenstand vorwiegend als Information, als künstlerisch-ästhetisches Gebilde oder als Appell an eigene Aktivität aufnimmt und versteht[33]. Rückt die Verfaßtheit des Empfängers bei der Kommunikationsintention so weit in den Vordergrund, daß sie ausschlaggebend für die Wahl der kommunikationswirksamen sprachlichen Mittel wird, so muß der Text als *verhaltensorientiert* charakterisiert werden. Die kommunikative Funktion des verhaltensorientierten Textes entspricht in der Regel dem auf sprachwissenschaftlicher Grundlage erarbeiteten appellbetonten Texttyp, der nun in Übereinstimmung mit seiner kommunikativen Funktion als *operativer* Texttyp bezeichnet werden soll.

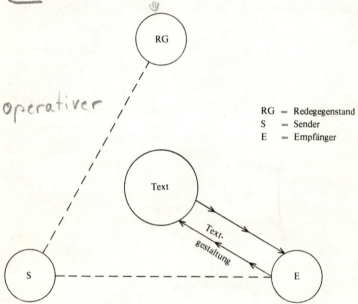

Der graphisch dargestellte Kommunikationsvorgang zeigt auf, daß der Sender einen Redegegenstand wählt und sich vor der endgültigen Textgestaltung an der von ihm angenommenen spezifischen Verfaßtheit, der Ansprechbarkeit und Beeinflußbarkeit des Empfängers orientiert. Nachdem dieser also ohne eigenes Zutun, allein durch seine intentionale Präsenz in der Vorstellungswelt des Senders, bereits nachhaltigen Einfluß auf den Verbalisierungsmodus ausgeübt hat, gelangt der Text in der auf sein erwünschtes Verhalten hin gestalteten Form an ihn. Bei diesem, von der Absicht, Verhaltensimpulse auszulösen, bestimmten Texttyp wird in aller Regel primär die Willenssphäre angesprochen[34]; oder nun wieder negativ formuliert: fehlt bei einem Text diese absichtliche Mobilisierung der Willenssphäre[35], so handelt es sich nicht um einen operativen Text.

Der Vollständigkeit halber muß nun noch ein vierter Texttyp beschrieben werden, für dessen Isolierung nicht mehr allein die sprachlichen Grundfunktionen und die drei Faktoren des Kommunikationsvorgangs verantwortlich sind. Die Notwendigkeit, einen eigenen Texttyp — im Blick auf die Übersetzungsproblematik — zu definieren, ergibt sich vielmehr aus sprachexternen und vermittlungstechnischen Gegebenheiten, die ihrerseits auch beim Übersetzungsprozeß zu spezifischen methodischen Überlegungen Anlaß geben. Wenn ein schriftlich fixierter Text nur Bestandteil eines größeren Ganzen („Verbund") ist (z. B. Liedtext: Sprache und Musik; Bühnenwerke: Sprache, Kulissen, Mimik, Gestik, u. U. Musik) oder für seine Vermittlung an den Empfänger eines technischen Mediums (kommunikationstheoretisch: eines spezifischen „Kanals") wie Rundfunk, Fernsehen etc. bedarf, so muß er, unbeschadet seiner grundsätzlichen Text- und Kommunikationsfunktion, einem vierten Texttyp zugeordnet werden, dessen Kennzeichen in seiner spezifischen *Medien-* oder *Verbundorientiertheit* liegt. Diese ausschlaggebende Eigenheit drückt sich in der für den Typ gewählten Bezeichnung des *audio-medialen* Textes aus. Es handelt sich um schriftlich fixierte Texte, die den Empfänger über das Ohr erreichen (deshalb *audio*-medial) und um Texte, die darüberhinaus für ihre Vermittlung auf *technische* Medien angewiesen sind[36]. Wird ein solcher Text übersetzt, so muß über die Erfordernisse der Invarianz in der Sinnvermittlung und/oder der Identität der operativen Wirkung hinaus in erster Linie die spezifische Medien- bzw. Verbundorientiertheit berücksichtigt werden. Die besonderen Bedingungen des technischen Mediums oder des Zusammenwirkens mit anderen, nichtsprachlichen Elementen sind sowohl für die Textgestaltung in der AS als auch für die übersetzerischen Entscheidungen von ausschlaggebendem Gewicht[37].

Für diesen vierten Texttyp wären die oben niedergelegten graphischen Darstellungen folgendermaßen zu variieren:

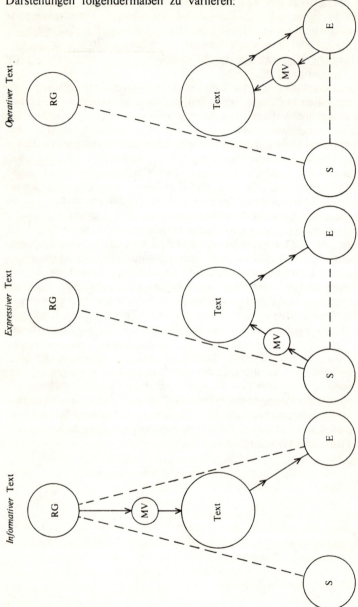

RG = Redegegenstand; S = Sender; E = Empfänger; MV = technisches Medium oder Verbundsystem, das ins Spiel kommt

1.12.4. Zusammenfassung der Ergebnisse

Fassen wir die Ergebnisse des sprachwissenschaftlichen und des kommunikationstheoretischen Zugangs zu einer übersetzungsrelevanten Texttypologie zusammen, so ergibt sich das folgende Bild. Bei jeder sprachlichen Äußerung kommen grundsätzlich alle drei Sprachfunktionen und alle drei Komponenten des Kommunikationsvorgangs ins Spiel. Bei der Erzeugung von Texten kann jedoch durchaus eine der Funktionen oder Komponenten eine Vorrangstellung gegenüber den beiden andern erhalten. Diese Dominanz charakterisiert dann den Texttyp und seine kommunikative Funktion.

Der sprachwissenschaftliche Zugang zu einer Texttypologie erlaubte eine erste Isolierung von drei Grundtypen im Hinblick auf die formale Textgestaltung: das Überwiegen der Darstellungsfunktion läßt auf die Vermittlung von Information als Textfunktion schließen; das Überwiegen der Ausdrucksfunktion ist ein Charakteristikum von Sprachkunstwerken und läßt auf die kreative Gestaltung von Inhalten als Textfunktion schließen; das Überwiegen der Appellfunktion läßt auf die beabsichtigte Auslösung von Verhaltensimpulsen als Textfunktion schließen.

Doch ist die formale Gestaltung eines Textes, wie bereits erwähnt (Vgl. S. 27 Anm. 21, S. 11) nur als ein erster Hinweis für die mögliche Überwindung der für Übersetzungsfragen unfruchtbaren Dichotomie von literarischen und nicht literarischen Texten durch die Ausweitung auf eine in den Funktionen der Sprache vorgezeichnete Trias von Texttypen zu verstehen. Der eigentliche Bezugspunkt für den Übersetzer ist bei der Einordnung eines gegebenen Textes die kommunikative Funktion, da Übersetzen in jedem Falle als ein zweisprachiger Kommunikationsvorgang zu betrachten ist, bei dem es primär auf die Erhaltung der kommunikativen Funktion des Textes in der ZS ankommt. Dies geschieht durch die Wahl adäquater und funktionsgerechter Äquivalente für die AS-Elemente in der ZS[38].

Der kommunikationstheoretische Zugang erweist sich demnach als der für eine übersetzungsrelevante Texttypologie geeignetste. Jeder Text ist vor der Wahl der geeigneten Übersetzungsmethode darauf zu untersuchen, welche kommunikative Funktion er erfüllen soll. Dabei wird sich gelegentlich herausstellen, daß selbst bei Dominanz der Darstellungsfunktion der Sprache die Textfunktion nicht in der Vermittlung von Information, sondern in der Auslösung von Verhaltensimpulsen besteht (z. B. ein lakonischer, nüchterner Bericht von einem Kriegsschauplatz, der junge Leute zur Kriegsdienstverweigerung bewegen soll[39]; oder daß trotz Überwiegens der Ausdrucksfunktion im Grund nur Information, und sei es fiktive, vermittelt werden soll (als Beispiel wären stilistisch brillant geschriebene Konzertberichte, Buch- und Theaterrezensionen zu nennen[40]); oder daß trotz der Dominanz von appellativen Sprachelementen ebenfalls nur Information weitergegeben wird (z. B. Gebrauchsanweisungen mit ihren imperativischen Wendungen, die ja nicht zum Gebrauch auffordern, sondern durch die enthaltene Information den Gebrauch ermöglichen).

Bei diesen eben aufgeführten Beispielen handelt es sich jedoch um Grenzfälle. In der Regel wird man von der Dominanz einer der drei Sprachfunktionen in Texten (oder Textteilen) auf die Korrelation von Darstellungsfunktion — Informationsvermittlung; Ausdrucksfunktion — Schaffung eines Sprachkunstwerks; Appellfunktion — Auslösung von Verhaltensimpulsen schließen dürfen.

Für die übersetzungsrelevante Texttypologie ergibt sich demnach folgendes Bild:

I. Typ — *informative* Texte

Sie werden von einem oder mehreren Autoren verfaßt, haben einen oder mehrere Leser im Blick, jedoch wird der kommunikativen Funktion entsprechend die sprachliche Gestaltung primär vom verhandelten Redegegenstand diktiert.

II. Typ — *expressive* Texte

Sie können gleichfalls im Blick auf den Leser verfaßt sein; auch bringen sie Information über einen Redegegenstand. Die sprachliche Gestaltung wird jedoch der kommunikativen Funktion entsprechend primär vom Mitteilungs- und Gestaltungswillen des Autors bestimmt.

III. Typ — *operative* Texte

Sie befassen sich mit einem Redegegenstand und werden von einem Autor (oder mehreren) sprachlich gestaltet. *Wie* das geschieht, wird in erster Linie durch die Art der „An-sprechbarkeit" des angezielten Textempfängers bestimmt.

IV. Typ — *audio-mediale* Texte

Sie sind grundsätzlich je nach ihrer kommunikativen Funktion einem der drei Grundtypen zuzuordnen. (Ein Opernlibretto kann eine Realisierung des expressiven, ein wissenschaftlicher Rundfunkvortrag eine des informativen, ein Werbespot im Fernsehen eine des operativen Typs darstellen). Die sprachliche Gestaltung geschieht aber jeweils mit Rücksicht auf die Erfordernisse des technischen Mediums (z. B. leichte Sprechbarkeit, leicht überblickbare Syntax etc.) oder auf die Bedingungen des Zusammenwirkens mit anderen, nichtsprachlichen, Textelementen (ergänzender Bildteil, Gesten, Kulissen, Musik etc.).

Bei der nachstehenden graphischen Darstellung des Befundes wurde die Kreisform gewählt, um zu verdeutlichen, daß die dominierende Sprachfunktion im Text nur in der Regel eine Gleichsetzung mit der kommunikativen Funktion des Textes erlaubt, es aber auch Textsorten gibt, in denen sich dieses Zuordnungsverhältnis verschiebt. Versuchsweise wurden — möglichst generelle — Bezeichnungen für einige dem jeweiligen Texttyp zuzuordnende Text*sorten* eingetragen, wobei in den überschneidungsfreien Feldern möglichst solche Textsorten eingesetzt wurden, in denen die jeweilige Dominanz sich am reinsten widerspiegelt.

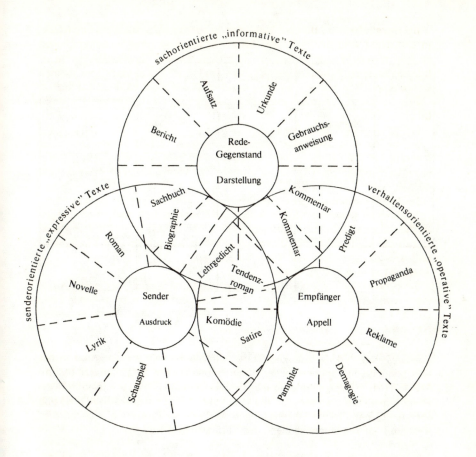

Eine definitive Zuordnung konkreter Texte läßt sich natürlich nur nach eingehender Analyse des endgültig gestalteten Textes vornehmen. Dabei muß berücksichtigt werden, daß es sich bei den hier isolierten Texttypen um Abstraktionen, um idealtypische Phänomene handelt. Ganz abgesehen von individuellen Abweichungen bei der Realisierung eines konkreten Textes muß man in der Praxis stets auch mit Mischtypen rechnen, in denen eine eindeutige Dominanz der einen oder anderen kommunikativen Funktion nicht gegeben ist oder zwei Funktionen gleichzeitig zum Zuge kommen. So sei etwa auf den politischen Kommentar verwiesen, der neben der Kommentierung eines politischen Phänomens (Informationsvermittlung) u. U. auch das Verhalten des Lesers beeinflussen will (Appellwirkung); auf den Tendenzroman, dessen sprachliche Gestaltung künstlerisch-ästhetischen Normen folgt (expressiver Typ), gleichzeitig aber eine Verhaltensänderung beim Leser anzielt (operativer Typ).

Übersichtstafel (S. 20–23)

Texttyp	Textfunktion	Kennzeichen	Äquivalenz-Maßstab	Übersetzungs-Methode (Primärfunktion)
1. informativ	Vermittlung von Information	sachorientiert	Invarianz auf der Inhaltsebene	sachgerecht (= „schlicht-prosaisch")
2. expressiv	künstlerische Aussage	senderorientiert	Analogie der künstlerischen Gestaltung	autorgerecht (= „identifizierend")
3. operativ	Auslösung von Verhaltensimpulsen	verhaltensorientiert	Identität des textimmanenten Appells	appellgerecht (= „parodistisch" später; „adaptierend")
4. audio-medial	(1–3)	(1–3)	(1–3)	medien- bzw. verbundgerecht (= „suppletorisch")

1.2. Auswirkungen auf die Übersetzungsmethode

Eingangs (vgl. S. 1) wurde die These aufgestellt, daß der aufgrund seiner kommunikativen Funktion bei der ausgangssprachlichen Textanalyse zu bestimmende Texttyp infolge seines je spezifischen Charakters die zu wählende Übersetzungsmethode bestimmt, da die Erhaltung der kommunikativen Funktion oberstes Gebot für die Übersetzung ist[41]. Welches Bild ergibt sich nun im Anschluß an die vorstehenden Ausführungen?

1.21 Intentionsadäquate Übersetzungsmethode

Das Kennzeichen des *informativen* Textes ist seine *Sachorientiertheit*. Wird ein solcher Text übersetzt, so geht es um die sachbezogene Vermittlung von (realer oder fiktiver) Information an eine zielsprachliche Gemeinschaft. Das Ziel der Übersetzung muß die *Invarianz*[42] auf der Inhaltsebene sein, die durch eine sachgerechte Übersetzungsmethode sichergestellt wird, bei welcher der Redegegenstand im Vordergrund steht und äußere Formelemente notfalls beliebig ausgetauscht werden, solange dies ohne Einbuße an Sachinformation in der zielsprachlichen Version möglich ist.

Die Handhabung von Lexik, Syntax und Stil[43] wird den in der ZS bei den entsprechenden Textsorten üblichen Normen dieses Typs angepaßt[44]. Die innere Form, gekennzeichnet durch eine dem Redegegenstand adäquate Redeweise[45], muß in der ZS erhalten bleiben. Die äußere Form, in der Regel gekennzeichnet durch zwecksprachliche, gebrauchssprachliche Formulierungen unter vorwiegender Ausnutzung der darstellenden Funktion der Sprache, paßt sich den zielsprachlichen Gewohnheiten an, wobei die Berücksichtigung der textsortengebundenen Formalia, die in AS und ZS Unterschiede aufweisen können[46], notwendig ist. Expressive oder appellative Merkmale der Sprache können, sofern sie in der ausgangssprachlichen Version enthalten sind, bei der Übersetzung in den Hintergrund treten, falls ihre Erhaltung die unverkürzte und unverzerrte Übertragung der textimmanenten Sachinformation hindern würde[47].

Wollte man die für *informative* Texte angebrachte Übersetzungsmethode schlagwortartig bezeichnen, so könnte man auf Formulierungen zurückgreifen, die Goethe — allerdings nur im Zusammenhang mit der Übersetzung literarischer Kunstwerke — geprägt hat. In den Noten und Abhandlungen zu besserem Verständnis des West-östlichen Divans[48] unterscheidet er drei Übersetzungsarten. „Die erste", so schreibt Goethe, „macht uns in unserm eigenen Sinne mit dem Auslande"... „mit dem fremden Vortrefflichen mitten in unserer nationellen Häuslichkeit, in unserem gemeinen Leben" bekannt. Er nennt diese Art der Übersetzung die „schlicht-prosaische". In gebührender Abwandlung auf unsern Zusammenhang übertragen, würde dies bedeuten: für *informative* Texte ist eine schlicht-prosaische Übersetzung die adäquate Methode. „In unserm eigenen Sinne", „mitten in unserer nationellen Häuslichkeit", d. h. in der in der ZS üblichen Gestaltung, macht sie uns „mit dem Auslande", d. h. mit dem Sinn des fremdsprachlichen Textes bekannt.

Das Kennzeichen des *expressiven* Texttpys ist seine *Senderorientiertheit*, d. h. die individuelle künstlerische Prägung durch einen Autor[49]. Wenn ein solcher Text übersetzt wird, so geht es insbesondere um die Vermittlung eines Sprach- oder Dichtkunstwerkes an eine zielsprachliche Gemeinschaft[50]. Die individuelle Geprägtheit bestimmt die adäquate, d. h. autorgerechte Übersetzungsmethode. Ziel der Übersetzung muß bei aller angestrebten semantischen Invarianz vor allem die *Analogie der Gestaltung*[51] sein. Sie orientiert sich am Eigencharakter des Kunstwerks und nimmt den Gestaltungswillen des Autors zur Richtschnur. Lexik, Syntax, Stil und Aufbau[52] werden so gehandhabt, daß sie eine dem expressiven Individualcharakter des AS-Textes analoge ästhetische Wirkung in der ZS erzielen können. Die innere Form, die beim *expressiven* Text durch die ästhetisch „stimmige" Wechselwirkung zwischen Redegegenstand und Redeweise charakterisiert ist und zudem durch die künstlerische Aussage, die eben durch die individuelle Redeweise der reinen Information des Textes hinzugefügt wird, ihre besondere Note erhält, muß auf jeden Fall auch in der ZS gewahrt werden. Die äußeren Formelemente, bei denen in dichterischer Sprache die expressiven und assoziativen Möglichkeiten der Sprache ausgenutzt werden, sind im Maße dieser Expressivität und Assoziationsträgerschaft nach ästhetischen Gesichtspunkten analog zu übertragen; sie sind also nicht beliebig austauschbar[53].

Eine schlagwortartige Kennzeichnung der für *expressive* Texte angebrachten Übersetzungsmethode läßt sich wiederum im Anschluß an Goethe finden. Als dritte, höchste und letzte Art des Übersetzens, diejenige „nämlich, wo man die Übersetzung mit dem Original identisch machen möchte, so daß eines nicht anstatt des andern, sondern an der Stelle des andern gelten solle", nennt Goethe die „identifizierende" Art. Unserer Thematik angepaßt ließe sich sagen: die „identifizierende" Übersetzungsmethode ist vor allem für *expressive* Texte geeignet. Der Übersetzer identifiziert sich mit den Intentionen, dem Ausdruckswillen des Autors[54], und aus dieser Identifikation heraus sucht er in der ZS die analoge sprachliche und künstlerische Gestaltung des Textes zu erreichen[55].

Das Kennzeichen des *operativen* Texttyps ist seine *Verhaltensorientiertheit*, d. h. seine sprachliche Gestaltung im Blick auf den Empfänger, bei dem Verhaltensimpulse, Reaktionen, Aktionen ausgelöst werden sollen. Bei der Übersetzung solcher Texte kommt es vor allem auf die Erhaltung dieser operativen Wirkungsmöglichkeiten an. Durch gezielten Einsatz der Inhalte und Formelemente in der ZS soll die mögliche sprachexterne Effektauslösung[56] sichergestellt werden. Ziel der Übersetzung muß es bei aller wünschenswerten semantischen Invarianz und stilistischen Analogie in erster Linie sein, die *Identität des textimmanenten Appells* zu erreichen.[57] Eine *appellgerechte* Übersetzungsmethode berücksichtigt demnach bei der sprachlichen Gestaltung den soziokulturellen Hintergrund und die Mentalität des *ziel*sprachlichen Empfängers bei allen übersetzerischen Einzelentscheidungen. Die innere Form, beim *operativen* Text durch ein Spannungsverhältnis zwischen Redegegenstand und Redeweise gekennzeichnet[58], muß erhalten bleiben. Die äußere Form, d. h. der appellative Gebrauch und die operativen Möglichkeiten der Sprache, werden den Bedingungen der ZS angepaßt. Einzelne Formelemente, wie z. B. rhetorische und spezielle stilistische Mittel zur Einwirkung insbesondere auf die Willenssphäre, bedürfen z. T. einer gezielten Adaptation an die Affekte und die Emotionalität des ZS-Empfängers[59].

Auch für *operative* Texte läßt sich eine schlagwortartige Kennzeichnung der Übersetzungsmethode im Anschluß an Goethe gewinnen. Die zweite Epoche des Übersetzens — bekanntlich sieht Goethe die dreierlei Arten des Übersetzens ursprünglich[60] ja als in zeitlicher Aufeinanderfolge gegeben — „wo man sich in die Zustände des Auslandes zwar zu versetzen, aber eigentlich nur fremden Sinn sich anzueignen und mit eigenem Sinne wieder darzustellen bemüht ist", nennt er die „parodistische". Die Art der Übersetzung verfährt so, daß sie sich „fremde Worte mundgerecht macht" und dasselbe auch „mit den Gefühlen, Gedanken, ja den Gegenständen" tut, so daß „für jede fremde Frucht ein Surrogat, das auf seinem eigenen Grund und Boden gewachsen" ist, durch den Übersetzer zur Verfügung gestellt wird. Dieses „Mundgerechtmachen" von Sprache, Gedanken und Gefühlen ist nun eben das legitime Ziel der für *operative* Texte adäquaten Übersetzungsmethode. Zur Erhaltung des textimmanenten Appells, zur Sicherstellung seiner operativen Wirkmöglichkeit, sind u. U. sogar die „Gegenstände" zu verändern[61]. Zum „Mundgerechtmachen" der Sprache, der Gedanken und des Gefühls zwingt beim *operativen* Text u. a. die Notwendigkeit, den zur Auslösung von Verhaltensimpulsen an Verstand, Gefühl und Willen des zielsprachlichen Empfängers gerichteten Appell der „nationalen Subjektivität" umformend anzupassen[62].

Für den *audio-medialen* Text trifft je nach Textsorte grundsätzlich auch eine dieser drei Übersetzungsmethoden zu; der übergeordnete Gesichtspunkt muß jedoch, wie erwähnt, die Rücksichtnahme auf den Verbundcharakter oder das technische Medium der Textverbreitung sein[63]. Die Erfordernisse dieses Mediums oder des Zusammenwirkens mit anderen — nichtsprachlichen — Elementen sind bei den übersetzerischen Einzelentscheidungen ausschlaggebend[64]. Die Eigengesetzlichkeit der Textgestaltung verlangt demnach eine spezifische Übersetzungsmethode[65], die man — neben der schlicht-prosaischen, der identifizierenden und der parodistischen — etwa die „suppletorische" Methode nennen könnte, da sie zusätzliche Kriterien zu beachten hat[66].

1.22 Verhältnis von Textfunktion und Übersetzungsfunktion

In den bisherigen Ausführungen wurde der Texttyp im Anschluß an die kommunikative Funktion des Textes beschrieben. Für die Beschreibung der jeweils textgerechten Übersetzungsmethode wurde dann implicite vorausgesetzt, daß bei der zielsprachlichen Version eines Textes diese kommunikative Funktion erhalten bleiben soll. Aufgrund der Erkenntnis, daß in der Regel *informative* Texte in der Absicht übersetzt werden, die textimmanente Information an einen weiteren, zielsprachlichen Empfängerkreis zu vermitteln, *expressive* Texte in der Absicht, ein Sprach- oder Dichtkunstwerk auch zielsprachlichen Lesern zugänglich zu machen und *operative* Texte in der Absicht, gleichwertige Verhaltensimpulse bei zielsprachlichen Textempfängern auszulösen, werden also grundsätzlich Textfunktion und Übersetzungsfunktion gleichgesetzt. Dieser Sachverhalt ließe sich als „Normalfall" des Übersetzens oder als „Primärfunktion" einer Übersetzung bezeichnen. In diesem Fall stimmen also textgerechte und funktionsgerechte Methode des Übersetzens überein, da die im AS-Text gegebene Kommunikations-Intention identisch bleibt. Daher sei diese Methode kurz als intentionsadäquate Methode bezeichnet.

1.23 Funktionsadäquate Übersetzungsmethode

Nun ist nicht zu übersehen, daß in der übersetzerischen Praxis oft genug von diesem Normalfall abgewichen wird. Dann entspricht die Funktion der Übersetzung (bewußt und mit Absicht) nicht mehr der Textfunktion, was sich dann notwendigerweise auf die Textgestaltung in der Zielsprache auswirkt[67]. Zwei Varianten sind hier zu beobachten.

a) Die Übersetzung soll in der ZS eine neue Funktion übernehmen. Es ließe sich da etwa an Interlinearversionen *zu Sprachforschungs- und Sprachlehrzwecken* denken[68]; oder an Resumées von Dramen, Romanen usw., in denen ohne Rücksicht auf die künstlerische Form nur die Fabel herausgeschält zu werden braucht, *damit die Texte auf ihre Übersetzungswürdigkeit geprüft werden können*; oder an resümierende Übersetzungen von Zeitungsartikeln und -kommentaren *zur weiteren publizistischen Auswertung*. Hier sind auch jene Fälle einzuordnen, in denen ursprünglich operative Texte — aus ihrem aktuellen Bezug herausgelöst — als informative bzw. expressive Texte übersetzt werden[69]. In solchen Fällen könnte man von einer „Sekundärfunktion" der Übersetzung sprechen. Diese veranlaßt den Übersetzer selbstverständlich zu einer anderen Übersetzungsmethode. Nicht mehr die Berücksichtigung der AS-Textfunktion bestimmt die Auswahl der Äquivalente und die sprachliche Gestaltung des ZS-Textes, sondern die nun übergeordneten Erfordernisse der *neuen* Textfunktion.

b) Für den ZS-Text wird bei grundsätzlich gleicher kommunikativer Funktion ein anderer Empfängerkreis — also nicht nur die anderssprachige Kommunikationsgemeinschaft — ins Auge gefaßt, als es beim AS-Text der Fall war. Jetzt wird dem Übersetzer ein textfremdes übergeordnetes Kriterium als Richtschnur für sein übersetzerisches Vorgehen auferlegt. Infolgedessen sind bei gleicher, jetzt aber restriktiv zu realisierender, Grundfunktion des Textes bestimmte inhaltliche und/oder formale Elemente notwendigerweise zu verändern. Es handelt sich also im Grunde genommen um Bearbeitungen, denen aber ja auch ein Übersetzungsprozeß zugrundeliegt. Als Beispiele seien popularisierende Versionen von Fachtexten oder für Jugendliche übersetzte Romane der Weltliteratur genannt. In solchen Fällen könnte man von einer „Tertiärfunktion" der Übersetzung sprechen. Zwar sind Text- und Übersetzungsfunktion dieselben; jedoch die übersetzungsmethodischen Überlegungen werden von der Berücksichtigung eines völlig anderen Empfängerkreises bestimmt[70]. Grundsätzlich sind in diesem Sinne auch Bearbeitungen schon in der AS denkbar (ebenfalls eine Sonderform des — intralingualen — Übersetzens).

Im Hinblick auf die mögliche Sekundär- oder Tertiärfunktion einer Übersetzung soll die für sie adäquate Übersetzungsmethode kurz als „funktionsadäquate" Methode bezeichnet werden.

ANMERKUNGEN

1 Ich verweise auf die ausführliche Erörterung der einzelnen Vorschläge bei *K. Reiss*, (168), S. 24–31
2 Der einzige Ansatz zu einer Dreiteilung der Texte im Hinblick auf Übersetzungsfragen findet sich bei *R. Boivineau*, (13), S. 15; nach Anführung eines Zitats, demzufolge die „Fachübersetzer" die „literarischen Übersetzer" beneiden, weil diese keine Terminologieschwierigkeiten kennten, und umgekehrt die literarischen Übersetzer die Fach-

übersetzer, weil diese *nur* terminologischen Schwierigkeiten begegneten, fügt der Autor hinzu: „Les ‚publicitaires' envient les ‚techniques' et les ‚littéraires' car outre les difficultés de leurs collègues, ils connaissent le souci du rendement de leur texte." Hier tritt der Werbetextübersetzer gleichberechtigt neben den Fachübersetzer und den literarischen Übersetzer.

3 *A. Neubert,* (94), S. 21–33; *H. Glinz,* (43), S. 176 f.
4 Vgl. *K. Rülker,* (117), S. 110
5 *H. Glinz,* (43), S. 176
6 „Information" hier im umgangssprachlichen Sinn als Mitteilung von Sachverhalten verstanden. Zum Terminus „Sachverhalt" vgl. *H. Seiffert* (126), hier zitiert nach: *H. Seiffert,* Der Sachverhalt als Gegenstand mannigfacher Aussagen, in: Texte zur Sprache und Linguistik (132), S. 108: „‚Sachverhalt' ist also ein ganz neutraler Terminus, der schlechthin alles in sich begreift, was überhaupt Gegenstand einer sprachlichen Aussage sein kann."
7 Im Interesse einer Vereinheitlichung der Terminologie ersetze ich den in früheren Veröffentlichungen benutzten Terminus „Textart" durch den in der Textlinguistik üblichen und inzwischen von der Übersetzungswissenschaft aufgegriffenen Terminus „Textsorte", da der semiotische Terminus „Textart" zur Bezeichnung verschiedener Realisationsformen von Texten in unterschiedlichen Zeichensystemen verwendet wird. „Textsorte" wird hier im vortheoretischen Gebrauch als Begriff für eine jeweilige Gruppe von Texten verwendet, die sich durch gemeinsame, historisch gewordene, sozio-kulturelle Konventionen der Textgestaltung als feste Formen öffentlicher und privater Kommunikation herausgebildet haben. Die Erarbeitung einer Textsortentheorie steht derzeit im Vordergrund der linguistischen Diskussion. Vgl. dazu insbesondere die Titel (27), (44), (49), (50), (45), (119), (143) der Bibliographie.
8 In einer Bibel für Indianer aus dem ariden mexikanischen Hochland wandelt Jesus nicht über einen *See,* sondern über einen *Sumpf* (mündliche Auskunft); in einer Eskimobibel heißt die Vater-unser-Bitte: „Unsern täglichen *Fisch* gib uns heute" und im Gut-Hirten-Gleichnis werden die *Schafe* in *Seehunde* verwandelt. (vgl. *F. Güttinger,* (52), S. 68)
9 Vgl. hierzu *H. Friedrich,* (39), S. 18; in der Verszeile aus einem Sonett der Louise Labé: „Depuis qu'*Amour* cruel empoisonna. . ." übersetzt Rilke „Amour" nicht mit Amor, sondern mit *der Gott.*
10 Zu diesem Vorgehen ermutigt die von *S. J. Schmidt,* (122), postulierte Texttheorie, deren primäres Forschungsobjekt „der Text als sozio-kommunikativer Bestandteil einer sozialen, kommunikativen Interaktion" ist (S. 10).
11 Der bei *W. Dressler* (33), S. 113 angemeldete Vorbehalt dürfte auf einem terminologischen Mißverständnis beruhen. Nicht die Text*sorten* lassen sich mit dem Dreieransatz erfassen, sondern die Text*typen.* Dressler differenziert bedauerlicherweise nicht zwischen diesen beiden Phänomenen, wie denn überhaupt noch keine allgemein anerkannte Definition für den Begriff der Textsorte von der Linguistik erarbeitet wurde. Bei *Chr. Gniffke-Hubrig,* (45), S. 39, findet sich der Hinweis, es handle sich bei den Textsorten um „feste Formen öffentlicher oder privater Kommunikation, die sich historisch herausgebildet" haben. Wie weit diese Feststellung allgemeine Gültigkeit beanspruchen kann, und ob sie undifferenziert auch für übersetzungswissenschaftliche Belange zutrifft, wird in einer eigenen Studie ermittelt werden müssen. M. E. sind die Text*typen* als übergeordnete Einheiten zu betrachten, die sich, aufbauend auf der Bühler'schen Trias der Sprachfunktionen und modifiziert durch kommunikationstheoretische Erwägungen (vgl. 1.12.3), zutreffend beschreiben

lassen. Ohne Zweifel müssen dann für die Beschreibung von Text*sorten* und ihre Zuordnung zu einem jeweiligen Typus zusätzliche Gesichtspunkte herangezogen werden, die, soweit es sich bereits jetzt abschätzen läßt, aufs engste mit den mannigfaltigen Elementen der kommunikativen Situation, wie sie etwa bei *D. Wunderlich*, (160), aufgeführt werden, in Zusammenhang stehen dürften. Vgl. hierzu nochmals Anm. 7

12 *K. Bühler*, (20), S. 34; Vgl. auch *U. Stiehl*, (134), S. 32, der diese drei Hauptfunktionen der Sprache „die rationale, die emotionale und die volitionale Sprachfunktion" nennt und sie als „Ausdrucksweisen der drei menschlichen Bewußtseinsakte des Denkens (Erkennens), Fühlens und Wollens" denunziert.

13 Auf dieses Phänomen macht *R. Jakobson*, (65), S. 353, aufmerksam.

14 Vgl. dazu *E. Coseriu*, (29), S. 27 f.: „Unzweifelhaft aber verdeutlicht die in diesem Zusammenhang von K. Bühler erstellte funktionelle Dreiheit — ‚Kundgabe', ‚Darstellung' und ‚Auslösung' oder ‚Appell' — die sprachliche Wirklichkeit in bemerkenswerter Weise. Denn danach kann man, *je nach dem Überwiegen der einen oder anderen dieser drei Funktionen*, unterscheiden: eine darstellende, aussagende oder informative Sprachform, deren Hauptzweck die Information über etwas ist, das sowohl für den Sprecher wie für den Hörer in der Außenwelt liegt (und manchmal auch ‚kommunikativ' genannt wird, weil sie in erster Linie ‚Kommunikation von etwas über die Dinge' ist, doch ist dieser Terminus nicht annehmbar, weil Kommunikation immer da ist, als Voraussetzung für die Sprache); eine expressive oder affektive oder emotive Sprachform, deren Hauptzweck es ist, einen Seelen- und Gefühlszustand des Sprechers auszudrücken; und eine appellative oder auffordernde Sprachform, die hauptsächlich ein bestimmtes Verhalten des Hörers erreichen möchte."

15 Das ist das Ziel jeder „normalen" Übersetzung. Näheres dazu unter 1.23

16 Diese drei Funktionen decken bereits die von *F. Kainz*, (72), Bd. V, 1. Teil, S. 3 noch einmal herausgestellten vier J-Funktionen der Sprechleistungen ab. Er schreibt: „Diese Fundamentalaufgaben der Sprache sind: 1. die auf die Erlebnisse des Sprechers bezogenen Leistungen des Ausdrucks und der Kundgabe (interjektive Funktion); 2. die auf das in situationsangemessener Weise zu beeinflussende d. h. zu steuernde Verhalten des angesprochenen Partners bezogene Leistung der Auslösung oder des Appells, (imperative Sprachfunktion): 3. die auf den dargestellten Sachverhalt ausgerichtete Leistung der sachlichen Mitteilung oder des Berichts (informativ-indikative Funktion); 4. die auf Sprecher, Hörer und Sachverhalt gleicherweise bezogene Frage (interrogative Sprachfunktion), durch die ein Sprecher vom Partner die Beseitigung einer Horizontenge verlangt, was auf dem Weg der Entscheidung eines Zweifels oder durch Information über einen Sachverhalt geschehen kann." Für die vorliegende Arbeit, die schriftlich fixierte Texte zum Gegenstand hat, kann die 4. (interrogative) Funktion, ohne Schaden für die Ergebnisse, den drei anderen Funktionen subsumiert werden, da es sich bei der Frage eher um eine formale als um eine funktionale Spracherscheinung handelt. Eine Frage, die „die Beseitigung einer Horizontenge" verlangt, ist nichts anderes als erfragte Information (— informativ-indikative Funktion). Eine rhetorische Frage kann interjektive bzw. imperative Funktion im jeweiligen Kontext haben. Vgl. S. 53 f.

17 Dabei wird der Begriff „Information" wiederum in seiner umgangssprachlichen Bedeutung als Mitteilung durch Sprache; Nachricht; Übermittlung von Wissenswertem usw. aufgefaßt. Vgl. Anm. 6, S. 25.

18 In früheren Publikationen wurde die Bezeichnung „inhaltsbetont" gewählt, die sich

jedoch in der Diskussion als Quelle von Mißverständnissen erwies und deshalb durch den Terminus „darstellend" ersetzt wird.

19 Auch hier wurde der zuerst geprägte Terminus „formbetont" zur Vermeidung von Mißverständnissen durch den neuen Terminus „ausdrucksbetont" ersetzt.

20 Bei einem Kolportageroman z. B. dominiert zwar die Ausdrucks-Funktion der Sprache, übersetzungsmethodisch müßte er jedoch als informationsvermittelnder Text behandelt werden, d. h. im ZS-Text kommt es vor allem auf die semantische Invarianz an. Bei einer Satire dominiert wiederum die appellative Funktion der Sprache über die darstellende und expressive Funktion. Die geforderte Invarianz beim ZS-Text berührt also vor allem die zu erzielende operative Wirkung. Vgl. auch *K. Reiss*, (107), S. 36 f., S. 40 f.

21 Dieser Hinweis gilt in besonderem Maße für alle feuilletonistischen Texte, die traditionell den „literarischen" Texten zugerechnet werden. Zwar pflegt bei ihnen die Ausdrucksfunktion der Sprache zu dominieren, ihre kommunikative Funktion ist jedoch sehr oft (z. B. Besprechungen von Konzert- oder Theaterveranstaltungen, Buchrezensionen) Informationsvermittlung. Gerade an solchen Textsorten erweist sich die letztliche Unzulänglichkeit des rein sprachwissenschaftlichen Zugangs zu einer übersetzungsrelevanten Texttypologie; denn bei den angeführten Beispielen ist bei der Übersetzung der semantischen Invarianz der Vorrang vor der sprachlich — ästhetischen Komponente des Textes einzuräumen. Vgl. dazu 1.12.3; S. 29, Anm. 40; S. 30, Anm. 47.

22 Auch hier wird für den Texttyp ein neuer Terminus geprägt, da sich die zuerst gewählte Bezeichnung „effektbetont" als mißverständlich erwies. Einen „kommunikativen *Effekt*" soll ja jeder Text erreichen.

23 Schon jetzt sei darauf verwiesen, daß die vorstehenden Ausführungen sich auch auf Textstücke (= Teile von Texten) beziehen lassen, wenn sich innerhalb eines Textganzen die dominierende Sprachfunktion ändert. Vgl. das Beispiel eines „operativen" Textstücks in einem „expressiven" Text S. 44.

24 Vgl. *R. Jakobson*, (65), S. 353: „Die verbale Struktur eines Textes hängt primär von der vorherrschenden Funktion (sc. der Sprache im Text) ab." (Hier zitiert nach *E. Güttgemanns* (51), S. 227).

25 Vgl. hierzu *H. J. Vermeer*, (148), S. 10, Anm. 13

26 Auch die überlieferten Fälle, in denen lediglich übersetzt wurde, um, angeregt von Formen und Strukturen einer AS, die Ausdruckskraft der eigenen Sprache um neue Möglichkeiten zu erweitern (Vgl. *G. Mounin*, (93) S. 37; *R. Kloepfer*, (76), S. 24, 25. *R.-R. Wuthenow*, (161), S. 37), bilden keine Ausnahme. Hier handelt es sich jedoch nicht um die Primär-, sondern eine Sekundärfunktion der Übersetzung. Näheres dazu unter 1.23.

27 Diese Überlegung ist es auch, die eine übersetzungsrelevante Texttypologie (neben sprach-, literatur- und gesellschaftswissenschaftlich orientierten Typologien) sowohl notwendig macht als auch rechtfertigt.

28 Vgl *W. Wilss*, (157), S. 11: „Das interlinguale Übersetzen ist ein kommunikativer Sonderfall, dessen Spezifikum darin besteht, daß an einem Kommunikationsakt zwei Sprachen beteiligt sind, die kommunikativ synchronisiert werden müssen."

29 Die beiden darüber hinaus für den Kommunikationsakt unerläßlichen Elemente (Vgl. *H. J. Vermeer*, (147), S. 132 ff.): das Medium der Übermittlung und der jeweils gegebene situationelle Hintergrund, können hier außer Acht gelassen werden, da für den vorliegenden Zusammenhang — die Übersetzung — grundsätzlich die Schrift als Medium angenommen wird (auch bei der *Übersetzung* audio-medialer Texte; vgl. S. 23) und

der situationelle Hintergrund zwar die Form, nicht aber die Funktion von Texten berührt.

30 Dieser Tatbestand, daß *jeder* Text (Sonderfälle vgl. S. 11) Kommunikation herstellen will, läßt es im Sinne terminologischer Eindeutigkeit wünschenswert erscheinen, einen hier und dort konstruierten Gegensatz zwischen „kommunikativer" und „dichterischer" Sprache zurückzuweisen, wie er etwa auch aus einer Formulierung bei *Tzvetan Todorov*, (140), S. 358–383, hervorgeht: „Die kommunikative Sprache versucht klar zu sein, eine fehlerlose Verständigung zu sichern, Verwirrungen zu beseitigen. Eine der Funktionen der dichterischen Sprache ist es, gegen diese Gesetze anzugehen, sie zu überschreiten." — Die hier von der Literaturwissenschaft her gesehene Antinomie läßt sich unmißverständlicher charakterisieren, wenn man sich der Termini informative und expressive (anstatt kommunikative und dichterische) Sprache bedient. Vgl. den diesbezüglichen Hinweis bei *E. Coseriu* in Anm. 14, S. 26

31 Im folgenden stets als *Redegegenstand* bezeichnet; „Rede" dabei als Performanzerzeugnis der sprachlichen Kompetenz aufgefaßt und bei der vorliegenden Thematik nur als schriftlich fixierte „Rede" gemeint.

32 Auch hier kann es sich also i. allg. lediglich um Dominanz, nicht um Ausschließlichkeit handeln, ebenso wie bei den Sprachfunktionen, bei denen die jeweils dominierende den Text charakterisiert.

33 Anthropologische und psychologische Aspekte können zusätzlich eine Rolle spielen. Vgl. dazu S. 71 f., Anm. 6

34 Vgl. die Begründung hierzu S. 43.

35 Damit bleiben Texte wie Gebrauchsanweisungen, Bedienungsanleitungen etc. trotz ihrer appellativen Sprachelemente (Imperative!) aus dem operativen Texttyp ausgeschlossen, denn diese Texte intendieren keinen „Aufruf" (= Appell) zum Gebrauch bzw. zur Bedienung des Redegegenstandes, sondern informieren darüber, wie Gebrauch gemacht werden kann, bzw. wie bedient werden muß. Vgl. auch *U. Engel/ O. Schwencke* (Hrsg.), (36), S. 193: „. . . die Gebrauchsanweisung (soll) partnerunabhängige präzise Information vermitteln."

36 Näheres hierzu in: *K. Reiss*, (108), S. 49–52

37 In der AS-Textgestaltung, etwa bei Rundfunk- und Fernsehtexten, aber auch bei Bühnenwerken, ist zum Beispiel auf ausreichende Redundanz und leicht überblickbare Syntax zu achten, damit der Text trotz der Flüchtigkeit des gesprochenen Wortes vom Hörer ohne Verkürzung aufgenommen und verstanden werden kann.
Bei der Übersetzung solcher Texte ist u. a. auf die unterschiedliche Sprechgeschwindigkeit einzelner Sprachen Rücksicht zu nehmen. Der Spanier z. B. ist in der Lage, längere und kompliziertere Satzgebilde hörend aufzunehmen als der Deutsche, da die (normale) Sprechgeschwindigkeit größer und die Syntax (wegen der üblichen frühen Satzposition des vollen sinntragenden Verbs) überschaubarer ist (Prinzip der Aufreihung) als im Deutschen (Prinzip der Satzklammer).
Bei der Übersetzung von Lied-, Oratorien-, Operntexten usw. wird die Wahl der Äquivalente in der ZS entscheidend von der Musik bestimmt, mit der die abweichenden prosodischen und intonatorischen Bedingungen der ZS in Einklang gebracht werden müssen. Dieser Gesichtspunkt hat Vorrang vor allem anderen. Vgl. *K. Reiss* (106), S. 74. Abweichungen von Inhalt und Form des AS-Textes werden insbesondere bei Filmsynchronisationen unerläßlich und lassen sich mit den Sonderbedingungen des audio-medialen Textes rechtfertigen. Vgl. hierzu *G. Mounin*, (93), S. 145; *R. W. Jumpelt*, (68), S. 24.

Zu den besonderen Bedingungen der Verbalisierungsweise bei audio-medialen Texten, die sich naturgemäß auf übersetzerische Entscheidungen auswirken müssen, siehe auch *W. W. Köck*, (78), S. 334.
38 Vgl. hierzu *O. Kade*, (71), S. 18 f.: „Das bedeutet, daß für den Idealfall der Translation volle funktionale Äquivalenz von Original und Translation zu fordern ist, das heißt, QS-Text [= AS-Text] und ZS-Text müssen eine adäquate semantisch-pragmatische Information enthalten, so daß beide Texte potentiell gleiche kommunikative Effekte auslösen können." Vgl. auch *Nida/Taber* (96), S. 13: „Hieraus folgt: ... die erforderliche Gleichwertigkeit muß funktionale Gleichwertigkeit sein, sowohl auf der Ebene des Inhalts als auch des Stils."
39 Damit ein rein darstellender Text in seiner kommunikativen Funktion (von informativ auf operativ) „umfunktioniert" werden kann, ist demnach — wie etwa im vorliegenden Beispiel — die Kommunikationssituation von Bedeutung. Die handlungsauslösende „Reizschwelle" muß besonders niedrig sein.
40 Da der „Redegegenstand" die Verbalisierung des informativen Textes primär beeinflußt, ist es nicht verwunderlich, daß der Redegegenstand „Kunst" oder „Fiktion" zu Verwendung expressiver Sprachelemente prädisponiert.
41 Damit ist auch eine der Fragen beantwortet, die *W. Koller* (80), S. 117 im Anschluß an die Diskussion der u. a. von Schleiermacher, Wilamowitz-Moellendorff und Nida geforderten Wirkungsgleichheit (similar response) einer Übersetzung im Verhältnis zu ihrem Original stellt: „Welche Elemente müssen in einer wirkungsadäquaten Übersetzung obligatorisch vermittelt werden?" Die Antwort lautet (vorläufig noch generalisierend, unter Punkt 3 und 4 für den operativen Text detaillierter ausgeführt): jene Elemente müssen obligatorisch vermittelt werden, die zur Erhaltung der kommunikativen Funktion des AS-Textes in der ZS unerläßlich sind. (Dies bezieht sich auf die Primärfunktion von Übersetzungen. Vgl. dazu 1.21). Welche Elemente davon primär betroffen sind, hängt in erster Linie vom Texttyp ab.
42 Zum Begriff der Invarianz vgl. *R. W. Jumpelt*, (68), S. 21 f., *K. Reiss*, (107), S. 190
43 Stil verstanden im Sinne *Ch. Ballys*, der sagte, Stil bedeute „Auswahl unter den in einer Sprache zur Verfügung stehenden Elementen und Formen".
Vgl. neuerdings zum linguistischen Stilbegriff die Ausführungen von *W. Sanders*, (119), der u. a. schreibt: „Stil als Sprachstil beruht vielmehr auf einem speziellen Selektionsmechanismus, dessen Regularitäten durchaus mit linguistischen Mitteln beschrieben werden können, und beansprucht daher legitimerweise das Interesse des Linguisten." (S. 35). Vgl. hierzu *M. Gerbert* (40), S. 60 im Hinblick auf den Stil der Wissenschaftssprache: „Die Häufigkeitsverteilung der für den jeweiligen kommunikativen Bereich des gesellschaftlichen Lebens effektivsten und demzufolge bevorzugten sprachlichen Elemente ist statistisch bestimmbar und weist, wie die bisher vorgelegten quantitativen Untersuchungen zum Stil der Wissenschaftssprache zeigen, bemerkenswerte Parallelen und analoge Züge in den verschiedenen europäischen Nationalsprachen auf."
Zum Einfluß des Redegegenstandes auf den Stil der Verwaltungssprache schreibt *H. Wagner*, (150), S. 84: „Es beruht weitgehend nicht auf sprachlicher und stilistischer Unfähigkeit des Schreibers, sondern auf der Eigenart der Verwaltungstätigkeit selbst, wenn der Stil nicht lebendig und anschaulich ist. Im Zentrum der Verwaltungsaussage steht der „Begriff", während die Vorgangsaussage nur satzwertig ist."
44 Das gilt für den Gesamttext ebenso wie für einzelne Textelemente. Wenn z. B. ein spanischer Journalist einen Kommentar zur Präsidentschaftswahl in USA mit dem Satz beginnt: „Este segundo mandato presidencial de Richard Nixon será en

gran parte, como decía días pasados *este corresponsal*, enfocado a la política exterior de Estados Unidos", so wäre die deutsche (wörtliche) Übersetzung mit „dieser Berichterstatter" als inadäquat zu betrachten, da der deutsche Journalist üblicherweise andere Formen der unpersönlichen Ausdrucksweise wählt, entweder „wie *wir* berichteten" (pluralis modestiae) oder „wie bereits berichtet". (Zitat aus ABC, 16-11-72, pg. 31). Daß es sich bei dieser Verbalisierungsweise nicht um einen individuellen Stilzug (Idiolekt) handelt, läßt sich mit vielen weiteren Beispielen belegen. Hier ein weiteres aus einer Filmkritik in der Wochenzeitschrift *Mundo* (14-7-73) „... las películas que *para este crítico* han sido las mejores" (pg. 45).

45 In unserem Kulturkreis ist es nicht üblich, eine juristische Urkunde in Versen abzufassen; deutsche Handelskorrespondenz wird nicht sachadäquat mit Mitteln der Rhetorik formuliert; ein Sitzungsprotokoll in Hexametern würde man nicht ernst nehmen. Kulturgebundene Abweichungen in der Beurteilung der hier angeführten Textsorten sind denkbar. Für die adäquate Redeweise gelten bei der Übersetzung informativer Texte vorrangig die Normen und Gewohnheiten der ZS. Wichtige Hinweise gibt in dieser Hinsicht *F. Kainz* (72), V., 2.

46 Dabei ist z. B. an unterschiedliche Usancen bei deutschen und spanischen Urkunden, Handelsbriefen u. ä. zu denken. Vgl. auch Anm. 45.

47 Das gilt vor allem für informative Texte, die mit literarischen Mitteln (ganz oder hin und wieder) gestaltet sind, wie manche Sachbücher, Rezensionen, Trivialromane etc. Auf die expressiven Werte soll Rücksicht genommen werden, falls darunter die Informationsvermittlung nicht leidet und auch in der ZS in den entsprechenden Textsorten ihre Verwendung üblich ist. Vgl. die ausführliche Erörterung dieses Gesichtspunktes in *K. Reiss*, (111).

48 Im folgenden stets zitiert nach: dtv Gesamtausgabe, Bd. 5, München 1961, S. 243 ff.

49 Vgl. Roman *Jakobson*, (67), S. 101: „Wahrscheinlichkeitsberechnungen wie auch ein präziser Vergleich poetischer Texte mit andern Arten sprachlicher Nachrichten beweisen, daß die ins Auge fallenden Besonderheiten in der poetischen Auswahl, Anhäufung, Nebeneinanderstellung, Verteilung und Ausschluß verschiedener phonologischer und grammatischer Klassen nicht als vernachlässigbare, unwesentliche Gegebenheiten angesehen werden dürfen, die der Zufall bestimmt. Jedes nennenswerte Dichtwerk, gleich ob improvisiert oder Frucht langer und sorgsamer Arbeit, setzt eine zielgerichtete Auswahl aus dem Sprachmaterial voraus."

50 Vgl. *H. Hennecke*, (59), S. 54 f.: „Damit wird dem Übersetzer die Vorlage also selbst zum Gegenstand; das besagt, da sie ja zunächst nichts als bare Sprache ist, daß er seine Eingebungen nicht von einer Sache oder einem Sachverhalt selbst zu erwarten hat, sondern von deren sprachlicher ‚Fassung'. Und so muß er sich, um diese möglichst getreu, nach Geist und soweit möglich, auch Buchstaben, in seine Sprache zu übertragen, sich von ihr, von eben dieser ‚Sprachtextur' bestimmen, anregen, ja unter Umständen auch ‚inspirieren' lassen. Dabei bleibt der eigene Blick auf den Gegenstand zwar auch unentbehrlich, *muß sich aber im Blickwinkel des Autors halten*." (Hervorhebung v. Verf.)

51 Das heißt also folgerichtig, daß beim Übersetzen Eingriffe in die Semantik notfalls erlaubt sind, wenn die Analogie der Expressivität dies aus ästhetischen Gründen verlangt. Vgl. *E. Tophoven*, (141), S. 1 ff. Dort heißt es zur Übersetzung eines Romans von Samuel Beckett: „... es handelt sich um Blumen, um: ... une pâquerette, ou une primevère, ou un coucou, ou un bouton d'or, ou une violette, ou un pissenlit, oder um ein Gänseblümchen oder ein Himmelsschlüsselchen, oder eine Schlüsselblume oder eine Butterblume oder ein Veilchen oder einen Löwenzahn. Man hört es gleich:

die Wiederholungen von Schlüssel und Blume in den zusammengesetzten Wörtern stören hier. Um das Sträußchen neu zu binden, wählte ich ein Tausendschönchen, eine Primel, eine Schlüsselblume, eine Butterrose, ein Veilchen und ein Löwenmäulchen." Diese semantische Abweichung vom AS-Text rechtfertigt sich aus dem Vorrang der Analogie expressiver Werte, die hier durch den störenden Wortklang bei semantischer Korrektheit nicht erreicht werden könnte.

52 Für den Aufbau eines Textes spielen die in AS und ZS u. U. divergenten formalen Möglichkeiten zur Hierarchisierung von „Textstücken" eine gewichtige Rolle; sie können bei der Übersetzung etwa zu Extensionen zwingen, damit eine analoge ästhetische Wirkung in der ZS erreicht werden kann. Vgl. *H. J. Vermeer* (145) und (146), S. 62 f., mit Beispielen.

53 Die Qualität der Übersetzung, so schreibt *K. Reichert*, (104) S. 168, anläßlich einer Kontroverse über eine Übertragung von „Finnegans Wake", „kommt erst ins Spiel, wenn die Eigengesetzlichkeit der ZS bewußt eingesetzt wird, d. h. wenn — und wie weit — der Übersetzer versucht, etwa Erfindungen des Originals durch Erfindungen in der eigenen Sprache einzulösen. Es handelt sich um... *eine Analogie*, nämlich den Versuch, mit dem Potential einer anderen Sprache das zu versuchen, was Joyce in seiner getan hat. Es ist klar, daß sich hier neue Assoziationen einstellen, es ist ebenso klar, daß Assoziationen des Originals wegfallen müssen. So kann es geschehen, daß ein komplexes Wort des Originals plan wiedergegeben werden *muß*, weil sich keine geeigneten Assoziationen finden lassen, und umgekehrt kann es geschehen, daß ein planes Wort des Originals komplex wiedergegeben werden *kann*, weil das Deutsche hier Assoziationsmöglichkeiten hat... Voraussetzung ist, daß diese Assoziationen *in Beziehung zu den Motiven, Themen, Figuren stehen*." (Hervorhebungen v. Verf.)

54 Das heißt: er macht sich die Inspiration des Originals und seines Autors zu eigen, wozu es eines hohen Grades von Einfühlungsvermögen bedarf. Vgl. die diesbezüglichen Hinweise und Literaturangaben bei *W. Koller*, (80), S. 122.

55 Analogie und Identifizierung mit dem Gestaltungswillen des Originalautors sind beim expressiven Texttyp Prinzipien der Übersetzung, die dann u. a. auch dazu führen, daß gattungseigentümliche, kulturgebundene Aufbauweisen des Textes nicht im Sinne der ZS geändert werden, da dem Leser expressiver Texte zugemutet werden kann, sich in Denk- und Gestaltungsweisen fremder Kulturen einzufühlen (vgl. S. 122). Wenn also festgestellt wurde, daß „der ‚typische' englische Roman mit einer Milieuschilderung, der ‚typisch' deutsche mit Handlung" beginnen (vgl. *H. J. Vermeer*, (147), S. 89) so sollen diese gattungstypischen Elemente im Sinne der postulierten Identifizierung bei der Übersetzung natürlich beibehalten und nicht etwa der Romananfang „umgeschrieben" werden.
Damit ist bei expressiven Texten in gewisser Weise der „verfremdenden" Übersetzungsmethode (Beispiele hierzu bei *W. Koller*, (80), S. 153 f.) das Wort geredet.
M. E. kann sie sich jedoch nur auf lexikalische, stilistische und textgattungstypische Aufbauelemente, nicht jedoch auf die syntaktischen Strukturen in der ZS erstrecken (letzteres gegen die Auffassung von *J. Ortega y Gasset*, (98), S. 88 f.). Im übrigen dürften sich innerhalb der generell ‚identifizierenden' Methode Gradunterschiede bei den verschiedenen Text*sorten* des expressiven Typs als angemessen erweisen. Um hierüber Definitiveres aussagen zu können, müßte jedoch zuerst eine eigene Untersuchung des expressiven Texttyps durchgeführt werden, wie sie in der vorliegenden Arbeit für den operativen Typus durchgeführt wird. Weitgehende Aufschlüsse lassen

sich dem Werk von J. Levý, (86) entnehmen. Vgl. auch die Ausführungen bei *M. Bierwisch* (83), S. 142.

56 „Außersprachliche Replik" nennt es in Bezug auf Werbetexte *I. Hantsch*, (53), S. 100

57 Wenn *M. Gerbert*, (40), S. 59 f. schreibt: „Zum pragmatischen Aspekt des Werbestils als Gegenpol zum affektfreien, vorwiegend informativen Stil der wissenschaftlichen Fachsprache sei nur so viel gesagt, daß es darauf ankommt, durch bestimmte Mittel der psychologischen Beeinflussung und durch Gefühlsassoziationen dem Leser Kaufimpulse zu verleihen, *wobei die beim Übersetzen verwendeten sprachlichen Mittel nur im Hinblick auf ihre handlungsauslösende Wirkung,* also ihre aktuelle kommunikative Funktion *bedeutungsäquivalent zu sein brauchen,* nicht in ihrem vollen lexikalischen Inhalt.", so darf nun diese Feststellung für alle Texte des operativen Typs in Anspruch genommen werden. (Hervorhebung v. Verf.)

58 Näheres hierzu unter 2.41.3

59 Nähere Ausführungen zu der Übersetzungsproblematik dieses Texttyps im vierten Teil der Arbeit.

60 Allerdings heißt es später, daß „bei jeder Literatur jene drei Epochen sich wiederholen, umkehren, ja die Behandlungsarten sich gleichzeitig ausüben lassen". (48), S. 245

61 Ausführliche Darstellung notwendiger Einzeloperationen bei der „parodistischen" Übersetzungsmethode in Teil 4 der Arbeit

62 Vgl. *R. R. Wuthenow* (161), S. 61

63 Vgl. hierzu *P. F. Caillé*, (24); *Z. Gorjan*, (46); *E. A. Hartung*, (56); *J. Levý*, (86); *O. Werner*, (154).

64 Aus diesem Umstand leite ich die Notwendigkeit ab, für übersetzerische Belange diesen vierten Texttyp als eigenständigen Typ beizubehalten, da er alle schriftkonstituierten Texte umfaßt, die akustisch vermittelt werden. Die bloße Änderung des „Kanals" (vgl. *J. Klegraf*, (75) in seiner Rezension zu *K. Reiss* (108)) bringt für das Übersetzen so relevante zusätzliche methodische Überlegungen mit sich, daß eine methodische Differenzierung des Texttyps unerläßlich ist. Vgl. dazu auch *H. Gipper*, (42), S. 64 und *E. Duméril*, (34), mit vielen Beispielen für die Probleme der Gesangsübersetzung.

65 Vgl. hierzu die Beurteilung der Phädra-Übersetzung durch F. Schiller einerseits und Rudolf Alexander Schröder andrerseits bei *M. Fingerhut*, (38), S. 306. Schillers Übersetzung wird für Aufführungen vorgezogen (in den Spielzeiten 1946–1968 einundzwanzig Mal, Schröder nur ein Mal auf deutschen Bühnen), obwohl sie dem Autor Racine bei weitem nicht so gerecht wird wie die Schröders, dafür aber „bühnenwirksamer" ist. Zwar kommt R. A. Schröder in vorbildlicher Weise der modernen Forderung an die Übersetzung eines dichterischen Kunstwerks nach, alle Eigentümlichkeiten des „fremden" Originals zu erfassen und dann in der ZS neu lebendig werden zu lassen, doch ein Theaterbesucher, so schreibt M. Fingerhut, „der sich auf ein auditives Aufnehmen der ihm selbst wie dem Schauspieler so ungewohnten Verse beschränken muß, verlangt neben der ‚Identifikation' vor allem ein bühnenwirksames, das heißt von der Sprache her unmittelbar verständliches und auf allzu große Fremdheit verzichtendes Werk".

66 Suppletorisch (laut Fremdwörterduden) = *ergänzend, zusätzlich,* nachträglich.

67 Die Abweichung kann allerdings auch unbewußt und ungewollt erfolgen; dann liegt jedoch im Grunde genommen ein Versagen des Übersetzers vor, der entweder die Textfunktion nicht erkannt hat oder nicht in der Lage ist, sie adäquat in der ZS zu realisieren.

68 Vgl. hierzu etwa *J. Catford*, (26), S. 25: „A word-rank-bound translation is usefull for certain purposes, for instance, for illustrating in a crude way differences between the SL and the TL in the structure of higher-rank units — as in some kinds of interlinear translation of texts in ‚exotic' languages."
69 Vgl. S. 84, Anm. 152; S. 103, Anm. 12
70 Hier lassen sich auch die Übersetzungen von expressiven Texten einordnen, die auf Kosten der „Identifikation" (vgl. S. 22) auf Kulturadäquatheit des ZS-Textes abzielen (z. B. *Schadewaldts* Prosa-Übersetzung des Homer) oder auch Bibelübersetzungen, die für Schulzwecke angefertigt werden (vgl. S. 90).

TEIL II

2. Der operative Texttyp

2.1. Begriff

Nach der Ausarbeitung einer übersetzungsrelevanten Texttypologie soll nun der theoretische Befund an einem der ausgegrenzten Texttypen demonstriert werden. Wie bereits einleitend festgestellt, legt sich für diesen Zweck der operative Text nahe, weil in der bisherigen sprach- und übersetzungswissenschaftlichen Literatur zwar hin und wieder einzelne Textsorten dieses Typs besprochen[1], jedoch stets undifferenziert den Gebrauchstexten (pragmatischen Texten) oder der Literatur zugewiesen wurden. Obwohl die sprachwissenschaftlichen und die kommunikationstheoretischen Erwägungen eindeutig das Vorhandensein einer Leerstelle, einer Lücke im typologischen System erkennen lassen, wenn man die in der Praxis vorkommenden Texte schematisch entweder als literarische oder nicht-literarische Texte einordnet[2], ist bisher noch nirgendwo auf die Eigengesetzlichkeit dieses dritten, des *operativen* Typs verwiesen worden. Am nächsten kommen unseren Überlegungen noch E. A. Nida und Ch. R. Taber, wenn sie von „einer Kommunikation von der Art, wie sie in der Bibel zu finden ist", schreiben und aus der Besonderheit dieser Kommunikation die Schlußfolgerung ziehen: „... eine Übersetzung der Bibel darf nicht nur Nachrichten weitergeben, die von Menschen verstanden werden können, sondern muß die Botschaft *so* bringen, daß die Menschen fühlen können, die Sache geht sie an..., und daß sie *aufgefordert werden, mit entsprechender Tat darauf zu reagieren.*"[3] Damit haben Nida und Taber die Bibel in einer Weise vom rein *informativen* Text abgesetzt, die dem *operativen* Texttyp auf der Spur zu sein scheint; haben sie doch ein konstitutives Merkmal dieses Typs — er soll Reaktion beim Leser bewirken — herausgestellt, das als solches bei der Übersetzung unbedingt gewahrt bleiben muß. Speziell auf die Prioritäten beim Übertragungsvorgang bezogen, heben die Autoren hervor: „Wenn man... auch etwas von der Form bewahren kann, dann sollte man es tun. Aber unter gar keinen Umständen darf die Form Vorrang vor den anderen Aspekten (sc. Inhalt und Gefühlswerte) der Botschaft erhalten".[4] Damit haben sie aus dem Blickwinkel des Übersetzers die Bibel auch eindeutig gegen den *expressiven* Text abgesetzt, der ja sein wichtigstes konstitutives Merkmal einbüßen würde, wenn man bei der Übersetzung nicht seinen expressiven Formelementen, der Analogie der sprachkünstlerischen Gestaltung den unbedingten Vorrang einräumte. Der letzte Schritt, die Konstituierung eines eigengesetzlichen Texttyps, wird jedoch auch von Nida und Taber nicht vollzogen, was damit zusammenhängen mag, daß die Autoren „unter Berücksichtigung der Bibelübersetzung"[5] eine *allgemeine* Theorie und Praxis des Übersetzens im Blick haben.

Im Anschluß an die Erkenntnisse des ersten Kapitels setzt sich dieses Kapitel der Arbeit das Ziel, erstmals eine Merkmalsanalyse für den *operativen* Texttyp durchzuführen, die Merkmale an konkreten Texten zu verifizieren, die intentionsadäquate Übersetzungsmethode zu beschreiben und schließlich die durch die besonderen Merkmale des Texttyps und seine kommunikative Funktion aufgeworfenen Übersetzungsprobleme exemplarisch darzustellen und mit Lösungsversuchen auszustatten.

Dabei sollen bei gegebenem Anlaß jeweils im Sinne einer deutlichen Profilierung dieses Texttyps seine besonderen Gegebenheiten und Bedingungen jenen des *informativen* und des *expressiven* Texttpys gegenübergestellt werden. Der Gang der Untersuchung verfolgt überdies auch das Ziel, einen Beschreibungsmodus für die beiden andern Texttypen und einen Weg für die Darstellung der diesen Typen adäquaten Übersetzungsmethode vorzuzeichnen. Die Zusammenfassung der Ergebnisse dürfte dann die Grundlage für eine allgemeine Übersetzungsmethodik zur Verfügung stellen.

Eine Begriffsdefinition für den *operativen* Texttyp aufgrund des im ersten Kapitel erarbeiteten Befundes sei der Untersuchung vorangestellt: Der *operative Text wird konzipiert, um einen Textempfänger* — jetzt das dominierende Element eines sprachlichen Kommunikationsvorgangs — in seiner Meinung zu beeinflussen und in seinem Verhalten zu Aktionen oder Reaktionen zu provozieren. Der Text spricht dabei in erster Linie nicht den Intellekt an — wie beim *informativen* Typus, bei dem es vor allem auf Wissensvermittlung ankommt —, auch nicht in erster Linie Geist, Gemüt und künstlerische Sensibilität — wie beim *expressiven* Typus, dessen wesentliche Merkmale dem Textempfänger entgehen, wenn er den Text lediglich seinem Informationswert nach aufnimmt —; vielmehr wirkt er vor allem auf die Willenskraft und die Gefühle ein, spricht Affekte und Emotionen an und arbeitet dergestalt auf eine „tätige Antwort" in Dialog, sprachlicher oder nichtsprachlicher Reaktion oder Aktion beim Textempfänger hin[6].

2.2 Material

Wir haben uns die Aufgabe gestellt, die konstitutiven Merkmale des *operativen* Texttyps zu eruieren und zu beschreiben. Damit ist, wie bereits einleitend erwähnt, das Feld der Textwissenschaft betreten. Unter Bezugnahme auf P. Hartmann schreibt E. Güttgemanns:[7] „Sprache kommt nur als Text vor, indem funktionsgemäße und funktionsgerechte Komplexe (Zeichenmengen) geäußert werden." Um einen Text näher charakterisieren zu können, um herauszuheben, „was einen (bestimmten) Text zum (bestimmten) Text macht", sind also Texte zu untersuchen, deren Funktion der Appell an einen Textempfänger zum Zweck der Auslösung von Verhaltensimpulsen ist, um festzustellen, wie die „funktionsgemäßen" und „funktionsgerechten" Zeichenmengen aussehen, die den *operativen* Text konstituieren.

Es erhebt sich die Frage: in welchen Bereichen des menschlichen Lebens werden Texte dazu geschaffen und verwendet, um deren Empfänger in ihren Meinungen zu beeinflussen, in ihrem Verhalten zu steuern, bei ihnen Reaktionen und Aktionen zu provozieren?

Die Antwort muß zunächst rein empirisch gegeben werden. Auf diese Weise ist zumindest einmal ein Zugang zu geeignetem Material gesichert. Auf der Grundlage der bei diesem Textmaterial festgestellten konstitutiven Merkmale läßt sich die Untersuchung auf Texte aus anderen Bereichen ausdehnen, bei denen man nicht ohne weiteres und auf den ersten Blick eine operative Funktion erwarten würde. So ließe sich die Zahl der dem Texttyp zuzuordnenden Textsorten erweitern, die im ersten Ansatz relativ begrenzt ist, wenn man sie mit den ohne größere Schwierigkeiten zu verifizierenden Textsorten der anderen Texttypen vergleicht[8].

Im Bereich der Wirtschaft fällt es am leichtesten, auf rein empirischem Wege eine geeignete Textsorte herauszufinden, da jedermann tagtäglich, ob er will oder nicht, mit Texten dieser Art konfrontiert wird, wobei nicht einmal ein Hehl daraus gemacht wird, daß ihre Funktion die ist, den Textempfänger zu einer Handlung zu bewegen. Reklametexte[9] werden ganz eindeutig zu dem Zweck verfaßt und publiziert, um den Absatz von Waren zu fördern, d. h. die Leser zum Kaufen zu provozieren[10]. Folglich werden Worttexte der Anzeigenwerbung zu den Untersuchungen herangezogen.

Im Bereich der Politik entsprechen propagandistische Texte am ehesten der Vorstellung vom *operativen* Texttyp, soll doch mit Hilfe der Propaganda der Textempfänger dazu bewogen werden, einer Partei beizutreten, eine bestimmte Partei zu wählen, (im Parlament) ein bestimmtes Gesetzgebungsvorhaben mit seiner Stimme zu fördern oder zu vereiteln usw. Mit andern Worten, es handelt sich um politische „Werbung", die zu dem Zweck verbalisiert wird, Meinungen zu beeinflussen und dem Textempfänger Willensentscheidungen abzuverlangen. Entsprechende politische Kommentare und parlamentarische Reden, die auch im Druck erschienen sind, sollen daher auf ihre konstitutiven Merkmale befragt werden.

Auch im religiösen Bereich ist die „Werbung" — hier als Missionierung zu bezeichnen — ein Aspekt, der viele religiöse Texte prägt, wenn sie daraufhin angelegt sind, beim Textempfänger einen Sinneswandel herbeizuführen, ihn zu ethischen Entscheidungen aufzurufen oder gar zur Annahme einer neuen Religion zu bewegen. Im christlichen Bereich spielt bei der Missionierung die Bibel eine besonders große Rolle und ebenso die sich auf sie begründende Verkündigung. Daher werden die Bibel und — schriftlich fixierte — Predigttexte in die Untersuchung einbezogen.

Die ausgewählten Textsorten können grundsätzlich nicht von vornherein den nicht-literarischen Texten zugerechnet werden. Zumindest der Bibel kann man literarische Qualitäten nicht absprechen; es sei aber auch an die berühmte „Blut-Schweiß-und-Tränenrede" Winston Churchills aus dem zweiten Weltkrieg erinnert, die durchaus in die Sparte der politischen Propaganda fällt, aber unbestreitbar auch von hoher literarischer Könnerschaft Zeugnis ablegt.

Um die vorliegende Arbeit nicht über Gebühr aufzuschwemmen, bleibt sie auf die Untersuchung von Reklame-, Propaganda- und Missionierungstexten beschränkt. Doch sei schon hier darauf verwiesen, daß sich die Zahl der dem *operativen* Texttyp beizuordnenden Textsorten nicht mit ihnen erschöpft. Nach ihrer kommunikativen Funktion zu urteilen, dürften sich die exemplarisch herausgearbeiteten Textmerkmale auch z. B. in Tendenzromanen[11], die ja Meinungen beeinflussen sollen, bei Satiren[12] in Prosa- und Gedichtform, die ja durch Anprangerung des jeweiligen Redegegenstandes zu dessen Ablehnung oder Verurteilung führen wollen, in Gerichtsreden (Plädoyers), die die Entscheidung des Richters zugunsten oder zu ungunsten des Angeklagten beeinflussen wollen, und in Texten, die irgendeine Ideologie[13] progagieren und damit der Missionierung nahestehen[14], auffinden und zur Textcharakterisierung heranziehen lassen.

Grundsätzlich ist festzuhalten, daß nicht nur ganze Texte, sondern auch — in informativen oder expressiven Texten eingearbeitete — Textteile (vgl. S. 44) operative Funktion haben können. (Vgl. S. 27, Anm. 23). Hier liegt dann ein Wechsel der mit der Kommunikation verbundenen Intention des Autors oder eine Mehrfachintention vor, denen die intentionsadäquate Übersetzung Rechnung zu tragen hätte.

Zum Gang der Untersuchung ist folgendes zu vermerken: der Übersetzungsprozeß ist keine rein linguistische Operation. Sprach- und Literaturwissenschaft, Kommunikationstheorie, Psychologie, Soziologie, Verhaltensforschung, Ethnologie sind nur einige der wissenschaftlichen Disziplinen, die zur Aufhellung der Möglichkeiten, Bedingungen und Grenzen des Übersetzens einen Beitrag leisten können und müssen. Vom Übersetzungswissenschaftler darf nicht erwartet werden, daß er selbst Fachmann auf allen diesen Gebieten sei (was ihn andrerseits nicht daran hindert, sich auch selbst innerhalb dieser Disziplinen, sofern sie das Übersetzen tangieren, zu spezialisieren und forschend zu betätigen). Er ist also auf die interdisziplinäre Zusammenarbeit verwiesen. Für die vorliegende Studie bedeutet dies, daß zur Beschreibung des *operativen* Texttyps bereits vorliegende Ergebnisse der angewandten Sprachwissenschaft herangezogen werden und deren Anwendbarkeit auf Fragen des Übersetzungsprozesses dann an konkreten Texten verifiziert wird.

Dem ungeheuren Aufschwung der angewandten Sprachwissenschaft in den letzten Jahrzehnten ist es zu verdanken, daß einzelsprachliche Untersuchungen zur Sprache verschiedener Lebensbereiche in mehr oder weniger großer Fülle zur Verfügung stehen. Für die Herausschälung der konstitutiven Merkmale der Reklamesprache bedient sich die Untersuchung vor allem der Publikationen von J. D. Bödeker, R. Römer, J. Hantsch und S. J. Hayakawa. Für die Sprache der politischen Propaganda stützt sie sich u. a. auf Darstellungen aus der Feder von W. Dieckmann, Th. Pelster und H. Reich. Für die Sprache der Missionierung greift sie auf Ausführungen insbesondere von Nida und Taber, R. Bultmann, E. Güttgemanns und H. Moser zurück[15]. Es ist interessant zu beobachten, daß von den meisten dieser Autoren durchaus Querverbindungen zwischen der Sprache der kommerziellen, der politischen und der religiösen „Werbung" aufgedeckt und vermerkt werden. So heißt es bei S. J. Hayakawa: „Mit Worten beeinflussen wir daher nicht nur, sondern *gestalten* in enormem Umfang *künftige Ereignisse*. Aus diesem Grunde schreiben Schriftsteller; *predigen Prediger*; schelten Arbeitgeber, Eltern und Lehrer; *versenden Werbeabteilungen Reklameschriften*; *halten Staatsmänner Ansprachen*. ... Diese Versuche, durch Worte die künftigen Handlungen von Mitmenschen maßgeblich zu beeinflussen oder zu leiten, kann die Steuerungsfunktion der Sprache genannt werden."[16] Dieser Begriff der „Steuerungsfunktion" scheint allerdings weiter gefaßt, als der Begriff der „Appellfunktion" (auf die sich unserer Erkenntnis nach die sprachliche Ausformung *operativer* Texte stützt), die lediglich auf die Bewirkung mentaler Reaktion oder nichtsprachlicher Aktion abzielt, während die Steuerungsfunktion über die Bewirkung einer Handlung hinaus auch die Art und Weise des gewünschten Handelns zu lenken beansprucht[17]. Immerhin kann die Art einer Handlung nur gesteuert werden, wenn auch eine Handlung an sich zuvor bewirkt wurde. Daher scheint es trotz aller Einwände berechtigt, auch Hayakawa als Kronzeugen für die Richtigkeit der empirischen Auswahl von Textsorten für die vorliegenden Untersuchungen anzuführen. Mit den Formulierungen: „Aus diesem Grunde ... versenden Werbeabteilungen Reklameschriften ... halten Staatsmänner Ansprachen ... predigen Prediger" bringt er tatsächlich den Typus der Reklame-, Propaganda- und missionarischen Texte in Blick.

2.3 Beschaffenheit des Materials

2.31 Theoretische Fundierung

Bei der Untersuchung der charakteristischen Merkmale operativer Texte gehen wir von Reklametexten aus, da bei ihnen die Appellfunktion der Sprache am augenfälligsten auf eine operative Wirkung hin eingesetzt ist[18].

2.31.1 Reklametexte

„Werbesprache ist appellative Sprache", heißt es bei J. D. Bödeker[19] und an anderer Stelle: „Der Klartext des materialistischen Appells der Werbung lautet: Diese Ware mußt du kaufen."[20] Anders gesagt: die kommunikative Situation, in der ein Reklametext verbalisiert wird, hat als Redegegenstand eine Ware (oder Dienstleistung), die der Textautor mit den Mitteln appellativen Sprachgebrauchs herausstellt in der Absicht, den Textempfänger zu einer Handlung, dem Kauf (der Inanspruchnahme), zu bewegen. Im weiteren Verlauf der Untersuchung wendet sich Bödeker der Frage zu, wie der Autor mit Hilfe von Sprache den Textempfänger zu überzeugen bzw. zu überreden sucht; dabei gilt sein besonderes Interesse der Wortbildung, der Wortwahl und dem Satzbau und insbesondere dem rhetorischen und emotiven Einsatz der Sprachmittel im Reklametext.

Als Mittel der Suggestion — eines der wirksamsten appellativen Elemente — stellt Bödeker den Slogan vor, dem er in Übereinstimmung mit V. Klotz[21] eine eigentümliche Unaufrichtigkeit bescheinigt, weil er bei der kommerziellen Werbung eine oft willkürliche Einzelsituation als allgemeinverbindlich oder nachahmenswert vortäusche und sich der bündigen Formel bediene, um den Textempfänger unmerklich in eine besondere ökonomische Aktivität hineinzulocken. Dabei fällt die syntaktische und oft auch semantische Unbestimmtheit des Slogans auf. „Sie ist beabsichtigt, weil Werbung nicht durch Präzision überzeugen, sondern durch Verschwommenheit betören will."[22] Damit ist bereits ein wichtiges Merkmal der Reklamesprache — *Überredung* durch *Suggestion* — festgestellt.

Dieses gleiche Merkmal entdeckt Bödeker auch bei der Vorliebe der Reklamesprache für zwei- bis vier- (und mehr-)gliedrige Wortzusammensetzungen und erklärt sie damit, daß „die Werbung hier absichtlich zusammen(rafft); sie drückt die syntaktische Beziehung nicht aus, denn lieber will sie verdunkeln als erhellen, Verschwommenheit paßt ihr besser als Klarheit."[23] Daneben aber drückt sich in der Bevorzugung von Wortzusammensetzungen sowohl bei Substantiven als auch bei Adjektiven ein legitimes Streben nach *Knappheit und Ökonomie* aus; denn Anzeigen kosten Geld, und der Werbeetat einer Firma muß optimal ausgenutzt werden.

Bei der Untersuchung der Adjektivzusammensetzungen tritt ein weiteres, gut belegtes Merkmal der Reklamesprache zutage: sie „ahmt Bildungen aus der Sprache der Dichtung und der Technik nach"[24], und dies auch dann, wenn das Produkt, für das geworben wird, an sich keineswegs „poesievoll" ist oder konkrete technische Daten angegeben werden[25]. An den aufgeführten Beispielen wird deutlich, daß in diesen Fällen der *Redegegenstand* — eine prosaische Gebrauchsware — und die *Redeweise* — Sprache der Dichtung oder Wissenschaft — eine auffällige *Diskrepanz* aufweisen. Sie erzeugt ein Spannungsverhältnis, von dem insofern erhöhte Appellwirkung ausgehen kann, als es dem Redegegenstand den Anschein höherer Bedeutsamkeit verschafft[26]. Die Sprache suggeriert wiederum, anstatt mit Argumenten zu überzeugen. Schon hier deutet sich ein Phänomen an, auf das später noch (siehe unter 2.41.3) ausführlicher zurückzukommen sein wird: die drei Texttypen unterscheiden sich nicht so sehr nach den verwendeten Sprachelementen — sie stammen grundsätzlich alle aus dem einen System der „langue" — als nach der Funktion, die ihnen im gegebenen Text verliehen wird. Elemente der wissenschaftlichen Fachsprache, die im informativen Text als objektiver Informationsträger fungieren, übernehmen im operativen Text die Funktion suggestiver Aufwertung; Elemente der poetischen Sprache, die im expressiven Text evozierende Ausdruckskraft besitzen, können im informativen Text rein denotative Funktion übernehmen (z. B. „Trompetenfuß" zur Bezeichnung einer konkreten Form von Fernsehuntersätzen in einem Warenhauskatalog), während sie im operativen Text Appellfunktion durch unterschwellige Beeinflussung übernehmen; „ein Hauch von Orange" schildert nicht nur die Farbe des Lippenstiftes, sondern macht diesen auch wegen der Assoziation zum erfrischenden Geschmack der Orange attraktiv.[27]

Bei der Wortbildung ist die Reklamesprache besonders produktiv in der Schöpfung von Produktnamen. Der Name soll ein Bild, ein Image von der Ware entwickeln. Je größer dabei die semantische Nähe zur Warengattung, je sinnvoller also der Produktname ist, desto größer ist sein *Erinnerungswert*. Hier meldet sich für den Übersetzer schon auf den ersten Blick ein Problem an. Die einfache Übernahme der Warenbezeichnung erweist sich nämlich als appellunwirksam, wenn die in der AS geschaffenen Neuwörter in der ZS keine semantische Stütze finden. Eine Ausnahme bilden u. U. nur fremdsprachliche Wortbildungselemente, die den Textempfängern in der AS und in der ZS aufgrund gleichen kulturhistorischen Hintergrunds „etwas sagen".[28]

Nicht nur die Wortbildung, auch die Wortwahl der Reklamesprache zeigt besondere Merkmale. Hier interessiert in erster Linie die von R. Römer mit dem Begriff der „semantischen *Aufwertung*"[29] bezeichnete Erscheinung. „Werben heißt übertreiben. Werbesprache ist auf den ersten Blick erkennbar durch zu hochgewählte Worte."[30] Die semantische Aufwertung äußert sich in Steigerungsmorphemen[31], aufwertenden Gattungsnamen[32], Hochwertwörtern[33] und vor allem im reichlichen Gebrauch von Komparativen und Superlativen[34]. Im letzteren Fall läuft die Werbung allerdings auch leicht Gefahr, durch Vergleiche die Waren der Konkurrenz in geschäftsschädigender Weise herabzusetzen. Für den Übersetzer ist es notwendig zu wissen, daß z. B. in der BRD eine derartige Werbung strafbar ist, wenn die Richtigkeit der Behauptungen nicht zweifelsfrei nachweisbar ist.

Indirekte Aufwertung wird auch durch Übertragung von Assoziationen, die mit Wörtern aus anderen Sachbereichen verbunden sind, auf die propagierte Ware erreicht[35]. Dies geschieht u. a. auch mit Hilfe neuartiger Farbbezeichnungen wie etwa „nerz", „nutria" (für Strümpfe), gletschergrün (Inneres eines Kühlschranks), mondscheinsilber (Badekappe)[36]. Die beabsichtigte Appellfunktion verrät sich eindeutig in dem Satz: „Nerz und Nutria — die schmeichelnden, luxuriösen Farben wertvoller Pelze, sind jetzt auch für die Strumpfmode entdeckt"[37]. In diesem Beispiel tritt nicht nur die bereits denunzierte charakteristische Diskrepanz zwischen Redegegenstand (Strumpf, Kühlschrank, Badekappe) und Redeweise (unangemessene Wortwahl) zutage, sondern weist zusammen mit dem ganzen Phänomen der semantischen Aufwertung auf ein allgemeines Charakteristikum operativer Texte hin: Um den Appell in die gewünschte Richtung zu lenken, läßt es sich der Textautor angelegen sein, Werturteile „vorzuformulieren"[38]. Mit diesem Phänomen des *vorgeprägten*

Werturteils hängt auch die Bedeutung zusammen, die bei der Werbung bestimmten, stereotyp wiederkehrenden, sog. Schlüsselwörtern zukommt. Aus ihnen geht zumeist hervor, „welche Vorstellungen die umworbenen Menschen lieben, welchen Versprechungen sie trauen, was sie als Vorteile erachten"[39] — mit einem Wort: welchen Dingen sie Wert beimessen.

Was den Satzbau anbelangt, so wird vor allem Einfachheit verlangt. Die Kürze fesselt nicht nur; sie gibt dem sprachlichen Appell auch eine größere Eindringlichkeit und bessere *Einprägsamkeit*. Zwei Erscheinungen, syntaktische Verkürzung (unvollständige Sätze) und Annäherung an die Sprechsprache, sind eindeutig nachweisbar. Nebensätze kommen fast ausschließlich als Nebensätze ersten, ganz selten auch zweiten Grades, vor. Die Neigung zum Kurzsatz stammt laut Bödeker „aus der Lyrik und zwar zuerst des Impressionismus (Pointilismus)"[40]; sie hängt aber zweifellos auch mit ökonomischen Überlegungen zusammen[41].

Im Hinblick auf die in der Regel anzutreffende Sprachschicht verweist Bödeker auf den ausgesprochenen Mischcharakter der Reklamesprache. Alle Sprachschichten (außer der untersten)[42] sind in der Anzeigenwerbung vertreten. Die für sie vorgeschlagene „Sprachstufe der Vielen"[43], die Umgangssprache, zeigt sich immer wieder durchsetzt mit Fachvokabular, das den Eindruck der Wissenschaftlichkeit erwecken, mit Fremdwörtern, die vornehm wirken sollen[44], und mit der Poesie entlehnten Wörtern. Aus diesem Mischcharakter der Werbesprache kann jedoch nicht voreilig der Schluß gezogen werden, der operative Text sei kein eigenständiger Texttyp, sondern eben nur eine Mischung aus informativem und expressivem Text. Die Funktion der „Anleihen" aus der Wissenschaftssprache und der Sprache der Poesie entspringt ja nicht dem Bedürfnis nach echter Informationsvermittlung oder dichterischem Aussagewillen; sie werden vielmehr gezielt zum Zweck der Werbewirksamkeit, der Suggestion, der Aufwertung, eingesetzt[45].

Wie nicht anders zu erwarten, spielt die Verwendung rhetorischer Mittel bei der Reklamesprache eine große Rolle. Dies verwundert um so weniger, als ja jeder Appell — auch außerhalb gesprochener Rede — vor allem An-Sprache an den Textempfänger ist. Der Einsatz rhetorischer Mittel, dem Bödeker in seiner Untersuchung breiten Raum widmet — wobei auch der Hinweis auf enge Parallelen zur Sprache der politischen Propaganda nicht fehlt —, zielt zumeist darauf ab, *Suggestion* auszuüben (Behauptung, Befehl, direkte Anrede), *Interesse* zu wecken (einleitende Frage, „Aufhänger"[46]), *Vertrauen* zu schaffen (Anrede, Dreierfigur, Euphemismus), bessere *Einprägsamkeit* zu erreichen (Wiederholung, Antithese, gebundene Sprache, Rhythmus, Wortspiel). Mit Hilfe rhetorischer Mittel soll also vor allem die *Disposition* des Empfängers dahin beeinflußt werden, dem Appell zum Kauf einer Ware tatsächlich Folge zu leisten. Diese Funktion der rhetorischen Mittel ist von ganz besonderer Bedeutung, denn anders als beim informativen Text, den der Leser in der Regel zur Hand nimmt, weil er sich informieren *will*, oder als bei einem expressiven Text, zu dem der Leser *von sich aus* greift, weil er ein Sprach-

oder Dichtkunstwerk kennenlernen möchte, müssen operative Texte die Disposition zur erwünschten Willensentscheidung beim Leser ja erst *schaffen*[47]. Der Reklametext hat es da besonders schwer, weil er sich — selbst wenn er einzelne „Zielgruppen" anspricht — an eine amorphe Masse potentieller Käufer wendet, der er zum großen Teil erst noch einreden muß, daß die Ware überhaupt von Interesse für sie ist. Daraus dürfte sich auch die „Massivität" des appellativen Sprachgebrauchs — bei aller Subtilität in der Erfindung von Motivationen — im Reklametext erklären. Da ein gezielter Individualappell nicht möglich ist, müssen die eingesetzten Mittel um so gröber und massiver sein.

Ein weiteres, von Bödeker nicht eigens herausgestelltes, jedoch aus der Textsammlung unschwer zu erschließendes Mittel der Werbesprache, den Appell noch wirksamer zu gestalten, ist ihre dem Streben nach Glaubwürdigkeit entspringende vielfältige Berufung auf „Autoritäten", auf *Gewährsleute*, die dafür bürgen, daß die Reklame seriös und ihre Berechtigung von anderen bereits nachgeprüft ist[48]. Solche „Garanten" mögen bekannte Persönlichkeiten, fiktive Personen mit einem Titel, anonyme Experten, lange Tradition sein, ja sogar Klischeevorstellungen, die bestimmte Assoziationen wecken[49]. Auch Sprichwörter können diese Funktion übernehmen, denn in ihnen hat sich nach allgemeiner Auffassung „Volksweisheit" kristallisiert, die als Garantie unbesehen anerkannt wird. In der kommerziellen Werbung scheinen sie jedoch selten zu sein. Möglicherweise hängt das damit zusammen, daß in der Reklame der Slogan — nach Bödeker[50] ein fragwürdiger Bastard aus Sprichwort und Aphorismus — überwiegt, der vom Sprichwort her die Allgemeingültigkeit beansprucht und wegen seiner Kürze ökonomischer ist[51].

Ein besonders auffallendes konstitutives Merkmal der Reklamesprache ist die bewußte und gewollte — oft nur unterschwellige — Affizierung der Instinkte, der Triebe, also der *Emotionalität* des potentiellen Kunden. Bei nahezu allen Anzeigentexten läßt sich nachweisen, daß ihre inhaltliche Gestaltung das Ziel verfolgt — zumindest im Unterbewußtsein — an die Affekte und Emotionen zu appellieren. Auch die Verwendung einzelner sprachlicher Elemente, wie sie bisher dargelegt wurde, kann auf dieses Ziel ausgerichtet sein. Besonders häufig ist das bei Anzeigentexten zu beobachten, die rein inhaltlich gesehen auf (reale oder fiktive) Information abgestellt zu sein scheinen. So liegt in den (meist unbewiesenen) Behauptungen, insbesondere wenn sie sich auf die angeblichen Vorzüge der Ware oder das vorgebliche Verhalten anderer Käufer oder Vorbilder beziehen, ein unterschwelliger Appell an den Herdentrieb und die rational nicht kontrollierte Gutgläubigkeit des Textempfängers. Mit einleitenden abrupten Fragen, aber auch mit dem „Aufhänger", appelliert der Text an die natürliche Neugier. Aus Neugier wird Reklame gelesen und die nachfolgende u. U. sogar seriöse und echte Information ebenfalls mit aufgenommen[52]. Die direkte Anrede schmeichelt dem Geltungsbedürfnis, sie ist daher, unabhängig vom Kontext, werbewirksam. Die Verwendung der Dreierfigur, die aus Mythos und Märchen geläufig ist (drei Parzen, drei Nornen, dreimaliger Wunsch im Märchen) macht sich — aller guten Dinge sind drei!

— den latenten Hang zum Aberglauben zunutze, der nicht nach rationalen Argumenten fragt. „Leicht wie Haut. Weich wie Haut. Schön wie Haut", heißt es in der Reklame für eine Strumpfhose. Der Leser prüft nicht, ob Haut tatsächlich immer leicht und schön ist, sondern die Dreierfigur suggeriert ihm Glaubwürdigkeit der Aussage, zurück bleibt die lockende Vorstellung von: leicht, weich, schön = erstrebenswert, die auf die Ware übertragen wird.

Die Rolle des emotiven Sprachgebrauchs in der Reklame kann kaum überschätzt werden. Die Beeinflussung der Willenssphäre stößt auf dem Umweg über die Mobilisierung der Affekte und Gefühle auf weit weniger Schwierigkeiten als sachliche Argumentation, die die Rationalität des Lesers herausfordert und damit eher Schranken auf dem Weg zur Willensentscheidung aufrichtet, als Wege zu ihr ebnet.

Auch der Rhythmus ist ein affektives Element in der Sprache, das wirksam zur Verstärkung des Appells eingesetzt werden kann. „Rhythmus", so schreibt S. J. Hayakawa, „ist derart affektiv, daß er unsere Aufmerksamkeit sogar dann erregt, wenn wir uns nicht ablenken lassen wollen"[53]. Der eigentliche Appell wird also etwa bei Slogans wie: „Wer es kennt, nimmt Kudident" oder „Schreibste ihm, schreibste ihr, schreibste auf MK Papier", die keinerlei informativen Wert haben, vom Rhythmus geleistet, dessen Echo sich nicht so schnell verliert und gegebenenfalls beim Einkauf operativ wirkt, indem er an den Namen des Produkts erinnert und seinen Kauf provoziert.

2.31.2 Propagandatexte

„Was und wie etwas gesagt wird", heißt es bei W. Dieckmann[54], „richtet sich, am deutlichsten in der Propaganda, nach den Absichten des Sprechers und den erwünschten Reaktionen beim Hörer." Mit diesem Satz ist im Grunde genommen der Verbalisierungsmodus des operativen Texttyps im Hinblick auf seine kommunikative Funktion charakterisiert, denn sein Autor stellt noch deutlicher als Hayakawa die enge Verwandtschaft zwischen kommerzieller, politischer und religiöser Werbung im Hinblick auf den appellativen Gebrauch der Sprache heraus. „Die Entdeckung appellativer Elemente in der politischen Sprache dient weithin zum Anlaß, den Sprachgebrauch des Politikers zu verurteilen, weil die Sprache nicht ihre ‚wahre' Aufgabe (sc. Mitteilung) erfülle", heißt es weiter. Bei dieser, auch von Dieckmann zurückgewiesenen, Auffassung wird übersehen, daß man nicht eine der Funktionen der Sprache zur einzig wahren erklären kann, neben der die Ausdrucks- und die Appellfunktion als „illegitim" betrachtet werden müßten. Vielmehr tritt in Propagandatexten die „Mitteilung" — in unserer Typologie die „Information" — so weit hinter dem Appell zurück, daß dessen Dominanz zum Kriterium eines — gleichberechtigten — Texttyps wird[54a]. „Diese Wertung", so fährt denn auch Dieckmann fort, „müßte sich ... genauso auf die Sprache der Wirtschaftswerbung, der Predigt und der religiösen Mission und auf jede Form der ars persuadendi beziehen. Daß die genannten Kommunikationsfunktionen in der Tat Ähnlichkeiten aufweisen und unter dem Oberbegriff der überredenden Sprache (persuasive language) gemeinsam behandelt werden können, haben neuere Untersuchungen von verschiedenen Seiten deutlich gemacht"[55].

Wie äußert sich diese „persuasive language", dieser Überredungswille in der politischen Propaganda? Voraussetzung bei allem ist natürlich der adäquate Redegegenstand des Textes: es muß um Belange der Politik gehen, um einen politischen Sachverhalt, demgegenüber der Textempfänger die Wahl der Zustimmung oder Ablehnung hat. Da grundsätzlich die kommunikative Funktion eines Textes die sprachliche Gestalt einer Aussage bestimmt, muß appellativer Sprachgebrauch als Merkmal der Appellfunktion des Textes an den gewählten sprachlichen Elementen registrierbar sein.

Während der „Klartext" der kommerziellen Werbung lautete: Diese Ware mußt du kaufen![56], die Werbung also sozusagen eindimensional verfährt[57], heißt der „Klartext" politischer Propaganda etwa: diese Partei mußt du wählen — jene nicht; dieses Gesetz mußt du befürworten — jenes ablehnen; diesen Vertragsentwurf mußt du gutheißen — jenen zurückweisen usw. Die Sprache der Überredung entfaltet sich jetzt also zweidimensional, denn „Propaganda bezieht sich auf Umstrittenes und zielt auf Meinungsänderung"[58] — in der einen oder der anderen Richtung.

Mit welchen sprachlichen Mitteln wird dem Textempfänger dieser Appell nahegebracht? Vor allem wird der Einsatz der Mittel auch hier auf die Weckung von Emotionen abgestellt[59]. Wenn der Text in Form einer Rede an den Empfänger gelangt, kann der Appell durch Tonfall, Mimik und Gestik des Redners natürlich noch wirksam unterstrichen werden. Aber mit diesen zusätzlichen Appellmitteln allein ist es nicht getan[60]. Daher ist es durchaus legitim, auch schriftlich fixierte Reden[61] zur Untersuchung des Propagandatextes heranzuziehen, eben weil auch noch in der schriftlichen Fixierung Aufschluß über den appellativen Gebrauch der Sprache zu gewinnen ist[62].

Ein klassisches Beispiel für einen politischen operativen Text in der Dichtung ist die Rede des Marc Anton in Shakespeares Schauspiel „Julius Caesar". Zu den wirksamsten Mitteln, mit denen Marc Anton einen völligen Stimmungsumschwung unter seinen Zuhörern herbeiführt, gehören *sprachformal* die raffiniert gehandhabte rhetorische Wiederholung des Wortes „ehrenwert" — „denn Brutus ist ein ehrenwerter Mann" — in jeweils nur geringfügig abgewandelter Mikrokontextumgebung; *inhaltlich* die zielbewußte Steigerung von der halbversteckten Anklage bis zur offenen Verleumdung und *außersprachlich* der Appell an die Instinkte: die Verlesung von Caesars Testament weckt die Habgier der Masse[63]. Sämtliche Mittel sind appellwirksam, auch wenn der Text nur gelesen und nicht als Schauspiel auf der Bühne gehört wird.

Charakteristisch für den Propagandatext sind laut Th. Pelster[64] „Redeformen einer übersteigert hymnischen oder pseudoreligiösen Sprache". W. Dieckmann[65] urteilt ähnlich, wenn er die Emotionalität der „hörerorientierten Meinungssprache" erwähnt und dann fortfährt: „Von besonderem Interesse sind die geborgten Emotionen, die nicht im politischen Bereich selbst entstehen, sondern aus anderen Lebensbereichen in die Meinungssprache übertragen werden ... die Entlehnung religiöser Begriffe zur pseudoreligiösen Überhöhung der Politik". Mit diesen Hinweisen auf eine dem Redegegenstand nicht angemessene Wortwahl ist eine Parallele zu der Redeweise von Reklametexten gefunden, ein Indiz für die sprachlich begründete Zuweisung beider Textsorten zu demselben Texttyp. Daß von der Diskrepanz zwischen Redeweise und Redegegenstand, auch wenn nicht Überhöhung sondern Abstieg in eine allzu niedrige Sprachebene vorliegt, eine hohe Appellwirkung ausgehen kann, mag ein Beispiel aus dem Bayernkurier[66] verdeutlichen. Anstelle der sachlichen Information: „Deutsche Atomplanungen, so *sagt* die FDP, verschärfen die europäischen Spannungen und bestärken das Mißtrauen im Osten", heißt es dort: „Deutsche Atomplanungen, so *keift* die FDP, verschärfen die Spannungen..."[67] Durch die Verwendung eines einzigen, zielbewußt eingesetzten, unangemessenen Wortes wird der sachliche Inhalt affektiv aufgeladen, dem Leser suggeriert: Wer keift, ist ohnehin so abscheulich, daß er nicht recht haben kann. Jede rationale Argumentation wird damit blockiert, die gewünschte Appellwirkung ist — zumindest beim Durchschnittsleser — erreicht.

Die Bevorzugung des emotiven Appells ist generell bei der Wortwahl in Propagandatexten zu beobachten. Da die Propaganda weitgehend nicht nur Interesselosigkeit, sondern den Widerstand vorgefaßter Meinungen überwinden muß, arbeitet sie besonders gern mit *Suggestionen*[68]. Die Disposition des Textempfängers für die Zustimmung zu einer Sache, Partei, Aktion usw. oder ihre Ablehnung wird auf dem Wege über die gefühlsmäßige Einstellung zu ihnen beeinflußt. Den sogenannten Reizwörtern kommt hierbei eine besondere Aufgabe zu. Sie sind besonders stark an eine jeweilige Zielgruppe von Propagandaempfängern gebunden und daher für den Übersetzer u. U. ein großes Problem[69]. Durch ständige Wiederholung solcher Reizwörter, die im allgemeinen unter negativem Vorzeichen stehen, werden unterschwellig die Emotionen aufgeheizt. Eine Parallele läßt sich zur Rolle der Schlüsselwörter in der Reklamesprache ziehen. Sie haben zwar — der Eindimensionalität des kommerziellen Appells zufolge — grundsätzlich positiven Wert, mobilisieren aber ebenso die Gefühle (Vertrauen, Bewunderung, Zuneigung usw.).

Auch zu der Erscheinung der „semantischen Aufwertung" in der Reklamesprache läßt sich in der Sprache der Propaganda eine Parallele finden: die auffällige Häufigkeit auf- und abwertender Wörter. Als besonders wirksam scheinen dabei Wörter angesehen zu werden, die aus anderen Bereichen auf die Politik übertragen werden. Die politische Invektive beispielsweise bedient sich „bei der persönlichen Diffamierung übertragener Verwendungsweisen"[70]. Der abwertenden Funktion solcher Wörter stehen hochwertende Wörter für das eigene Handeln und die politischen Freunde gegenüber[71]. „Die Tatsache, daß solche Wörter auch in ihrem neuen Sachzusammenhang Assoziationen aus ihrem ursprünglichen Verwendungsgebiet beibehalten können, wird politischen Zwecken dienstbar gemacht"⁷². Wie bei der Reklame so wird bei der Propaganda auf diese Weise der Textempfänger unmerklich auf *vorgeprägte Werturteile* festgelegt, die ihm suggeriert und nicht auf dem Wege über rationale Argumentation nahegebracht werden.

Auch das Fremd- und das Fachwort spielen bei der politischen Propaganda ihre wohlberechnete, jedoch im Vergleich zur Reklame etwas differierende Rolle. Während bei der kommerziellen Werbung Fach- und Fremdwort vorwiegend den Eindruck von Wissenschaftlichkeit — und damit der Glaubwürdigkeit und des vornehmen „flairs" — wecken sollen, ist bei der Propagandasprache das Fachwort vorwiegend dort anzutreffen, wo es sachlich notwendig ist und nebenbei den Sachverstand des Textautors eindrucksvoll belegen kann (selbst wenn er gar nicht so groß ist); das Fremdwort dagegen ist als Mittel der Auf- und Abwertung beliebt; erschwert es doch durch seine Unverständlichkeit, wie H. Reich beobachtet⁷³, die Nachprüfbarkeit von Anschuldigungen. So begünstigt es nicht nur deren Ausweitung⁷⁴, sondern auch die Tendenz, ebenso eine etwa positive Wertung ungefragt und ungeprüft zu akzeptieren. Abgesehen davon jedoch würde ein übermäßiger Gebrauch von wenig bekannten Fremdwörtern zur Darstellung inhaltlicher Sachverhalte die Propagandawirkung eher einschränken, denn er geschähe auf Kosten der leichten Verständlichkeit, die für unmittelbare Appellwirkungsmöglichkeit — wenn sie nicht nur auf die Mobilisierung von Emotionen abzielt — eine unabdingbare Voraussetzung ist⁷⁵.

Der Aspekt der Wortbildung ist für die Analyse der Propagandasprache relativ unergiebig. Das bei der Reklamesprache auffallende Merkmal der vielgliedrigen Wortzusammensetzung läßt sich bei politischer Werbung nicht beobachten. Für sie entfällt ja auch das Hauptmotiv für diese Art der Wortbildung: das Streben nach Knappheit aus finanziellen Erwägungen. Andrerseits läßt sich eine gewisse Vorliebe für Neuwortbildungen beobachten, die dem Bestreben nach griffiger Zusammenfassung komplexer Sachverhalte entgegenkommen, dabei aber gleichzeitig auch eine willkommene semantische Verschwommenheit mit sich bringen (so daß man sich bei Angriffen von seiten des politischen Gegners wegen der Formulierung leichter darauf herausreden kann, man habe es gar nicht so, sondern anders „gemeint") — z. B. Gewaltvorbehalt, Anerkennungskurs, Wechselwähler —. Andrerseits kann auf diese Weise durch Auslösung — negativer — Assoziationen implizit eine negative Bewertung des so Benannten beim Leser insinuiert werden: Mandatsüberträger (evoziert: Zwischenträger); trabende Inflation (evoziert: galoppierende Schwindsucht); Unrechtsgrenzen (bewertet negativ, was objektiv weder Recht noch Unrecht tun kann). Solche ungewöhnlichen Kollokationen werden oft zum Schlagwort.

Auch als Parallele zur Appellwirkung von Produktnamen in der Reklame ließe sich bei der politischen Sprache noch am ehesten das Schlagwort anführen⁷⁶. Mit ihm werden doch Personen, Sachen oder Sachverhalte gleichsam „etikettiert", d. h. sie werden in der appellativen Sprache zu suggestiven „Markennamen", deren Berechtigung man nicht mehr prüft, deren Entstehung man nicht mehr analysiert, denen jedoch ein hoher *Erinnerungswert* zukommt, und dies stets unauflöslich verbunden mit der Wertung, die ihnen üblicherweise bei der ständigen Nennung durch den Kontext beigegeben wird[77]. Entsprechend der Zweidimensionalität des politischen Appells verführt dann der Erinnerungswert des Schlagworts, je nach dem mit ihm gesetzten positiven oder negativen Vorzeichen, zu automatischer Annahme oder Ablehnung der politischen „Ware", für die der „Markenname" steht.

Für den Satzbau der Sprache politischer Propaganda finden sich in den herangezogenen Untersuchungen keine besonderen Hinweise. Im Interesse leichter *Verständlichkeit* dürfte sich jedoch ein leicht überblickbarer, von Schachtelsätzen freier Satzbau nahelegen[78]. Der Propagandatext wendet sich ja im allgemeinen an einen undifferenzierten, möglichst großen Empfängerkreis; es kann ihr daher gar nicht darum zu tun sein, die „Sprachstufe der Vielen", und damit auch die einfache Syntax, zu verlassen, um zugunsten der möglichen Beeindruckung einzelner Individuen u. U. der Appellwirkung auf die große Masse Sprachbarrieren in den Weg zu legen.

Es bleibt, den Stil der Propagandasprache auf den Einsatz appellativer Mittel hin zu befragen. Da Propagandatexte im allgemeinen nicht dem gleichen rigorosen Gebot der Kürze unterliegen wie die Anzeigenwerbung, ist es nicht zu verwundern, wenn die Stilmischung und sogar der gewollte Stilbruch in breiterem Ausmaß in ihrer Appellwirkung ausgenutzt werden können. Oft wählt der Propagandist den Stilbruch, um den Textempfänger zu erregen; zumeist handelt es sich dabei um einzelne Worte oder Wendungen, die aus der insgesamt gewählten Stilschicht ausbrechen, was eine aufreizende Wirkung erzielt. Gerade dem propagandistischen Appell ist das Merkmal der Stilmischung durchgehend eigen. Gehobene Hochsprache, Alltagssprache, politische Fachsprache, aber auch — und dies in deutlichem Unterschied zur Reklame — Gossensprache und Jargon vermischen sich bedenkenlos; damit sollen wiederum Gefühle irritiert, Stimmungen beeinflußt, mit einem Wort: die Disposition des Textempfängers auf dem Weg über die *Emotionen* zur Annahme des Appells hergerichtet werden.

Ein weiteres Kennzeichen der Propagandasprache ist der Superlativstil[79] und der hyperbolische Stil[80].

Da auch die Propaganda in erster Linie mündliche oder schriftliche Ansprache an den Textempfänger ist, wird der Stil durch den reichlichen Einsatz rhetorischer Mittel gekennzeichnet. Dabei können Anapher und Antithese die Intensität des Appells erhöhen; Metaphern, Bilder, Vergleiche, Allegorien sollen das Interesse wecken, Anschaulichkeit vermitteln, die Auffassungen und Sichtweisen in eine bestimmte (parteiische) Richtung lenken. Worthäufungen (insbesondere das Polysyndeton), Fragen (die entweder vom Autor selbst beantwortet werden oder durch ihre Art die Antwort bereits in sich tragen) dienen der Weckung etwa erlahmender Aufmerksamkeit; sie können die Erregung des Lesers steigern, ebenso wie die direkte Anrede des Lesers. Zuweilen werden auch Denkanstöße mit ihnen bewirkt[81]. Daß die Aufforderung und zumal der Imperativ in allen möglichen sprachlichen Ausformungen in der Propagandasprache häufig anzutreffen sind, versteht sich von selbst; läuft doch die ganze Anstrengung des operativen Textes darauf hinaus, den Textempfänger zu einer Reaktion oder Aktion anzuspornen.

Der politische Slogan dient — ebenso wie der Reklameslogan — vor allem der *Suggestion*; die rhythmisch-mnemotechnische Wirkung steht im Dienst der *Einprägsamkeit* eines propagandistischen Appells, wie er insbesondere auch bei der plakativen Wahlpropaganda bevorzugt wird. Im Slogan überwiegt auch eindeutig der emotionale gegenüber dem argumentativen Appell. „Lieber rot als tot", „Friede den Hütten, Kampf den Palästen", „Kanonen statt Butter", „Vorfahrt für Vernunft" usw. sind nicht nur leicht einprägsam, affektgeladen durch die Verwendung von Reizwörtern, sondern dienen auch dazu, die dahinter stehenden Realitäten euphemistisch zu verschleiern und die *Emotionen* zu mobilisieren, ehe der Verstand sich die Mühe gibt zu ermitteln, welcher Informationsgehalt hinter der Formulierung stecken könnte.

Bei der Reklamesprache war der Rekurs auf Garanten zu beobachten, die wirklich oder vorgeblich die Glaubwürdigkeit der Werbung bestätigen und verbürgen konnten. Nicht anders verhält es sich in der Sprache der Propaganda. Hier geht es darum, den Propagandisten und die Sache, für die er sich einsetzt, in den Augen des Textempfängers *glaubwürdig* erscheinen zu lassen[81a], bzw. die Sache, gegen die er sich ausspricht, ohne weitere rationale Argumentation als unglaubwürdig zu erweisen. Der Textautor bemüht sich zu diesem Zweck darum, konkrete Ereignisse und Personen zu nennen, durch anschauliche Beispiele sucht er davon zu überzeugen, daß er recht hat. Die Berufung auf Gewährsleute erhält dabei paradoxerweise größeres Gewicht, wenn diese dem gegnerischen Lager angehören[82].

Sachliche Information und Argumentation können in keinem Propagandatext fehlen[82a], wenn sich der Textautor nicht ausschließlich auf bare Demagogie verläßt[83]. Sie kann hier wegen der nicht erzwungenen Kürze auch einen breiteren Raum einnehmen als bei Reklametexten. Trotzdem wird die Willensentscheidung nicht nur durch sie beeinflußt; die spezielle Appellwirksamkeit, die Herbeiführung der Disposition des Hörers oder Lesers zur antwortenden Tat wird ganz bewußt auf dem Weg über den Appell an die Affekte, die Emotionen, die irrationale Be-Wertung angestrebt. Die dazu eingesetzten sprachlichen Mittel sind im großen Ganzen dieselben wie bei der Reklamesprache, wenngleich zu beobachten ist, daß dieselben Mittel nicht stets dieselbe Appellwirkung anzielen[84]. Insgesamt gesehen ist die Erzeugung und Steigerung der Erregung des Textempfängers mit Hilfe von Pathos ausdrückenden Sprachelementen, aber auch die Ironie als parteiisches und aggressives Kampfmittel, kaum oder gar nicht in der Reklame, dagegen häufig in der Propaganda anzutreffen. Ein weiterer Unterschied besteht darin, daß die Propaganda infolge ihrer Zwei-Wertigkeit (gegenüber der Eindimensionalität der Reklame) bei allen sprachlichen Elementen, die auf dem Weg über ein Werturteil Appellfunktion ausüben sollen, sowohl Aufwertung als auch Abwertung kennt. Der Propagandist kann also den Textempfänger nicht nur zur Entscheidung *für seine*, sondern auch expressis verbis zur *Ablehnung der gegnerischen Sache*[85] (und damit ist indirekt eine Verstärkung des Appells für die eigene gegeben) zu überreden versuchen. Solche Unterschiede können dazu dienen, innerhalb des operativen Texttyps die einzelnen Text*sorten* voneinander abzugrenzen.

2.31.3 Missionarische Texte[86]

Zweidimensionalität des Appells ist auch ein Kennzeichen des missionarischen Textes. Der „Klartext" aller religiösen (und ideologischen) Werbung läßt sich mit einem Wort aus der christlichen Bibel wiedergeben: Metanoeite — Kehrt um! Diese Aufforderung wird ausgefaltet, indem das Bisherige, von dem man sich abwenden soll, „abgewertet", das Ziel, dem man sich zuwenden soll, „aufgewertet" wird. In der Logik dieses Tatbestands liegt die Zweiwertigkeit auch der religiösen „Werbung" begründet.

In den — spärlichen — Untersuchungen zur sprachwissenschaftlichen Fragestellung: Sprache und Religion, findet sich auch ein Hinweis auf die bereits für Reklame- und Propagandasprache festgestellte Diskrepanz zwischen Redegegenstand und Redeweise, die jetzt schon in der Inadäquatheit allen religiösen Sprechens an sich zutage tritt.

Hugo Moser schreibt in seinem Beitrag Sprache und Religion[87]: „Immer wieder sind wir darauf gestoßen, daß die Sprache der Religion (und namentlich auch in der muttersprachlichen Form) ihrem Gegenstand in besonderer Weise inadäquat ist... Trotz ihres immanenten und darum inadäquaten Charakters erschließt sie transzendente Glaubensinhalte, faßt sie diese begrifflich und ermöglicht sie deren Mitteilung." Hier wird die grundsätzliche Inadäquatheit menschlichen Sprechens von Gott anerkannt[88]. Wieviel größer muß dann die Diskrepanz zwischen menschlicher Rede von Gott und menschlicher Redeweise zur „Werbung" für Gottes Wort, zu Verkündigung und Missionierung sein. Wenn nun unter diesem Gesichtspunkt die Evangelien und einige Predigten betrachtet werden, so fällt auf, daß von den erhabensten und abstraktesten Gegenständen durchwegs in möglichst einfacher, verständlicher, ja volkstümlicher Form geredet wird. „Die Sprache der Evangelien und des Apostels Paulus war die lebendige Sprache des gemeinen Volkes von damals... nicht die der Literaten und Mystagogen", schreibt Josef Blinzler[89].

Die Wahl der synoptischen Evangelien zur Untersuchung des Sprachgebrauchs missionarischer Texte liegt darin begründet, daß sie ja nicht nur Leben und Wirken des Religionsstifters beschreiben, sondern Aufruf zur Umkehr und zu einem neuen Leben sein sollen. Insbesondere wurden die Wundergeschichten und Gleichnisse von Anfang an für die Apologetik und die Propagierung des Glaubens genutzt[90], und umgekehrt haben diese die Form der Missionspredigt entscheidend mitgeprägt[91]. So sind etwa Gleichnisse nach neuerer Erkenntnis „didaktische Mittel der Verkündigung, nicht (lediglich) ästhetische Kunstformen"[93]. Daher ist auch ihre Sprache auf Appellwirkung angelegt[93]. Auch Kurzpredigten wurden zur Beschreibung der konstitutiven Merkmale des missionarischen Textes herangezogen. Ihr appellativer Charakter ist per definitionem festgestellt. „Der in der Kurz-Predigt entfaltete Gedanke", so heißt es im Lexikon für Theologie und Kirche[94] „soll ... den Hörer nicht mehr loslassen; dieser soll ihn womöglich in religiösen Akten realisieren oder die Konsequenz für das praktische Leben ziehen".

Wie schon bei Reklame- und Propagandatexten zu beobachten war, muß es sich beim Redegegenstand des operativen Textes bereits um eine Sache (einen Sachverhalt) handeln, von der ein immanenter Appell ausgehen kann. Für die missionarischen Texte läßt sich etwa das anführen, was O. Semmelroth[95] zur christlichen Verkündigung überhaupt sagt: „ Wie auch immer die Wirksamkeit der Verkündigung des Wortes Gottes gedeutet werden mag, auf keinen Fall kann von ihrem Inhalt abgesehen werden"[96]. Diese Bemerkung trifft sich mit der Erkenntnis, daß grundsätzlich beim operativen Text neben dem Sachappell und dem emotionalen Appell auch der rationale, der intellektuelle Appell nicht fehlt. Anders gesagt: Mögen operative Texte gelegentlich auf das Niveau bloßer Überredung herabsinken (unseriöse Reklame, Demagogie), so muß ihnen in der Regel doch daran gelegen sein zu überzeugen, d. h. an den Verstand zu appellieren und dies mit inhaltlichen Argumenten, über deren Ernsthaftigkeit und Gewicht zunächst nichts ausgemacht ist. Es darf „die Aussage- und Wirkkraft des Inhalts, der in der Verkündigung auf den Hörenden zukommt, nicht übersehen oder vernachlässigt werden. Schon deshalb nicht, weil das Ereignis der Verkündigung ja nur am Inhalt geschehen kann. Verkündigung kann es nicht geben, wenn nicht ‚etwas' verkündigt wird"[97]. Und ohne Verkündigung — so ließe sich fortfahren — gäbe es nichts, wozu mit dem missionarischen Text aufgerufen werden könnte. Das „Metanoeite" verlöre seinen Sinn.

Zum Wesen der Verkündigung und Missionierung gehört darüber hinaus der lebendige Bezug zu einem Empfänger — auch hier wieder die Parallele zu Reklame und Propaganda —, die An-Sprache, der Appell an ihn. Verkündigung ist „auch wenn sie über das Wesen und Wirken Gottes berichtet, niemals bloße *Mitteilung* von Sachverhalten, sondern *Anrede*. Die Entgegennahme dieser Anrede durch den Glauben der Hörenden kann *kein unverbindliches Registrieren von Kenntnissen* sein, sondern muß *Bereitschaft zu entsprechendem Verhalten zeitigen*"[98]. Um aus diesem Postulat Wirklichkeit werden zu lassen, bedarf es auch bei der Verkündigung und Missionierung des sprachlichen Appells, d. h. des appellativen Gebrauchs der Sprache, damit der Textempfänger für den sachimmanenten und den intellektuellen Appell unmittelbar sensibilisiert wird.

An welchen Sprachelementen läßt sich bei missionarischen Texten der appellative Sprachgebrauch aufspüren?

Zunächst ist zu vermerken, daß nur wenige Untersuchungen zur Sprache missionarischer Texte vorliegen. Zwar wird das „Was", das „Warum" und

„Wozu" von Predigt und Mission tiefschürfend und breitausladend in Abhandlungen und Aufsätzen zur Homiletik und Pastoraltheologie behandelt, doch fehlen Erörterungen über das „Wie" der missionarischen Sprache. Das Interesse an dieser Fragestellung reicht im allgemeinen nicht weiter als bis zu einem gelegentlichen Hinweis auf die der Situation des modernen Menschen anzupassenden Mittel der Rhetorik oder zu der lapidaren Feststellung, die Sprache der Missionierung müsse „wirksam" sein. Wie diese Wirksamkeit – die ja den Charakter des operativen Textes erst konstituiert – zu erzielen sei, wird nicht erwähnt[99].

Erst in jüngster Zeit werden linguistische Fragestellungen auch ernsthaft an die Sprache der Bibel[100] – die als Anruf Gottes an den Menschen ihrem Selbstverständnis nach per se Appellfunktion hat – herangetragen.

Vor allem E. Güttgemanns[101] geht mit den Methoden der Textlinguistik an die Untersuchung biblischer Texte. Aus seinen Veröffentlichungen lassen sich für unsern Zusammenhang Hinweise entnehmen. Der Autor weist auf den „Zusammenhang von ‚Textlinguistik' und herkömmlicher Formgeschichte" hin, deren methodologische Schwächen er durch seine neue, dezidiert strukturale Methode zu vermeiden hofft[102]. Die Erwähnung der Formgeschichte gab Anlaß dazu, auch bei R. Bultmann[103] Auskunft über einzelne Formelemente der Bibelsprache einzuholen. Und noch ein dritter Weg wurde beschritten: der indirekte; die Frage nach der Appellfunktion der biblischen Sprache auf dem Umweg über die die operative Wirksamkeit bewahrende Übersetzung der Bibel, die insbesondere von Nida und Taber eingehend behandelt wird[104], wobei Nida den für den thematischen Zusammenhang fruchtbaren Begriff der „dynamischen Äquivalenz[105]" in die Diskussion eingebracht hat.

Im folgenden sei kurz dargestellt, welche Ergebnisse die Befragung der angeführten Literatur für die Beschreibung von Wortbildung, Wortwahl, Satzbau und Stilelementen im Hinblick auf den appellativen Sprachgebrauch in missionarischen Texten zeitigt, und ob der Befund ausreicht, diese Textsorte mit den beiden zuvor bearbeiteten Textsorten unter einen Texttyp zu subsumieren.

Bei Reklame und Propaganda war der Slogan als eines der wirksamsten Mittel des Appells erwähnt worden. Bei den missionarischen Texten scheint das Paradox eine analoge Rolle zu spielen. Beide Sprachfiguren werden vom Empfänger nicht wörtlich ernst genommen. Allerdings ist die appellative Zielrichtung beider nicht identisch. Während der Slogan suggestiv-emotional durch die Mobilisierung von Assoziationen und Gefühlen wirkt[106], gehen von Paradoxa eher Denkanstöße[107] aus. Sie wirken dadurch argumentativ. Ihre Appellwirkung bestätigt sich wohl auch durch die Tatsache, daß solche paradoxen Aussagen aus der Bibelsprache zumindest in alle abendländischen Kultursprachen als feste Redewendungen eingegangen sind (auch zu analogen Bildungen anregen) und noch heute, weit über den religiösen Sprachbereich hinaus, als Mahnung, Aufforderung, Abschreckung usw. appellativ genutzt werden.

Bei der bevorzugten Wortwahl in missionarischen Texten zeigt sich vieles wieder, was auch bei Reklame- und Propagandatexten auffiel. Das Bestreben, die Sprache der Predigt *lebensnah* zu gestalten, um die Appellwirkung einer immerhin fast zweitausend Jahre alten Botschaft zu erhöhen, erklärt die z. T. recht emotionale Wortwahl, die Vorliebe für wertende Adjektive und die Verwendung volkstümlicher Redewendungen und bildhafter Ausdrücke. Ausgesprochene Reizwörter sind ebenso wie in Propagandatexten nicht selten anzutreffen. Sie dienen dem *Aktualitätsbezug*, denn der „Reizwert" ist auch hier zeit- und ortsgebunden[108]. Fremdwörter tauchen nicht häufiger auf als in der Normalsprache; sie würden auch nicht dem Vorbild eines Redens entsprechen, das — im Sinne der von W. Esser entwickelten Zielvorstellung — zwischen Volks- und Dichtersprache die Mitte hält[109]. Wenn Fremdwörter gewählt werden, sind sie meist zusätzliche *Affekt*träger und werden dann oft zur Intensivierung einer negativen *Wertung* genutzt oder als euphemistische Umschreibung eingesetzt. Ungewöhnliche, dem Durchschnittsleser nicht geläufige Fremdwörter sind in der Regel verpönt. Damit ergibt sich ein Kriterium für die Unterscheidung missionarischer von Reklame- und Propagandatexten[110]. *Allgemeinverständlichkeit* ist Grundvoraussetzung für die Effizienz von Missionierung[111].

Zur Syntax des missionarischen Textes ist zu bemerken, daß die Parataxe der Hypotaxe bei weitem vorgezogen wird. Aller Wahrscheinlichkeit nach ist dies eine Folge davon, daß die Beiordnung ein charakteristischer Zug des Semitischen ist[112]. Dieses syntaktische Merkmal wurde ins neutestamentliche Griechisch übernommen und ging über die im Anschluß daran gestalteten deutschen Bibelversionen auch in die von der Hl. Schrift beeinflußte Sprache der Predigt ein. Hier liegt also kein von der Appellfunktion der Sprache angeregter Sprachgebrauch vor, wenngleich die Parataxe vor allem beim gesprochenen Wort, der Predigt, die Appellwirkung erleichtern kann, da sie über weitere Strecken übersichtlicher bleibt als ein kunstvoller Satzbau und somit der leichteren Verständlichkeit dient.

Der Kurzsatz, der beim Reklametext seine Beliebtheit ökonomischen Erwägungen verdankt und überdies zur Gewährleistung besserer Einprägsamkeit dient, prägt auch den missionarischen Text mit[112a]. Hier übernimmt er eher die Funktion, durch Dramatisierung die Disposition des Textempfängers für die Entgegennahme des ausgesprochenen oder unausgesprochenen Sachappells am Ende eines Redeabschnittes oder des ganzen Textes *emotional* vorzubereiten. Oft nimmt dabei der Kurzsatz als resümierende Aufforderung die Form eines reinen Imperativsatzes an[113].

Abgesehen von der offensichtlich an der Bibelsprache und den Erfordernissen der gesprochenen Sprache orientierten Vorliebe für eine einfache Syntax, sind in missionarischen Texten alle Charakteristika der operativen Texte aus dem Bereich der Wirtschaft und der Politik wiederzufinden. Der dort beliebte „Aufhänger", der das *Interesse* des Textempfängers wecken soll, tritt bei der Bibel in Gleichnis- und Wundergeschichten in Erscheinung; bei der Predigt wird irgendein naheliegender Bezug aus dem täglichen Leben, ein aktuelles Ereignis gewählt, an das dann generalisierend der eigentliche missionarische Appell im Sprung vom profanen Beispiel zum religiösen Redegegenstand anschließt[114].

Wie bei den beiden andern Textsorten tritt neben dem Superlativstil[115] auch der hyperbolische Stil auf. Bultmann weist ihn in der Bibel nach, und von daher ist er in die Sprache der Predigt eingegangen. Die sehr konkreten Bilder werden oft in derart gesteigerter Form gebracht — das Auge soll man ausreißen, die Hand abhacken, Gott hat die Haare des Hauptes gezählt, die rechte Hand darf nicht wissen, was die linke tut —, daß die „Wirkung auf Kopf und Gemüt"[116] sich dem ganzen unmittelbaren Kontext mitteilt und so an *Intensität* außerordentlich gewinnt. Dieser hyperbolische Stil hängt wohl auch mit dem Absolutheitsanspruch[117] zusammen, der im übrigen ein Charakteristikum jeder Religion oder Ideologie ist. Deshalb dürfte die Sprache aller missionarischen Texte mehr oder weniger von den Elementen geprägt sein, in denen dieser Anspruch sich sprachlich spiegeln kann, u. a. also auch in der Übersteigerung der Bilder und Metaphern, die zur Veranschaulichung des Redegegenstandes, der Sache, deretwegen der Appell ergeht, angeführt werden.

Im Gegensatz zur Sprache der Propaganda, die den Stilbruch gezielt zur Erhöhung emotionaler Appellwirkung einsetzt, ist in den missionarischen Texten der Stilbruch in der Regel nicht als bewußtes Stilmittel anzutreffen. Die Sprache der Bibel legt Wert auf eine je einheitliche Stilebene[118], und in der Sprache der Predigt ist im allgemeinen der abrupte Wechsel des Stilniveaus, vor allem aber der Griff in die unteren Schubladen der Sprache, verpönt[119]. Dieses Merkmal der missionarischen Sprache dürfte mit dem hohen ethischen Anspruch des Redegegenstandes zusammenhängen und somit ganz anderen Motiven entspringen als das Fehlen des Stilbruchs in der Anzeigenreklame, wo bei der ökonomisch gebotenen Kürze wenig Raum für Stilexperimente bleibt.

Verständlicherweise finden in der Sprache missionarischer Texte auch alle möglichen Elemente der Rhetorik Verwendung, um den rationalen und den emotionalen Appell wirksam zur Geltung zu bringen. Als Beispiel für den rationalen Appell sei die in der Bibel ebenso wie in der Predigt beliebte Form der provozierenden Frage[120] erwähnt. Bultmann[121] schreibt dazu: „Die Einführung durch eine Frage ist nämlich eine häufig verwandte Stilform. ... Der argumentative Charakter des Gleichnisses kommt darin stark zum Ausdruck". Die Antwort des Hörers wird hier genauso herausgefordert, wie bei der in der Predigt beliebten suggestiven Frage, die in Form eines Denkanstoßes die Wirksamkeit des Appells über die Zeitdauer der Predigt hinweg gewährleisten soll. Der missionarische Textcharakter des Neuen Testaments kommt besonders deutlich durch die Tatsache ans Licht, daß viele Herrenworte nachträglich in apologetischer oder polemischer Absicht einen Rahmen erhalten. Die Szene beginnt zumeist mit einer Frage. Die Antwort besteht aus einem

Bildwort oder einer Gegenfrage[122]. Beides regt zum Weiterdenken, zur Stellungnahme, zur Reaktion auf das Gelesene an.

Gleicherweise ist als Charakteristikum des missionarischen Textes die Verwendung von Bildern, Metaphern und Vergleichen anzusehen, die hier jedoch nicht primär als sprachliches Ornament zu werten sind, sondern im Dienste der leichteren Verständlichkeit, der größeren *Anschaulichkeit* stehen und damit eine unmittelbare Wirkung des Appells begünstigen[123].

Die direkte Ansprache des Textempfängers, oft gekopppelt mit der detaillierten Bezugnahme auf seine konkrete Situation, gehört ebenso zum Stil der Bibel- wie der Predigtsprache[124]. Zur geforderten *Volkstümlichkeit* der Predigtsprache gehört auch das vielfach angewandte Mittel der Wiederholung, das u. a. noch dazu dient, den geschilderten Sachverhalt recht eindringlich nahe-nahezubringen, ihm also größere *Einprägsamkeit* zu verleihen oder aber die emotionale Wirkung des Gesagten zu steigern. Wie bei allem volkstümlichen Sprechen spielt die Dreizahl eine besondere Rolle[125]. Eines der im missionarischen Text besonders bevorzugten Elemente ist die Antithese, ebenso wie die häufige Gegenüberstellung zweier Typen, nach Bultmann ein allgemeines Kunstmittel religiöser oder ethischer Belehrung, mit der u. a. ein moralisches Urteil herausgefordert wird[126]. Dies kann als argumentativer Appell aufgefaßt werden, ebenso wie die vielen zweigliedrigen Satzstrukturen, in denen gegensätzliche und steigernde Gedanken ausgedrückt werden. Einerseits kann der Rhythmus (auch) der (gelesenen) zweigliedrigen Sprachfigur dabei suggestiv einen rationalen Appell unterstreichen, andrerseits durch die krasse Gegensätzlichkeit die emotionale Parteinahme für „das Gute" provoziert werden: bei Schwarz-Weiß-Malerei wird der Textempfänger ohne bewußte Anstrengung seines Denkapparates sein *Werturteil* stets zugunsten des „Weißen" fällen.

Zusammenfassend kann zur Verwendung rhetorischer Mittel im missionarischen Text gesagt werden, daß diese nicht ornamentale Bereicherung der Rede sind, also nicht primär die Befriedigung des ästhetischen Empfindens anstreben, wie sie das weitgehend bei expressiven Texten tun; sie werden vielmehr zielbewußt zur erhöhten Wirkmöglichkeit des rationalen Appells, zur Mobilisierung der Emotionen im Sinne des textimmanenten Appells, als wirkungsvolle Wegbereiter des beim Textempfänger auszulösenden Verhaltensimpulses eingesetzt. Damit deckt sich ihre Funktion mit der, die sie auch beim Reklame- und Propagandatext ausüben.

Noch ein letzter Punkt bleibt zu klären. Bei den zuvor beschriebenen Textsorten ließ sich nachweisen, daß stets versucht wurde, den Appell durch den Rekurs auf (echte oder fiktive) Garanten zu legitimieren, damit seine Glaubwürdigkeit zu unterstreichen und die Auslösung eines Verhaltensimpulses, einer tätigen Reaktion auf den Appell, auch auf diese Weise zu erleichtern. Die missionarischen Texte machen hier keine Ausnahme. Eine indirekte Art, die *Glaubwürdigkeit* zu stützen, tritt bereits im Bestreben der Evangelisten zutage, konkrete Details in ihre Berichte einzuflechten[127]. Durch die Schilderung des Eindrucks der Wunder auf das anwesende Publikum wird ebenfalls eine Beglaubigung angestrebt. Ähnlich verfährt die Predigt.

Ebenso wie bei den Propagandatexten werden sowohl im Neuen Testament als auch in der Predigt Sprichwörter als „Garanten" herangezogen. Sie sind Volks"weisheit" und somit eine Art Autorität, der man vertrauen kann[128]. Als „Weisheiten", die unmittelbar einleuchten, verleihen sie dem Sachappell des missionarischen Textes Glaubwürdigkeit. In Verweisen auf Johannes den Täufer, auf Abraham und die Propheten werden ebenfalls verläßliche Zeugen aufgeboten. Als unbestreitbar überzeugungskräftigster Garant wird jedoch sowohl im Neuen Testament als auch in der Predigt immer wieder der Religionsstifter Jesus selbst, der menschgewordene Appell Gottes an den Menschen, als Gewähr für die Legitimität des missionarischen Anliegens und Appells angeführt.

2.4. Zusammenfassung der Ergebnisse

Aus der detaillierten Beobachtung verschiedener Textsorten, die heuristisch dem operativen Texttyp zugeordnet worden waren, lassen sich nun zusammenfassend ganz bestimmte Merkmale dieses Texttyps interpolieren. Dabei legt sich eine Differenzierung nach *textkonstituierenden*, auf der kommunikativen Funktion basierenden, und nach *textspezifischen*, dem appellativen Sprachgebrauch des operativen Textes entspringenden Merkmalen nahe.

2.41 Textkonstituierende Merkmale (Kommunikative Funktion)

Die textkonstituierenden Merkmale ergeben sich, wie gesagt, aus der kommunikativen Funktion des operativen Texttyps, eine These, die nun zu beweisen ist.

2.41.1 Appellfunktion

Das wichtigste konstitutive Textelement wurzelt m. E. in der Appellfunktion des Textes. Sie ist die Hauptvoraussetzung, wenn ein Text auf operative Wirksamkeit angelegt ist. Sein Anliegen besteht darin, den Textempfänger zu einer Willensentscheidung zu veranlassen, Verhaltensimpulse bei ihm auszulösen. Daraus folgt, daß der Redegegenstand eine Sache (ein Sachverhalt) sein muß, für oder gegen die der Leser sich entscheiden kann und soll. Mit anderen Worten: dem Redegegenstand muß ein Sachappell inhärieren. Um diesem Sachappell erhöhte Wirkung zu verleihen, wird der sprachliche Appell sowohl an den Verstand als auch an die Gefühle gerichtet. Dieser sprachliche Appell äußert sich im appellativen Sprachgebrauch, der an einzelnen sprachlichen

Elementen registrierbar und *aus deren planmäßigem, zielbewußten Einsatz ablesbar ist.*

2.41.11 Sachappell

Für einen operativen Text ist somit das Vorhandensein einer appellwürdigen oder appellfähigen Sache Grundbedingung. Trotz appellativen Sprachgebrauchs — etwa in Form imperativisch verwendeter Verben — ist z. B. eine Bedienungsanweisung kein Appell zum Gebrauch oder Kauf einer Maschine, sondern nur die sachliche Ermöglichung dieses Gebrauchs[129]. Bloßer appellativer Gebrauch der Sprache allein macht also noch keinen operativen Text aus, woraus sich ergibt, daß Anleitungen, Anweisungen, Befehle, Verbote usw. nicht mit „Appell" verwechselt werden dürfen, weil ihnen das Element der „Persuasion" fehlt. *Beim Appell sind stets Interessen im Spiel. Der Textautor muß versuchen, sein eigenes Interesse an der Sache* (dem Redegegenstand) *so wirksam zu vertreten, daß er das Interesse des Lesers zugunsten dieser Sache ebenfalls in dem Maße weckt, daß er sich dafür entscheidet, die Sache zu seiner eigenen zu machen*[130]. Nur der so präsentierte Redegegenstand, der sozusagen von der Sache selbst ausgehende Appell ist geeignet, den Textempfänger zu einer Willensentscheidung zu provozieren. Im „Klartext", so hieß es weiter oben, lautet der Sachappell bei Reklametexten: Kaufe mich!, bei politischer Propaganda: Wähle mich! Entscheide dich für mich!, bei missionarischen Texten: Kehre um und folge mir!

2.41.12 Sprachlicher Appell

Um diesem Sachappell Nachdruck und Attraktivität zu verleihen, so stellten wir fest, wird an den Textempfänger mit Hilfe der Sprache (bei audio-medialen Texten übrigens auch mit Unterstützung durch Gesten, Tonfall, Bilder, Musik etc.) auf zweifache Weise appelliert: an den Verstand und an die Gefühle. In welcher Weise dabei die Gewichte verteilt werden, ist nicht generell festzulegen. Unseren Beobachtungen nach dürfte die emotionale Komponente am häufigsten bei der Reklame einseitig überwiegen, weil sie sich einerseits an den am wenigsten differenzierten Empfängerkreis wendet und aus ökonomischen Erwägungen andrerseits nicht viel Raum für sachliche Argumentation zur Verfügung hat. Der Appell-Raster ist entsprechend grob und massiv. Bei der Propaganda, die ernst genommen werden will (also keine reine Polemik und Demagogie), dürften Argumente nicht fehlen. Politische Entscheidungen sollen ja, angesichts ihrer gesellschaftlichen Tragweite, auch verstandesmäßig zu verantworten sein. Bei missionarischen Texten scheint die Gewichtung am ausgeglichensten zu sein (wenn man einmal von den außer Gebrauch kommenden „Höllenpredigten" absehen will), weil ja der ganze Mensch —

mit Verstand und Gefühl — die zu treffende ethische Entscheidung bejahen soll. Abgesehen von diesen Überlegungen wirkt sich aber gewiß auch die Einstellung des Textautors zum Redegegenstand und seine persönliche Einschätzung der Appellwirksamkeit argumentativen oder emotionalen Appells bei der Verteilung der Gewichte aus.

Die Rationalität des Textempfängers wird mit (echten oder fiktiven) Argumenten mobilisiert. Sie sollen ihn davon *überzeugen*, daß seine Willensentscheidung in bezug auf die Sache sinnvoll, notwendig, unumgänglich etc. sei. Bei der Reklame kann dies durch die Beschreibung der positiven Eigenschaften[131] und die Nützlichkeit eines Produktes geschehen. Im politischen Bereich läßt sich an die sachliche Darlegung der politischen Ziele einer Partei oder an die Berufung auf objektive Notwendigkeiten der Annahme oder Ablehnung konkreter politischer Vorhaben denken, die mit sachlichen Argumenten untermauert wird[132]. Im religiösen oder ideologischen Bereich wäre als Beispiel die rationale Ausfaltung der Idee vom Gottesreich oder die argumentative Darstellung der Überlegenheit einer bestimmten Religion oder Ideologie anzuführen[133].

Der Appell an die Gefühle geschieht auf dem Wege über die psychologische Beeinflussung des Textempfängers mit Hilfe sprachlicher Mittel. Als Ziel dieses Appells kann die *Überredung* zur Willensentscheidung gelten. Durch suggestive Handhabung der Sprache, durch Mobilisierung der Affekte, Instinkte und Emotionen, durch die um das Vertrauen werbende Einführung von Garanten für die Richtigkeit und Rechtmäßigkeit des Sachappells wird die Willensentscheidung in die gewünschte Richtung gelenkt. Dem emotionalen Appell fällt die wichtige Funktion zu, das allein mit Argumenten vielleicht noch nicht geweckte oder nicht zu erzeugende Interesse des Textempfängers am Sachappell doch noch zu mobilisieren und etwa trotz argumentativen Appells noch vorhandene Widerstände gegen die insinuierte Reaktion zu beseitigen[134].

Im Idealfall wirken alle drei Appellarten beim operativen Text zusammen. Fällt eine der drei Komponenten fort, so bleibt das nicht ohne einschneidende Folgen für die Textgestaltung. Sie können dazu führen, daß der jeweilige Text in mehr oder minder ausgeprägter Weise in die Nähe entweder des informativen oder des expressiven Texttyps gerät[135]. Auf die beschriebenen drei Textsorten appliziert, läßt sich diese Erkenntnis folgendermaßen verdeutlichen:

Bei völligem Fehlen argumentativen Appells, wenn also lediglich ein Sachappell mit dem emotionalen Appell gekoppelt wird, ergibt sich im Bereich der Wirtschaft — unseriöse Reklame und Marktschreierei; im Bereich der Politik — Demagogie und Polemik; im Bereich von Religion und Ideologie — „Kapuzinerpredigt" und Pamphletismus. Schon im Interesse der Seriosität sollte also der intellektuelle Appell beim operativen Text nicht fehlen[136].

Beim Ausfall des emotionalen Appells, wenn also lediglich der Appell an den Verstand mit einer potentiell appellhaltigen Sache verbunden wird, fehlt dem operativen Text die im allgemeinen wirkungsträchtigste Komponente[137].

Der konkrete Text rückt in die Nähe des informativen Texttyps, und wenn gar die Argumentation allzu nüchtern ausfällt, appellative Sprachelemente ganz fehlen, wird möglicherweise der Sachappell gar nicht aktualisiert; das Ergebnis ist ein informativer Text, wie er etwa in Prospekten auf Mustermessen zu finden ist, in denen sachlich argumentierende Information über ein Produkt geboten wird, das zwar grundsätzlich auch gekauft werden kann und soll, bei diesem Anlaß aber lediglich vorgestellt wird.

Oder es kann sich um ein Informationsblatt über Aufbau und Ziele einer Partei, einen politischen Rechenschaftsbericht handeln, die sachliche Argumente für eine (potentiell wählbare) Partei, die Arbeit einer (potentiell wiederwählbaren) Regierung anführen, ohne daß der Sachappell jedoch aktualisiert wird.

Im Bereich der Religion wäre etwa an einen moraltheologischen Traktat zu denken. Grundsätzlich ist der Moral ein Appell inhärent, in diesem Fall jedoch wird er nicht aktualisiert. Das Ergebnis ist wiederum ein informativer Text.

Wirken schließlich intellektueller und emotionaler Appell zusammen, d. h. werden in einem Text Argumente ausgebreitet und liegt zudem emotiver Sprachgebrauch vor, ohne daß ein Sachappell, ein Aufruf zur Willensentscheidung im Hinblick auf den Redegegenstand erfolgt, so kann der Text sich ebenfalls dem informativen, aber auch dem expressiven Texttyp nähern oder ihnen sogar ganz zuzurechnen sein. Im Bereich der Wirtschaft ist hier die jüngste Form der Wirtschaftswerbung, die Public relations, zu erwähnen, also die nicht auf unmittelbaren Kaufeffekt ausgerichtete Vorstellung eines Industrieunternehmens, seiner Produkte, seiner Produktionsweise und seines Ansehens. Diese Form der Werbung verfolgt, wie bereits erwähnt[138], vor allem informatorische Zwecke. Beim Einsatz künstlerischer Gestaltungsmittel stehen solche Texte aber auch dem expressiven Typ nahe oder sind ihm sogar voll zuzurechnen[139]. Ähnliches gilt für den politischen Bereich, wo bei Koppelung von rationalem und emotionalem Appell etwa ein panegyrischer Text entstehen kann, z. B. eine nicht auf Anhängerwerbung abzielende Lobeserhebung auf eine Partei und ihre politischen Ziele bzw. auf einen Politiker und die von ihm geleistete Arbeit. Bei entsprechender künstlerischer Gestaltung wäre auch ein solcher Text als expressiver Text einzustufen (Preisgedicht!). Auch im religiösen und ideologischen Bereich finden sich Parallelen. Bei fehlendem Sachappell entsteht ein erbaulicher Text mit zweckfreien, nicht auf Willensentscheidung für die Sache abgestellten, religiösen oder ideologischen Ausführungen. Auch hier ist die Schaffung expressiver Texte denkbar (religiöse oder profane Hymnen).

Das Zusammenwirken der drei Appellarten läßt sich aus den textspezifischen Merkmalen erschließen, die im weiteren Verlauf der Studie dargestellt werden. Doch ist zuvor noch ein weiteres textkonstituierendes Element des operativen Texttyps zu beschreiben.

2.41.2 Dominanz des Empfängerbezugs

Der Rolle des Empfängers im Kommunikationsakt kommt beim operativen Text, so hieß es oben, besonderes Gewicht zu[140]. Ohne einen — zumindest gedachten — Empfänger wäre jeder Appell sinnlos; er könnte nur ins Leere gehen. Wenn der Appell nicht zudem auf diesen gedachten Empfänger hin ausgerichtet ist, nicht auf seine Art der intellektuellen und emotionalen Ansprechbarkeit abgestellt wird, wenn also nicht so weit irgend möglich seine Mentalität, seine Interessen, sein soziokultureller Hintergrund mit ins Kalkül einbezogen werden, dann verschenkt der Text von vornherein wichtige Chancen für die Wirksamkeit des Appells. Aus diesem Sachverhalt wurde die absolute Dominanz der Rolle des Empfängers bei allen operativen Texten erschlossen. Deren sprachliche Gestaltung hängt also weitgehend von der Einschätzung der „Disposition" des Textempfängers ab: mit welchen Mitteln läßt sich die Beeinflussung, die Überredung, die Überzeugung des Textempfängers in Sprache umsetzen, und dies so, daß dieser den Sachappell nicht nur wahrnimmt und registriert, sondern sich tatsächlich bemüßigt fühlt, (im gewünschten Sinn) zu reagieren?

Eine solche wohlberechnete, gezielte Anvisierung des Appellempfängers ist jedoch nicht nur notwendig, um ihn zum Handeln zu bewegen, sie wirft auch eine ganze Reihe von Problemen auf. Zumindest bei den vorliegenden drei ausgewählten Textsorten wendet der Appell sich ja nicht an einzelne Adressaten[141], sondern überwiegend an eine unbekannte Vielheit von Menschen, deren Aufmerksamkeit keineswegs stets von Anfang an gegeben ist, deren Interesse meist erst noch geweckt werden und dann auch noch in die gewünschte Richtung gelenkt werden muß. Dies ist sogar der Fall, wenn der Empfängerkreis zahlenmäßig und von der Sache her durch Ansprechen einzelner „Zielgruppen" bewußt eingeschränkt wird, um die Mittel des Appells „gezielter" auswählen zu können. *Individuelle* Ansprache kann bei Reklame-, Propaganda- und missionarischen Texten immer nur vorgetäuscht werden[142], der Textautor kann zwar *hoffen,* möglichst viele Personen mit seinem Text individuell anzusprechen, sich dabei aber nie mit seinem Appell direkt an ein bestimmtes Individuum wenden[143]. Wie ist angesichts dieser Sachlage überhaupt noch eine gezielte Ansprache möglich? Vermutlich läßt sie sich nur über die Berücksichtigung der „kollektiven Individualität" des angesprochenen Empfängerkreises realisieren. Da der Autor nicht die persönlichen Seins- und Lebensumstände eines Textempfängers zur Grundlage seiner Appellstrategie machen kann, muß er wenigstens die Seins- und Lebensumstände der Gemeinschaft, an die der operative Text sich wendet, in sein Kalkül einbeziehen. Das aber heißt konkret, daß von den außersprachlichen Determinanten[144] insbesondere der Ortsbezug, der Zeitbezug und die auf die kollektive Mentalität des Empfängerkreises[145] abgestimmte Motivation die sprachliche Gestaltung des operativen Textes mitbestimmen müssen.

59

2.41.21 Ortsbezug

Mit dieser Determinante ist für den operativen Text die Zugehörigkeit der Sprachgemeinschaft zu einem gegebenen geographischen Raum mit allen seinen — klimatischen, ethnischen, ökonomischen und kulturellen — Implikationen von Interesse. Zur Erläuterung der Bedeutung dieser geographischen Ansiedlung des Textempfängers für die wirksame sprachliche Gestaltung des Appells seien einige konkrete Beispiele angeführt.

So wie man in Alaska nicht mit dem Hinweis auf die „köstlich kühle Frische"[146] für ein Getränk werben kann, einfach deshalb, weil in diesen Breitengraden eher Bedarf an aufwärmenden Köstlichkeiten besteht[147], so kann man in einer Sprachgemeinschaft, in der die Hyäne als heiliges Tier verehrt wird, seinen politischen Gegner propagandistisch nicht dadurch diffamieren, daß man ihn als Hyäne bezeichnet[148]. Für den Eskimo, der missioniert werden soll, wäre wiederum die Vater-unser-Bitte „Unser täglich Brot gib uns heute" völlig unattraktiv, wenn sie das „Brot" (etwa als Lehnwort oder in einer Lehnübersetzung) enthielte, weil das, was er so nötig braucht wie „das tägliche Brot", der Fisch ist[149]. Ein Indio im bolivianischen Hochland wird sich nicht zur Wahl eines Politikers mit dem Hinweis bewegen lassen, daß dieser „eine weiße Weste" habe[150]. Der Slogan „Lieber rot als tot" wirkt auf nordamerikanische Indianer gewiß anders, als er sich in mitteleuropäischen Ohren anhört[151]. Aus den wenigen Beispielen erhellt, daß beim Textempfänger alle drei Appellarten u. U. ihre gezielte Wirkung verfehlen, wenn die — im weitesten Sinne verstandene — Ortsgebundenheit der jeweiligen Sprachgemeinschaft nicht berücksichtigt wird.

2.41.22 Zeitbezug

Auch diese außersprachliche Determinante ist — für sich allein oder zusammen mit anderen Determinanten — für die Wirksamkeit eines Appells verantwortlich. „Die Mauer", beispielsweise, ist heute noch ein Reizwort in der BRD, mit dessen Hilfe ein politischer Text ohne weitere Zusätze Affekte im Sinne eines Sachappells mobilisieren kann; vor dreißig Jahren wäre das undenkbar gewesen, weil zu jener Zeit „die Mauer" ein harmloser Begriff ohne politische Assoziationen war, und in hundert Jahren läßt sich der heutige Appellwert des Wortes vermutlich ohne zusätzliche Erläuterungen gar nicht mehr realisieren, weil die Zeit über die Ereignisse hinweggegangen sein wird, die aus der Mauer ein Reizwort machten[152].

„Lieben Sie Amber?" als Werbeslogan für eine neue Modefarbe ist auch nur solange wirkungsverdächtig, wie der Buchtitel „Lieben Sie Brahms?" in Erinnerung und zwar in lebhafter Erinnerung steht, denn da die Zeit über den Bestseller-Ruhm hinweggeht, an den sich hier die Reklame nutznießend anhängen möchte, geht mit ihm auch die Appellwirkung verloren.

60

Die nach allen überkommenen Nachrichten eminent wirkkräftigen sogenannten „Kapuzinerpredigten" des Mittelalters würden heute im allgemeinen nur noch ein müdes oder amüsiertes Lächeln hervorlocken, „packen" könnten sie nicht mehr, denn das Weltbild und das Glaubensverständnis, auf denen sie aufbauten, haben sich inzwischen gründlich gewandelt.

Da sich auch der Sprachgebrauch insgesamt mehr oder weniger deutlich im Lauf der Zeit wandelt, erscheint das, was gestern noch poetisch wirkte, heute als ein abgeschliffenes Klischee; was gestern noch appellwirksame Metapher war, wird heute nicht mehr verstanden, was gestern noch als die „Sprachstufe der Vielen" galt, wirkt heute antiquiert und umständlich. Diese Auswirkungen des Zeitbezugs sind bei allen Texten zu berücksichtigen, die nicht nur „für den Tag" geschrieben sind, sondern einen Sachappell betreffen, der auch nach Jahren noch Gültigkeit hat und infolgedessen erst nach längerem zeitlichem Abstand etwa zur Übersetzung eines älteren Textes anregt.

2.41.23 Mentalität des Textempfängers

Die Motivationsforschung, die bei Werbefachleuten bereits mit großer Intensität betrieben wird, weshalb wohl auch politische Parteien in steigendem Maße ihre Propagandafeldzüge großen Wirtschaftswerbunternehmen anvertrauen, hat in erster Linie die Mentalität des Textempfängers — die jeweilige „Zielgruppe" — im Auge. Sie ist deshalb von so großer Wichtigkeit, weil einige Charakteristika des operativen Textes — die Emotionalität, die Suggestivität, das vorgeprägte Werturteil und das Glaubwürdigkeitsstreben — nur dann eine optimale sprachliche Gestaltung erfahren können, wenn die psychologische Ansprechbarkeit des Textempfängers zuvor erforscht wurde.

In einer Sprachgemeinschaft, die jede Gewalttätigkeit verurteilt, könnte man nicht mit aggressiven Formulierungen (z. B. „Zeig's ihnen!" in der Autowerbung; „Rücken Sie der Wurst auf die Pelle!", Reklame für NALO Wursthüllen) für den Absatz eines Produktes werben. In England mit seiner langen Tradition des Fair play würde es wohl kaum einem Politiker in den Sinn kommen, sich von der öffentlichen Aufforderung zum „Holzen" im Kampf um die Unterzeichnung politischer Verträge einen Meinungsumschwung bei noch Zögernden oder ganz Abgeneigten zu erhoffen. In einer Sprachgemeinschaft, in der ein Ritt auf einem Esel vielleicht das Anzeichen für besonderen Reichtum und eine große Auszeichnung ist, übt die Schilderung des Einzugs Jesu in Jerusalem gewiß nicht die gleiche Appellwirkung aus wie dort, wo der Esel das meistverwendete Reittier ist oder dort, wo es allgemein als Schande gilt, auf einem Esel zu reiten.

Diese wenigen Hinweise auf Orts-, Zeit- und Mentalitätsgebundenheit des operativen Textes werden bei der Frage nach den Übersetzungsproblemen bei diesem Texttyp besonders eingehend zu berücksichtigen sein, denn hier liegen die Hauptursachen für die notwendige Vornahme bestimmter Übersetzungsoperationen, die allein bei diesem Texttyp als legitim und textgerecht bezeichnet werden können[153].

2.41.3 Spannungsverhältnis zwischen Redegegenstand und Redeweise

Auch dieses für den operativen Text konstitutive Merkmal ergibt sich aus der kommunikativen, auf die Auslösung von Verhaltensimpulsen bedachten Funktion des Texttyps. Die Diskrepanz zwischen Redegegenstand und Redeweise schlägt sich auf unterschiedliche Weise in der sprachlichen Gestaltung des Textes nieder. Allgemein gesehen begründet sie den „Mischcharakter" der Sprache operativer Texte, ohne daß sie, wie bereits hervorgehoben, damit auch berechtigten Anlaß dazu gäbe, den durch sie gekennzeichneten Texttyp lediglich als eine Mischung des informativen und des expressiven Typs zu betrachten[154]. Es ließ sich bei den untersuchten Textsorten zwar durchaus eine Mischung von Zweck- und Kunstsprache, zwischen Darstellung und künstlerischer Gestaltung registrieren. Der Text selbst dient auch der Wissensvermittlung wie der informative Text — er enthält (echte oder fiktive) Information über den Gegenstand des Sachappells. Er kann nach Art expressiver Texte auch künstlerische Ausdrucksformen aufweisen[155]. Aber dies alles ist nur Mittel zum Zweck: der operative Text ist nicht primär Aufforderung zum Verstehen, nicht vorrangig Einladung zu geistigem, künstlerischem Genuß, sondern Herausforderung zu tätiger Reaktion. Um sie zu erreichen, wird jeder sprachlich zu realisierende Anreiz genutzt. So erzeugt die Diskrepanz zwischen Redegegenstand und Redeweise ein eigentümliches Spannungsverhältnis, das als solches appellwirksamen Einfluß auf den Leser auszuüben vermag. Auf welche Weise wirkt sich dieser Tatbestand im Kommunikationsakt aus? Wo sind die Ursachen dafür zu suchen, daß gerade eine inadäquate Redeweise, von der man eher *eine Störung des Kommunikationsaktes* erwarten müßte, beim operativen Text als Mittel dazu eingesetzt wird, das Endziel jeden Kommunikationsvorgangs — das Verstehen — zu erreichen? Dieses konstitutive Merkmal des Texttyps ist wieder nur im Blick auf den Empfänger richtig einzuschätzen.

Zum informativen Text wird ein Leser im allgemeinen von sich aus greifen, weil er „Information" im weitesten Sinne *sucht* oder doch mindestens grundsätzlich willens ist, sie entgegenzunehmen; die Verständigung der Kommunikationspartner läßt sich auf dem Wege über eine sachgerechte Redeweise erreichen. Beim expressiven Text sucht der Leser die Bekanntschaft mit einem Sprach- oder Dichtkunstwerk. Sein Kommunikationsbedürfnis wird auf natürliche Weise durch eine ästhetisch stimmige sprachliche Gestaltung zufriedengestellt, bei der sich Redegegenstand und Redeweise wechselseitig befruchten und durchdringen. Anders beim operativen Text. Er soll ja mehr erreichen, als den Leser lediglich zur geistigen Aufnahme und Auseinandersetzung mit einem Text anzuregen, mehr als eine vom Leser selbst gewünschte Kommunikation zustandebringen: der operative Text muß in großem Ausmaß seine Leser erst gewinnen, ihr Interesse an ihm wecken und sie dann noch dazu bewegen, in der Auseinandersetzung mit ihm sich nicht nur aus geistiger Passivität zu lösen, sondern aktiv und dies auch noch möglichst in der von ihm gewünschten Art zu reagieren. Dieses zusätzlich notwendige Mobilisierungspotential wird auch vom Spannungsverhältnis zwischen Redegegenstand und Redeweise geliefert. Die inadäquate Redeweise „irritiert", reizt auf, verblüfft und stachelt schließlich dazu an, den Graben zwischen ihr und dem Redegegenstand im Akt des Verstehens zu überbrücken. Diese notwendige, durch das bewußt herbeigeführte Spannungsverhältnis ausgelöste Anstrengung schafft dann einen Überschuß an Kommunikationsbereitschaft, der im optimalen Fall unmittelbar zu der intendierten Reaktion des Lesers führt, in der Regel aber wenigstens seine Disposition erhöht, dem textimmanenten Appell zu entsprechen.

Dieser zusätzliche Einsatz sprachlicher Mittel zur Herstellung und Vollendung des im operativen Text angestrebten Kommunikationsaktes erweist sich nicht nur deshalb als unvermeidlich, weil die Textempfänger für den Appell erst gewonnen werden müssen, sondern auch, weil der angesprochene Empfängerkreis zwar in seiner Orts-, Zeit- und Mentalitätsgebundenheit vom Autor verläßlich eingeschätzt werden kann, in seiner sozio-kulturellen Zusammensetzung jedoch nicht ebenso sicher einschätzbar ist. Angesichts des angestrebten möglichst großen Empfängerkreises wurde, wie weiter oben ausgeführt, für die drei untersuchten repräsentativen Textsorten des Typs allgemein die Verwendung der „Sprachstufe der Vielen", der Umgangssprache, empfohlen. Das nach allen Seiten hin offene Spannungsverhältnis zwischen Redegegenstand und Redeweise ist nun in der Lage, individuell seine eigentümliche Appellwirkung auf unterschiedliche Weise auszuüben.

Anhand einiger Beispiele soll diese Möglichkeit wenigstens andeutungsweise veranschaulicht werden. Während ein Sprachbanause sich von der „Poesie" eines holprigen Reklamegedichts[156] so sehr faszinieren läßt, daß dieses für ihn positive ästhetische Erlebnis sich in den Anreiz zum Kauf der deshalb auch positiv bewerteten Ware umsetzt, stößt den wahren Kunstkenner gerade diese „geborgte" Redeweise ab. Auf dem Weg über diesen Affekt setzt sich aber u. U. der Markenname der so angepriesenen Ware umso nachhaltiger in seinem Gedächtnis fest. Er könnte sich — halb amüsiert — versucht fühlen, das Produkt zu kaufen, um festzustellen, ob es „so viel dichterische Anstrengung" wert ist.

Ein ähnlicher Auslösemechanismus ist bei politischer Propaganda denkbar. Nimmt der Textautor zum beliebten Mittel des „Griffs in die unteren Schubladen der Sprache" seine Zuflucht, so mag die Vulgarität der Ausdrucksweise den Textempfänger mit einfachem Gemüt ganz unmittelbar „in Wallung bringen" und bereits den gewünschten (parteiischen) Verhaltensimpuls auslösen, während der Intellektuelle sich möglicherweise schockiert fühlt; wahrscheinlich wird die inadäquate Redeweise ihn aber doch „psychisch auflockern" und hinterrücks so für den textimmanenten Appell empfänglich machen.

Der missionarische Text zeichnet sich durch seine existenziell inadäquate Redeweise aus. Wie zu beobachten war, werden die erhabensten Redegegenstände, die höchsten ethischen Forderungen in möglichst einfacher, allgemeinverständlicher, anschaulicher Form zur Sprache gebracht. Die Schlußfolgerung des Textempfängers, daß, was so natürlich und verständlich dargelegt wird, auch seinen begrenzten Fähigkeiten und seiner Schwachheit zu erreichen möglich sein muß, legt sich nahe. Der textimmanente Appell fällt auf fruchtbaren Boden.

Auch bei der Satire, die zunächst ohne formale Basis dem operativen Texttyp zugeordnet wurde [157], ist gleichfalls dieses charakteristische Merkmal der Diskrepanz zwischen Redegegenstand und Redeweise zu beobachten. Aus jedem Satiriker spricht mehr oder weniger der verletzte Moralist. Durch die dem hohen moralischen Anspruch nicht adäquate Redeweise des Spotts, des bittern Hohns, des Lächerlichmachens, der Ironie, schafft er — bewußt oder unbewußt — ein Spannungsverhältnis, das sich kommunikativ nicht nur in der Weckung kritischen Bewußtseins gegenüber den geschilderten Sachverhalten auswirken, sondern zumeist auch das moralische Engagement des Textempfängers stimulieren wird.

Es kann nicht die Aufgabe dieser Studie sein, die psychologischen Mechanismen, die von diesem textkonstituierenden Merkmal der Diskrepanz zwischen Redegegenstand und Redeweise in Gang gesetzt werden, bis in ihre Verästelungen hinein zu verfolgen. Das wäre die Aufgabe des fachlich geschulten Kommunikationstheoretikers und Psychologen. Hier soll nur soviel davon expliziert werden, wie zur Klärung der übersetzerischen Konsequenzen erforderlich ist. Es geht also nur um den Hinweis, daß eine auf die volle Wahrung der Appellwirkung bedachte Übersetzung auch derartige gezielt verwendete Diskrepanzen nicht außer Acht lassen kann.

2.42 Textspezifische Merkmale (Gestaltungsprinzipien)

Wie bereits betont, spiegeln sich die drei textkonstituierenden Merkmale des operativen Textes — Appellfunktion, Dominanz des Empfängerbezugs und Diskrepanz zwischen Redegegenstand und Redeweise — in der sprachlichen Gestaltung wider. Dabei kommt es nicht in erster Linie darauf an, welche Sprachmittel im einzelnen eingesetzt, sondern darauf, in welcher Absicht sie verwendet werden. Bei der Untersuchung der repräsentativen Textsorten ließen sich keine sprachlichen Elemente ermitteln, die nicht auch in informativen oder expressiven Texten vorkommen könnten. Operativ wird der Text jedoch erst durch den gezielten und z. T. auch gehäuften Einsatz sprachlicher Mittel im Dienste bestimmter appellwirksamer Gestaltungsprinzipien. Anders gesagt: angesichts der Intentionalität des operativen Textes lassen sich die Gestaltungsprinzipien als Sprachverwendungsstrategien am ehesten zur Beschreibung heranziehen. Diese sind nun für den Gesamttyp nachzuweisen.

Die sprachliche Gestaltung des operativen Textes wird primär von seiner Appellfunktion bestimmt; anders gesagt: die Gestaltungsprinzipien und Zielvorstellungen bei der Textabfassung stehen im Dienst der eindringlichen Vermittlung des Appells.

Da der Textempfänger möglichst unmittelbar auf den an ihn ergehenden Appell reagieren soll, kommt es darauf an, alle Verständnis- und Wirkungsbarrieren von vornherein so weit wie nur möglich auszuschalten. Daher strebt der operative Text eine einfache, überschaubare, das Interesse weckende Sprache an. Ihre Gestaltungsprinzipien sind: *Volkstümlichkeit,* die einen möglichst breiten Kreis von Empfängern anspricht; *Verständlichkeit* und *Klarheit,* die auf kürzestem Wege ansprechen; *Lebensnähe* und *Aktualitätsbezug,* die das Interesse wecken und wachhalten. Die Disposition des Empfängers zur Aufnahme des Appells wird darüber hinaus durch *Einprägsamkeit* und *Suggestivität* der Sprache intensiviert (womit bis zu einem gewissen Grad ein erhöhter *Erinnerungswert* Hand in Hand geht). Der dritte Schritt liegt dann bei der Provokation des Empfängers, den Appell nicht nur wahrzunehmen und sich seiner zu erinnern, sondern tätig darauf zu reagieren. Das geschieht am nachhaltigsten durch die Einwirkung auf die Gefühls- und Willenssphäre, d. h. durch hohe *Emotionalität* der Sprache. Daraus resultiert aber auch die z. T. unbedenkliche Anwendung *manipulatorischer* Praktiken, insbesondere dann, wenn es darum geht, *Werturteile* im Sinne des Appells vorzuprägen. Charakteristisch ist auch schließlich das Bestreben, durch Nachweis der *Glaubwürdigkeit* den Empfänger zu einer positiven Reaktion auf den Appell zu bewegen[158].

Alle diese Begriffe sind bei der Beschreibung der drei ausgewählten Textsorten aufgetaucht. Dabei war zu beobachten, daß nicht etwa bestimmte sprachliche Elemente jeweils einem der Begriffe zuzuordnen waren, sondern daß sprachliche Elemente auch im Dienste mehrerer Gestaltungsprinzipien zugleich stehen können.

2.42.1 Volkstümlichkeit und Verständlichkeit

Reklame, Propaganda, Missionierung wollen einen möglichst großen Empfängerkreis erreichen. Dieser ist eine durchaus unbestimmte Größe. Spezieller Zuschnitt auf den Angesprochenen, die wirkungsvollste Art der An-Sprache, ist bei der Anonymität der Empfänger operativer Texte nur in begrenztem Ausmaß möglich. Das berücksichtigt vor allem die kommerzielle, aber auch die politische Werbung, wenn sie ihre „Kampagnen" auf bestimmte Zielgruppen abstellt. Denn auch dann empfiehlt es sich noch, die Sprache so verständlich wie möglich zu gestalten, so daß selbst der einfache Sprachteilhaber ohne allzu große Mühe versteht, was ihm gesagt wird. Während Reklame und Propaganda durch beabsichtigte Verschwommenheit der Wortbildung und durch reichlichen Gebrauch von Fremdwörtern auch eine gelegentliche Unverständlichkeit in Kauf nehmen, ist für die Missionierung Allgemeinverständlichkeit höchstes Gebot.[158a] In der Syntax kommen alle drei Textsorten in der Bevorzugung relativ kurzer Sätze und eines unkomplizierten Satzgefüges überein. Ebenso sind sich die Theoretiker einig in der Forderung nach der Verwendung der „Sprache des Volkes", der „Sprachstufe der Vielen". Nur das stellt sicher, daß ein breiter Empfängerkreis sich angesprochen fühlen kann. Mit dem gleichen Ziel erklärt sich auch zum Teil die durchgängig zu beobachtende Fülle von Bildern, Metaphern, Vergleichen, konkreten Beispielen und volkstümlichen Redewendungen, die durch ihre Anschaulichkeit und ihre Vertrautheit den Text leichter verständlich und zugänglich machen. Zur volkstümlichen Redeweise gehört auch eine erhebliche Redundanz, die nur bei Reklametexten — und hier nur aus ökonomischen Gründen — begrenzt bleibt, und was die rhetorischen Mittel anlangt, vor allem die Wiederholung (Anapher) und die aus Märchen und Legende vertraute Dreierfigur.

2.42.2 Lebensnähe und Aktualitätsbezug

Da Reklame, Propaganda und Missionierung sich nicht nur an Textempfänger wenden, die begierig zu solchen Texten greifen, sondern darauf angelegt sind, gerade die Uninteressierten, die Noch-nicht-Engagierten, die Gleichgültigen oder sogar ablehnend Eingestellten zu erreichen, ist es notwendig, besonders solche sprachlichen Elemente zu wählen, die das Interesse wecken und die Aufmerksamkeit fesseln können. Ein Weg dazu führt über die Lebensnähe und den Aktualitätsbezug des Textes. Alle drei untersuchten Textsorten berücksichtigen dieses Postulat. Die beliebtesten rhetorischen Figuren sind in dieser Hinsicht die provozierende, dem Textganzen oft vorangestellte Frage und der sogenannte „Aufhänger", der einen aktuellen Bezug zur Lebenssituation der Empfänger intendiert. Auf diesem Weg wird das Interesse geweckt und die Aufmerksamkeit gefesselt. Die Verwendung von Modeworten in der Reklame, Schlagworten in der Politik, Reizwörtern bei der Missionierung können ebenfalls der Herstellung des Aktualitätsbezugs dienen.

2.42.3 Einprägsamkeit und Erinnerungswert

Der im operativen Text ergehende Appell soll auch sprachlich besonders einprägsam formuliert sein, damit ein gewisser Erinnerungswert garantiert bleibt. Schon die vorzugsweise knappe Syntax dient diesem Ziel. An rhetorischen Mitteln werden die Wiederholung (von Worten und syntaktischen Fügungen), die Antithese, die gebundene Sprache (Endreim, Alliteration, rhythmische Sprache), auch das Wortspiel eingesetzt, um den Appell nachhaltiger zu gestalten. Dabei ist die bündigste Form, den Appell mit leicht einzuprägendem Erinnerungswert auszustatten, in dem Produktnamen, dem Schlagwort, dem Paradoxon und dem Slogan zu sehen. Eine ihrer Funktionen besteht darin, den Appell bei jedem neuen Hören oder Lesen dieses Wortes bzw. dieser Wortgruppe auch ohne den dazugehörigen Kontext wieder aufleben zu lassen und ihm so eine „Langzeitwirkung" zu sichern.

2.42.4 Suggestivität und vorgeprägtes Werturteil

„Werbetexte", so heißt es bei Chr. Gniffke-Hubrig[159], „sind in der Wortwahl so gestaltet, daß sie Wunsch- und Glücksvorstellungen auslösen.... Die Ware ist das Mittel — so suggerieren die Texte —, um diese Ziele zu erreichen. In Wahrheit sind die Ziele Mittel, um den Zweck des Kaufs zu erreichen." W. Dieckmann[160] formuliert: „Propaganda ist Suggestion gerichtet an die Öffentlichkeit." Auch die missionarischen Texte wollen auf die suggestive Wirkung bestimmter Sprachfiguren nicht verzichten. Beispiele dafür sind etwa die Überspitzung von Gegensätzen zu herausfordernden Antithesen von „Gut" und „Böse" oder die Verwendung von Allegorien, die suggestiv die Entscheidung des Textempfängers in die gewünschte Richtung „auf das Gute" hinlenken. Die Suggestivität gewisser sprachlicher Elemente dient also vornehmlich der „Meinungssteuerung", noch nicht der Handlungssteuerung. In diesem Sinne werden bisweilen auch wertende Wörter, insbesondere Fach- und Fremdwörter (zur Auf- und Abwertung) verwendet. Denselben Zweck verfolgt der Gebrauch von Slogans in Reklame und Politik. Aber auch die starke Wirkung, die von Sprachfiguren wie der Behauptung, der direkten Anrede und dem Befehl ausgehen, ist geeignet, den Appell suggestiv zu intensivieren. Vom superlativischen und hyperbolischen Stil gehen ähnliche Impulse aus. Das Mittel der Übertreibung verfolgt in erster Linie den Zweck, die Anonymität des Textempfängers, dessen Interesse geweckt und erhalten werden muß, zu kompensieren. Dabei nimmt man in Kauf, daß der Textempfänger die Übertreibung u. U. durchschaut, verläßt sich jedoch darauf, daß er unbewußt doch der Suggestion erliegt[161].

2.42.5 Emotionalität

Der emotionale Charakter der Sprachformen operativer Texte war nicht zu übersehen. In der kommerziellen Werbung wie bei Propaganda und Missionierung wird die Appellwirkung insbesondere von der Mobilisierung der Gefühle und Affekte erwartet. Angst vor dem Alter und Furcht vor der Krankheit werden ausgenutzt, um zum Kauf pharmazeutischer Produkte anzuregen; mit Drohungen und Schmeicheleien werben die Propagandisten, da sie sich nicht allein auf Entscheidungen aus Vernunft und gesundem Menschenverstand verlassen; Streben nach Glück und voller menschlicher Entfaltung und Selbstverwirklichung macht sich die Missionierung religiöser und ideologischer Zielrichtung ebenso zunutze wie den natürlichen horror vacui, die Angst vor Sinnlosigkeit und Leere.

Der emotionale Aspekt spielt, wie gezeigt, eine Rolle bei der Wortwahl — Schlüsselwort, Schlagwort, Reizwort, wertende Wörter, Fremdwort, Übertragung von Wörtern aus anderen Sachbereichen (geborgte Emotionen), Euphemismen. Er tritt in der Wahl des Kurzsatzes, der Verwendung von Slogans, in Pathos, Steigerungen und Superlativen zutage. Die Ansprache des Unbewußten und Unterbewußten, die Mobilisierung der Gefühle und Affekte, ja der Triebe und Instinkte, ist notwendig, um Verhaltensimpulse und nicht nur Parteinahme zu erreichen, um Willensentscheidungen auf notfalls auch kurzschlüssigem Wege zu provozieren. „Starke affektische Mittel", so heißt es bei W. Dieckmann[162], „können notwendig werden, ohne negativ bewertet werden zu müssen, wenn die direkte und sofortige Auslösung einer Handlung bezweckt ist." Dazu kann ebenso der hyperbolische Stil wie der bewußte Stilbruch dienen, ganz besonders aber auch die Ausnutzung von Assoziationen, speziell von solchen sozialer und usueller Art. Sie „kommunizieren die Emotionen und Haltungen, die der Sprecher gegenüber dem Bezeichneten hat oder die er im Hörer zu erwecken versucht. Darauf basiert im wesentlichen die Möglichkeit, mit der Sprache Verhalten zu steuern"[163].

2.42.6 Sprachmanipulation

Gerade die beiden letztgenannten Gestaltungsprinzipien des operativen Textes — seine Suggestivität und seine Emotionalität — sind jedoch auch Einlaßtor für ein weiteres Charakteristikum, das zwar keineswegs dem operativen Text vorbehalten ist, für das er aber besonders anfällig zu sein scheint: die Sprachmanipulation. Dabei ist der Begriff in seiner Doppeldeutigkeit gemeint: als Manipulation der Sprache und als Manipulation durch die Sprache. Das damit angesprochene Phänomen verdient umso stärkere Beachtung, als es in der herangezogenen Literatur zu den drei Textsorten nur vereinzelt zur Sprache kam[164].

Die Sprachmanipulation steht vermutlich im Zusammenhang mit der bereits erörterten Diskrepanz von Redegegenstand und Redeweise, die ja ein konstitutives Merkmal dieses Texttyps ist; sie dürfte aber auch in direkter Relation zu der Seriosität des jeweiligen Appells auftreten. So zeigt sich etwa, daß sich ein Propagandatext als „Information" kaschiert, um den Verstandesmenschen anzusprechen, der auf eine die Gefühle mobilisierende Werbung nicht „hereinfallen" würde. Erst beim genaueren Hinsehen würde es sich erweisen, daß es sich um fiktive, unvollständige oder gar „frisierte" Information handelt, die unterschwellig doch vor allem die Triebstruktur des Textempfängers mobilisiert. Auch bei gewissen Reklametexten, die sich der Sprache und Gestaltungsweisen der Dichtung bedienen, um durch vordergründig gebotenes ästhetisches Wohlgefallen hintergründig um so wirksamer einen Kaufappell zu erzeugen, ist Sprachmanipulation im Spiel.

Sprachmanipulation verbirgt sich auch hinter der bewußten Weckung von Assoziationen aus Fremdbereichen, entweder zum Hochwerten von Produkten, zur Diffamierung des politischen Gegners oder zur Abwertung religiös Andersdenkender[165]. Hier wird durch Sprache manipuliert. Während beim expressiven Text die Ausnutzung von Assoziationen und Konnotationen durchaus legitimerweise erfolgt[166], weil damit echte Zusatzinformation gegeben und Gefühle und Stimmungen geweckt werden, die im Textzusammenhang eine echte ästhetische Funktion erfüllen, kann dieses gleiche Vorgehen beim operativen Text zur Manipulation werden, wenn die angezielten Assoziationen sachfremd sind[167], wenn sie parteiisch und selektiv in Anspruch genommen werden[168] und nur vordergründig auf die Emotionen und Instinkte des Textempfängers einwirken sollen[169].

Die übertragenen Verwendungsweisen und unechten Gleichsetzungen zum Auf- und Abwerten der Sache, für die geworben oder zu deren Ablehnung aufgerufen wird, gehören ebenfalls in das Gebiet der Sprachmanipulation.

Einige wenige Beispiele sollen konkret Formen der Sprachmanipulation beim operativen Text belegen.

Um einen eindeutigen Fall von Sprachmanipulation handelt es sich, wenn volksläufige, sprichworthafte Wendungen nicht in unveränderter Form übernommen, sondern im Sinne des Reklameziels umgeformt werden[169a], wenn es dann also anstatt „Glück muß man haben" heißt: *Pott* muß man haben[170]. Versucht ein Text durch Einsatz der unveränderten Wendung auf dem Weg über die Volkstümlichkeit der Redeweise die Aufnahmebereitschaft für einen Appell zu erhöhen, so setzt er im Beispiel mit der Alkoholwerbung Glück auf manipulatorische Weise mit einer bestimmten Rum-Marke gleich, um durch diese irritierende Identifikation die Kaufbereitschaft des glückshungrigen Menschen zu stimulieren.

Ähnliches gilt für die folgende Waschmittelreklame: „In vielen Städten Deutschlands wurde *All* öffentlich getestet. Überall der eindeutige Beweis: *All* ist stärker als die Waschmittel der Vergangenheit. *All* besiegt hartnäckigen Schmutz, schwierige Flecken. *All* wäscht fleckenlos, makellos sauber. Gewebe und Farben werden geschont. *All* mit lebendiger Waschkraft ist stärker. Stärker als die Waschmittel der Vergangenheit. *All* ist von Sunlicht." Der Text geht nach dem Prinzip vor, daß man die Wahrheit eines Satzes durch Herstellung eines Zusammenhangs zwischen diesem Satz und anderen, für wahr gehaltenen Sätzen, d. h. mit Argumentation, beweisen kann. Im vorstehenden Text ist nur ein einziger Satz nachweislich wahr: *All* ist von Sunlicht. Im übrigen werden lauter unbewiesene Behauptungen aneinandergereiht. „Man versucht den Hörer so zu manipulieren, daß er den Satz ‚*All* ist stärker als die Waschmittel der Vergangenheit' für wahr hält, was für seine Handlungen zur Folge hätte, daß er bei der Kaufwahl *All* den Vorzug geben würde."[171]

69

Und noch ein letztes, besonders reizvolles Beispiel sei angeführt, über dessen guten Geschmack sich freilich streiten läßt; denn hier wird nicht ein Gedicht zu Reklamezwecken geschaffen, sondern eine besonders schöne Sonett-Strophe von Ronsard (Sonett an Hélène) zum profanen Zweck der Konsumwerbung „umgeformt", also wiederum manipuliert[172].

Ronsard:
Quand vous serez bien vieille, au soir, à la chandelle
Assise au coin du feu, dévidant et filant,
Direz, chantant mes vers, en vous émerveillant
Ronsard me célébrait du temps que j'étais belle.

Reklame für Duquesne-Rum:
Quand vous serez *en veille*, au soir, à la chandelle
Assis au coin du feu, *devisant ou rêvant*
Direz, *levant le verre*, en vous émerveillant:
Avec le Rhume Duquesne, ah! que la vie est belle.

Nicht von ungefähr stammen alle drei Beispiele aus der Reklamesprache, was aber nicht bedeutet, daß gerade dieser Textsorte innerhalb des operativen Texttyps die auftretende Sprachmanipulation vorbehalten wäre. Auch missionarische Texte sind nicht grundsätzlich frei von manipulatorischen Tendenzen, die sich hier auf vielfältige, ebenso subtile wie massive Weise geltend machen können. In der politischen Propaganda wäre etwa die Vorliebe für militärischen Wortschatz zu nennen. Sie prägt insbesondere Propagandaschriften der kommunistischen Parteien, nachdem die militärische Terminologie, wie H. Reich[173] feststellt, von Marx und Engels in die politische Sprache übernommen wurde. Bei ihnen lag ein echtes Benennungsbedürfnis vor, um ihre Konzeption des Klassenkampfes zu vermitteln. Der heutigen Verwendung der gleichen — inzwischen großenteils antiquierten — Terminologie kommt jedoch eine ausgesprochen appellative Funktion zu. Nur die veraltenden Wörter vermögen noch „die Emotionsfracht kämpferischer Begeisterung" zu tragen: „Angriff, Feldzug, Banner des Kommunismus, Bollwerk des Friedens" etc.[174] In den Neubildungen „Friedenskämpfer" und „Friedenskampagne" wird dabei nicht nur durch Sprache, sondern die Sprache selbst manipuliert, indem man zwei diametral entgegengesetzte Vorstellungen zu einem Wort zusammenzwingt.

2.42.7 *Glaubwürdigkeitsstreben*

Mit der möglichen und gern geübten Manipulation des Textempfängers durch den appellativen Sprachgebrauch mag auch das bereits herausgestellte Glaubwürdigkeitsstreben, das sich im operativen Text manifestiert, ursächlich zusammenhängen. Schon in der antiken Rhetorik wird bei der Beschreibung eines

Überzeugungsprozesses das Streben nach Glaubwürdigkeit durch Beibringung von Beweisen erwähnt. Nach Aristoteles können derartige „probationes" bewirkt werden 1. durch Vertrauenswürdigkeit des Redners („ethische" Beweise), 2. durch Erregung von Leidenschaften im Hörer („pathetische" Beweise) und 3. durch logische Folgerichtigkeit der Sache selbst („sachliche" Beweise).

Wie bereits im einzelnen gezeigt wurde, kann sich im operativen Text dieses Streben nach Glaubwürdigkeit des Appells bereits durch die Angabe konkreter Details, durch die Schilderung der Reaktion von Augenzeugen, durch besondere Wortwahl, den Verweis auf eine lange Tradition und die Verwendung von Klischeevorstellungen mit festen Assoziationen manifestieren. Besonders gern wird auf bekannte Persönlichkeiten, echte oder fiktive Experten, ja sogar auf Aussprüche des (politischen) Gegners verwiesen, die für die Vertrauenswürdigkeit des Appellierenden und die Glaubwürdigkeit des Sachappells einstehen. Auch mit diesen Mitteln wird im Grunde genommen nicht rational argumentiert, sondern emotional appelliert, die Gutgläubigkeit, ja die Leichtgläubigkeit des Textempfängers in Anspruch genommen, um sein Vertrauen geworben. Und dies u. U. sogar mit nichts anderem als einem Sprichwort, dem man als einer Volks„weisheit" Glauben zu schenken geneigt ist.

ANMERKUNGEN

1 Um einige Beispiele zu nennen: „Werbende Texte" bei Chr. *Gniffke-Hubrig*, (45), S. 44 (dort sogar als „leserorientiert" charakterisiert); „Propagandatexte" (unter eher skeptischem Vorzeichen) bei *R. Römer*, (114), S. 24 f.; „Werbesprospekte" bei *O. Kade*, (69), S. 288; „Komödie" bei *R. Kloepfer*, (76), S. 96
2 Bei dieser Dichotomie bleibt auch *W. Koller*, (80) stehen, obwohl er kommunikationstheoretische Gesichtspunkte mit in Betracht zieht. Er unterscheidet Texte, in denen Sprache lediglich Kommunikations*mittel* ist, von Texten, in denen Sprache zugleich Kommunikations*gegenstand* ist (S. 48, 97). Demgegenüber wird hier der Standpunkt vertreten, daß es Texte gibt, in denen Sprache lediglich Kommunikationsmittel ist (informativer Typ); Texte, in denen Sprache Kommunikationsmittel und Kommunikationsgegenstand sein kann (expressiver Typ); und Texte, in denen Sprache Kommunikationsmittel, Kommunikationsgegenstand und *(re)aktionsauslösender* Kommunikations*faktor* sein kann (operativer Typ).
3 E. A. Nida/Ch. R. Taber, (96), S. 69. Hervorhebungen von Verf.
4 A. a. O., S. 125
5 So der Untertitel des Buches
6 Hier ist wenigstens andeutungsweise auf die alte Streitfrage einzugehen, ob sprachliche Äußerungen allein in der Lage sind, ein gewünschtes Verhalten bei einem Textempfänger zu steuern oder auszulösen. *R. Römer*, (114), S. 21, räumt zwar ein: „Die Frage, was mit einer sprachlichen Äußerung bei einem Individuum oder einer Gruppe erzielt werden kann, ist eine Frage von brennendem gesellschaftlichen Interesse", spricht sich dann aber sehr entschieden gegen die Wirksamkeit sprachlicher Stimuli

aus: „Die Linguisten und Sprachpsychologen beschäftigen sich viel mit sprachlichen Stimuli, mit Zeichen, die bei E die Handlung hervorrufen, die S wünscht. Es wird immer stillschweigend angenommen, der Prozeß der Willensübertragung durch Sprache sei ziemlich leicht. Es wird wenig reflektiert, wie viele Widerstände gegen die Ausführung von Fremdimpulsen vorhanden sind. Hundertmal kann die Willensübertragung erfolgreich sein, hundertmal aber mißlingt sie. Der befolgende und der nicht befolgende Empfänger können dabei den Impuls ungetrübt empfangen, aber wie sie auf ihn reagieren, hängt nicht von dem Impuls, sondern von ihnen ab." (S. 24 f.). Und weiter unten: „Beim näheren Hinsehen lösen sich die sprachlichen Wirkungen in nichts auf." (S. 25) Im Rahmen der vorliegenden Studie kann dieses Problem natürlich nicht ausgelotet werden, wenngleich es an anderer Stelle noch einmal berührt wird (Vgl. S. 75, Anm. 47). Für den Übersetzer ist allein von Interesse, daß es Texte gibt, die eigens zur Auslösung von Verhaltensimpulsen geschrieben (oder gesprochen) werden. Die spezifische Art der zu diesem Zweck vorgenommenen Verbalisierungen dient ihm als Richtschnur für seine übersetzerischen Entscheidungen. Ob die jeweiligen Texte in der AS und der ZS tatsächlich ihre operative Wirkung erreichen, ist für ihn ohne Belang. Aber auch darüber hinaus ist gegen R. Römer festzuhalten, daß — etwa bei Propaganda und Reklame und selbst dann, wenn deren Auswirkungen „eher anthropologische Gegebenheiten" (S. 25) zu sein scheinen, — auf jeden Fall die Sprache das „Vehikel" ist, mit dessen Hilfe *versucht* wird, Verhalten zu beeinflussen. Daß der Versuch auch mißlingen kann, hängt anthropologisch gesehen mit der Freiheit des Textempfängers gegenüber jedem von außen kommenden Reiz, psychologisch mit seiner wechselnden Disposition zusammen. Aufgrund dessen kann er die Intention des Textautors in seinem Sinn umfunktionieren, so daß Informatives auf ihn appellativ, Appellatives abstoßend wirkt. Es liegt etwa durchaus im Bereich der Möglichkeit, daß ein Leser nach der Lektüre eines sachlich-nüchternen, nur auf Informationsvermittlung bedachten Berichtes über eine Naturkatastrophe sich bewogen fühlt, nachzuforschen, wie er den Opfern helfen kann, und dann etwa eine Spende überweist. Der Impuls zur Tat entspringt dann nicht der Reaktion auf einen sprachlich formulierten Appell, sondern der eigenen Überlegung und Entscheidung des zum Helfenwollen disponierten Lesers. Dieser — mögliche — Sachverhalt ist aber kein Gegenbeweis gegen die unterschiedlichen *Funktionen* von informativen und operativen Texten, wobei die letzteren eben eine nicht vorhandene oder noch zu schwach ausgeprägte Disposition des Lesers zum Handeln erst schaffen wollen.

7 *E. Güttgemanns*, (51), S. 220

8 Vgl. die graphische Darstellung, S. 19. Die dort beim operativen Typ heuristisch eingetragenen Textsorten nehmen Ergebnisse der vorliegenden Untersuchung bereits vorweg; dabei dürfte manche Eintragung auf den ersten Blick Überraschung auslösen. Die Eintragungen bei den beiden anderen Texttypen dagegen lassen sich relativ leicht in Einklang mit den vorhergehenden Ausführungen zum informativen und expressiven Text bringen.

9 Weitgehend werden die Begriffe „Reklame" und „(Wirtschafts-)werbung" auch heute noch gleichgesetzt. In der Gemeinsprache und bei manchen Fachleuten erhält „Reklame" allerdings in wachsendem Maße einen pejorativen Beigeschmack. Trotzdem bevorzugen wir diesen Terminus, da er nach *R. Römer*, (113), S. 14, als Unterbegriff zur Wirtschaftswerbung speziell auf direkte Absatzwerbung (= Anregung zum Kauf) anzuwenden ist, während sich daneben eine andere Unterabteilung, die Public relations, herausgebildet hat, die zur „Imagepflege" einer Firma vor

Reklame

allem informatorische Funktionen zu erfüllen hat. Vgl. auch *Fr. Bülow*, Wörterbuch der Wirtschaft, (21).

10 Um den *operativen* Texttyp zu beschreiben, werden lediglich reine Worttexte zur Untersuchung herangezogen. Daher kann auch die aufschlußreiche Studie von *I. Hantsch*, (53), nur bedingt zur Konsultation verwendet werden, da sie den Werbetext als semiotisches System im Zusammenwirken von verbalem Text, ergänzendem Bildteil und typographischen Gestaltungsmitteln untersucht. Reklame, die sich auch bildlicher Darstellungen bedient, oder Reklametexte, die durch Rundfunk oder Fernsehen verbreitet werden, bleiben in der vorliegenden Arbeit jedoch außer Betracht, da sie durch ihren Verbundcharakter bzw. ihre Medienbedingtheit dem *audio-medialen* Texttyp zuzurechnen sind. Vgl. S. 15. Wertvolle Hinweise auf veränderte Textbedingungen, wenn zum „verbalen Register" des „Reklamecodes" noch das „visuelle Register" hinzukommt, sind auch zu entnehmen aus *U. ECO*, (35), Kap. 5, Einige Proben: Die Reklame-Botschaft, S. 267-292.

11 Der Roman als literarische Gattung kann demnach nicht generell dem expressiven Texttyp zugewiesen werden. Jeder konkrete Romantext muß sorgfältig auf seine kommunikative Funktion befragt werden. Beim Tendenzroman bestimmt nicht in *erster* Linie der *Ausdrucks*wille des Autors die Textgestaltung, sondern sie ist durch außerliterarische Engagiertheit geprägt, durch die Absicht, mit Hilfe des gewählten Redegegenstandes und der Redeweise den Leser zu gleicher Engagiertheit (für oder gegen etwas) zu bewegen.

12 Vgl. *J. M. Gironés*, 12 preguntas a Joan Oliver, in: *Mundo*, 20-2-72: „En poesía, la sátira es a veces el sustitutivo del panfleto."
Von *L. Rohner*, (115), S. 324, z. B. wird die Satire in nächste Nachbarschaft zum Tendenzroman gebracht, wenn er schreibt: „Ihr Wesen ist Tendenz, außerliterarische Engagiertheit. Ihre Zweckgebundenheit hemmt die innere Freiheit des Satirikers und gefährdet die künstlerische Form." *H. Arntzen* (Satire und Deutschunterricht, in: DU 18 (1966), S. 32) schreibt: „Sie (sc. die Satire) bringt Realität so zur Anschauung, daß diese nicht als schlechthin mangelhafte, sondern als *jetzt und hier zu ändernde* erscheint..." (Hervorhebungen von Verf.)

13 Vgl. *W. Dieckmann*, (30), S. 82: „Die Ideologie beschreibt nicht, was ist, sondern was sein soll, und enthält die permanente Aufforderung, die Wirklichkeit ihren Ordnungsvorstellungen anzugleichen."

14 Vgl. *P. Brang*, (14), S. 412, der zur Übersetzung der marxistischen Hauptschriften vermerkt: „Dabei handelt es sich um... eine Aufgabe, die gewisse Ähnlichkeiten mit der Bibelübersetzung bei dem Prozeß der Christianisierung — und der Mission überhaupt aufweist."

15 Bibliographische Angaben im Anhang.

16 *S. J. Hayakawa*, (58), S. 12 f. Hervorhebungen von Verf.

17 Daß es dabei nur um den *Versuch* sprachlicher Steuerung gehen kann, liegt im übrigen auf der Hand. Ob die Steuerungsabsicht in jedem Fall in der gewünschten Richtung erfolgreich ist, darf füglich bezweifelt werden. Daß der Appell, wenn ihm sprachlich geschickt genug Ausdruck verliehen wurde, dagegen beim Textempfänger „ankommt", d. h. als Appell verstanden wird, erscheint weit weniger fraglich. Daß er jedoch im Sinne des Appellierenden auch „angenommen" und damit das resultierende Handeln eindeutig „gesteuert" wird, ist mit Sprache allein, ohne gleichzeitigen Einsatz äußerer Machtmittel, wohl kaum zu erreichen, wenn also dem Textempfänger die freie Willensentscheidung — also u. U. auch im *Gegen*sinn zum Appell — überlassen bleibt. So kann z. B. ein Textempfänger sich durch einen

zu aufdringlichen Appell angewidert fühlen und die Ware, für die geworben wird, gerade *nicht* kaufen; das politische Verhalten, das „propagiert" wird, verurteilen und gerade der Gegenpartei beitreten usw. Der Appell hat ihn dann auf jeden Fall erreicht, auch eine Reaktion oder Aktion bewirkt, aber nicht im Sinne der bei Hayakawa postulierten „Steuerungsfunktion".

18 Vgl. *E. Carnicé de Gallez*, (25), S. 52: „En realidad toda propaganda comercial se basa en la ‚función apelativa' del lenguaje (Bühler), porque trata de dirigir la conducta interna y externa del oyente para la adquisición de los productos recomendados, mueve a la acción."
19 *J. D. Bödeker*, (11), Lehrerheft, S. 5
20 A. a. O., Textheft, S. 9
21 Vgl. *V. Klotz*, Slogans, 1963, S. 540 f.
22 Vgl. *J. D. Bödeker*, (11), S. 5–7
23 A. a. O., S. 6
24 A. a. O., S. 11 f.
25 Z. B. „rauchzart" für Whisky; „lapis-blau", „amber" für Herrenkleidung; „Quellfrische" (Mineralwasser); „ein Hauch von Orange vermischt mit dem Schimmer einer Perle" (Lippenstift); „gefriergeschont" (Kaffee); „5-Funktionen-Garantie" (Haarwasser); „Energiestrahlen" (SCHO-KA-KOLA); „Spezialausrüstung" (Wollstricksachen); „Doppeleffekt" (Körperspray); „Vierkantflasche" (Doornkaat); u. v. a.
26 Vgl. auch die Ausführungen zur „semantischen Aufwertung", S. 40
27 Vgl. hierzu die Ausführungen von *H. Gipper*, (41), S. 143 f. zum Farbwortgebrauch: „Die exakte Fixierung von Farben ist wohl ein wichtiger moderner Zweck der Farbwörter, doch auch heute durchaus nicht der einzige. Andere Werte wie Nebenbedeutungen, Gefühls- und Klangmomente sind oft viel wichtiger;... Solcher Farbwortgebrauch ist z. B. auch in der Werbung alltäglich. Oft hat der ausländische Name besondere Anziehungskraft: bordeaux, champagner, bleu, chamois vermitteln einen Hauch französischer Modeeleganz. Auch so sinnige deutsche Bezeichnungen wie maigrün, lind, rosenholz usw. wirken stärker als einfaches hellgrün u. dgl. Reseda klingt besser als die noch so präzise Bezeichnung. Himmelblau und wolkenrosa erwecken den Eindruck heiterer Beschwingtheit. Mag auch der Kenner an bestimmte Töne denken und an eine Norm glauben — die Masse folgt der Verlockung des Wortes."
28 Schlank-schlank, Vileda etc. vertragen als Markenzeichen keine Modulation in der ZS; eine Substitution bringt den Verlust der in der AS beabsichtigten Assoziation mit sich. Sulfoderm, Servicenter, Ipsomat dagegen kann in jeder ZS substituiert werden, in der lateinische und griechische Wortbildungselemente in der Normalsprache oder einer Sondersprache bekannt sind.
29 *R. Römer*, (113), S. 85
30 *J. D. Bödeker*, (11), S. 17 — Auch hier bestätigt sich die Inadäquatheit von Redegegenstand und Redeweise, die für die Reklamesprache charakteristisch ist.
31 Z. B. Pfaff-*Super*-Automatic; *riesen*weiß usw.
32 Z. B. Statt Putzlappen — Haushaltstuch; statt Benzin — Kraftstoff.
33 Die Ware soll mit dem hohen Wert des Zusatz-Wortes assoziiert werden; z. B. Fürst-Bismarck-Sekt, Exquisit-Kaffee.
34 *I. Hantsch*, (53), S. 99, weist auf die vorrangige Verwendung von beziehungslosen Komparativen und Superlativen hin, die echte Vergleiche unmöglich machen, „weil das Beste hier zur Regel wird". Vor allem der „unvollständige Komparativ" umgeht dabei das Verbot direkt vergleichender Werbung, fordert den Leser aber geradezu

suggestiv auf, den Vergleich — zugunsten des Produktes — selbst zu Ende zu führen. Als Beispiel bringt *I. Hantsch*: „Three Castle — the better quality cigarette"; hier läßt sich „better" ergänzen durch „than the cigarette you smoke now" oder „than any other cigarette" — also jedenfalls zugunsten der Three Castle-Marke.

35 Vgl. die Verfahren zur indirekten Auf- oder Abwertung bei der politischen Propaganda, S. 45.
36 *I. Hantsch*, (53), S. 100 spricht in diesem Zusammenhang vom Mittel der Warenästhetisierung.
37 Vgl. *H. Stresing*, (136), S. 20; vgl. Anm. 27, S. 74 zum Farbwortgebrauch.
38 Diese Beobachtung wiederholt sich auch bei propagandistischen und missionarischen Texten.
39 *J. D. Bödeker*, (11), S. 22
40 A. a. O., S. 24
41 Vgl. *J. Bieri*, (7), S. 181: „Reklame ist in den allerwenigsten Fällen uneigennützig. Ihre Aufgabe ist es ja, Hörer oder Leser zum Kauf zu bewegen, und zur Erreichung dieses Zieles alle wirksamen Mittel einzusetzen. Da diese Mittel jedoch mit Kosten verbunden sind, nimmt derjenige, der Reklame macht, keine Rücksicht auf überlieferte Grundsätze... Jede Darstellungsart ist erlaubt, wenn sie nur den auszudrückenden Gedanken auch in der kürzesten Form noch tatsächlich ausdrückt. Die normative Sprache wird dabei, wenn nötig, bedenkenlos umgangen."
42 Die Sprachschichten nach *R. Klappenbach/ W. Steinitz*, (74), Vorwort S. 012 f.: dichterisch/gehoben; normalsprachlich/umgangssprachlich; salopp/umgangssprachlich; vulgär. Ausnahmen (wie etwa der Produktname für eine Strumpfhose: „yessa", der sich als Slangschreibung von „yes, Sir" identifizieren läßt) bestätigen auch hier nur die Regel.
43 *J. D. Bödeker*, (11), S. 22
44 *H. Bullinger*, (22), S. 825, weist auf den „attrait de l'étranger" und das Leitbild eines internationalen gehobenen Lebensstandards hin, das durch Verwendung durchaus vermeidbarer Fremdwörter — übrigens auch durch internationaler Schreibweise angepaßter orthographischer Besonderheiten, z. B. Cigarette! — mit einer Werbeaussage verquickt werden kann. Auch hier kündigt sich ein Übersetzungsproblem an, wenn in der ZS einem deutschen Wort und dem an seiner Stelle verwendeten Fremdwort nur ein einziges lexikalisches Äquivalent entspricht.
45 Vgl. S. 39 f.
46 Der Terminus stammt aus der Journalistensprache und bezeichnet ein kurzes Vorspiel bei einem Bericht, das dann, oft in kühnem Bogen, mit dem eigentlichen Thema in Beziehung gebracht wird.
47 Im Zusammenhang mit der Einschätzung der Wirksamkeit von Propaganda heißt es bei *R. Römer*, (114), S. 24: „Die Prädisposition der Gruppe, vor der die Ideen ausgebreitet werden, ist für den Erfolg der Ideen wichtig." Diese Prädispositionen können m. E. durchaus mit den Mitteln der Sprache geschaffen werden, wenn sie nur massiv und beharrlich genug eingesetzt werden. Es ist ein Kurzschluß zu behaupten: „Es ist unmittelbar einleuchtend, daß Propaganda für den Kommunismus in Westdeutschland nicht auf viel Erfolg hoffen kann, weil die Prädispositionen gering sind" (aaO), denn eben diese wurden durch geschickte Propaganda — und durchaus im Gegensatz zu den realen Interessen und der objektiven Realität — bei großen Bevölkerungsgruppen bereits verwirklicht, wie die Mitgliederzahlen etwa bei der DKP und dem SPARTAKUS-Bund beweisen.

75

48 Vgl. *I. Hantsch*, (53), S. 95; sie ist der Ansicht, daß „die Faktoren ‚trustworthiness' und ‚expertness' in der Werbung für Dienstleistungen und dauerhafte Konsumgüter eine besondere Rolle" spielen.
49 „Eleganz wie in Rom, Paris, London" (Werbung für Oberbekleidung). Die Reklame baut darauf, daß diese drei Weltstädte als Garantie für Eleganz akzeptiert werden, weil Couturiers aus Rom, Paris und London mit ihren Kreationen zweimal im Jahr Schlagzeilen machen.
50 A. a. O., S. 7
51 *H. J. Vermeer* verdanke ich den Hinweis darauf, daß das Sprichwort heute in unseren Schulen systematisch zugunsten des individuellen Ausdrucks abgewertet wird (vgl. (149), S. 101). Doch scheint für die Bevorzugung des Slogans in Reklametexten eher das Element der ökonomischen Kürze ausschlaggebend zu sein. Darüber hinaus ist der Einsatz von Slogans auch psychologisch erklärbar. Reklame nutzt sich schnell ab und muß durch ständige Innovationen das Interesse am Produkt stets wieder neu wecken. Dem widerspricht das „konservative" Element im Sprichwort, das bei politischer und religiöser Werbung dem Glaubwürdigkeitsstreben gerade besonders entgegenkommt.
52 *J. Hantsch*, (53), S. 111, Anm. 52, verweist in diesem Zusammenhang auf die Bedeutung der „head lines" bei Reklametexten als Auslöseformel für den Leseprozeß: „Nach oberflächlicher Betrachtung läßt sich sagen, daß hier am meisten mit der Sprache gespielt wird: Puns, Ambiguitäten, Synästhesien, ungewöhnliche Collocationen, Paradoxien, Oxymora, sprachliche Absurditäten und Strukturentlehnungen (unterliegende Zitate, Sprichwörter und Einleitungsformeln anderer literarischer Genera) scheinen die wichtigsten Mittel", um Interesse für das Lesen zu wecken. Vgl. auch Punkt 2.42.6 (Sprachmanipulation) der vorliegenden Arbeit.
53 *S. J. Hayakawa*, (58), S. 101
54 *W. Dieckmann*, (30), S. 12
54a Vgl. dazu *A. Rucktäschel*, (116), S. 9: „In politischen Reden wird Information und Argumentation notwendig zurückgedrängt. Der kommerziellen Werbung vergleichbar stimuliert die politische Propaganda emotionale Entscheidungen für eine bestimmte Politik oder einen bestimmten Politiker so unauffällig, daß die in der Demokratie entscheidende Wählermasse von einer selbständigen, rationalen politischen Entscheidung überzeugt ist. Komplizierte politische Zusammenhänge müssen zu diesem Zweck simplifiziert, zu elementaren und eingängigen Formeln komprimiert werden, die suggestiv sind, die eine so motivbildende und entscheidungsregulierende Wirkung haben, daß die Massen sie freiwillig und im Bewußtsein der Selbstbestimmung als Maximen ihres politischen Willens übernehmen. Die Sprachzeichen degenerieren dabei zu Signalen, die unreflektierte emotionale Haltungen und Handlungen mobilisieren. So lassen sich Befehle als Sachzwänge verkaufen, politische Ziele der Machthaber als Erfüllung des Wählerwillens kaschieren."
55 Vgl. *W. Dieckmann*, (30), S. 27. Es wird u. a. verwiesen auf *K. Burke*, Die Rhetorik in Hitlers „Mein Kampf" und andere Essays zur Strategie der Überredung, Frankfurt 1967; *L. Spitzer*, (132), *R. Römer*, (113). Vgl. auch *J. Kopperschmidt*, (81).
56 Vgl. S. 38
57 Sei es, weil die offene Werbung *gegen* Konkurrenten, wie etwa in der BRD, gesetzlich verboten ist oder weil es zu viele Konkurrenten gibt, *gegen* die sich zu profilieren räumlich und finanziell zu aufwendig wäre.
58 *W. Dieckmann*, (30), S. 38

59 Vgl. *R. Koebner* und *H. Schmidt*, (77), S. 380: „The aim of propaganda is to make converts by creating a state of mind and emotions favorable to and in sympathy with the propagandist, who is an agitator but not necessarily a liar."
60 Daß allerdings auch schon die Intonation offensichtlich große Wirkung erzielen kann, bezeugt eine Anekdote: ein Student soll auf dem Münchner Viktualienmarkt durch das bloße Aufsagen des griechischen Alphabets im Tonfall des Spotts und der Beleidigung eine der ehrsamen Marktfrauen zu bis in Handgreiflichkeiten ausartenden Reaktionen veranlaßt haben.
61 Natürlich nur Reden, die wirklich Appellfunktion haben. Rechenschaftsberichte, Gedenkreden usw. bleiben von vornherein ausgeschlossen, denn sie appellieren nicht an den Hörer, im Anschluß an die Rede eine Willensentscheidung zu treffen, und dies möglichst noch durch eine Tat zu dokumentieren.
62 Im Gegensatz zu *A. Lange* (84), S. 95, der den *Inhalt* der von ihm abgedruckten Reden als allein entscheidend für den Leser betrachtet, weil dieser die Wirkung des gesprochenen Wortes nur ahnen könne, sind wir der Ansicht, daß sich die sprachlichen Elemente des Appells am eindeutigsten registrieren lassen, wenn die nichtsprachlichen Begleitelemente fehlen.
63 Vgl. auch den Kommentar zu diesem Drama bei *A. Lange*, (84), S. 34–39
64 *Th. Pelster*, (101), S. 124
65 *W. Dieckmann*, (30), S. 86
66 Vgl. *D. Zimmer*, (163), S. 8
67 Der hier zugrundeliegende Mechanismus dürfte folgendermaßen funktionieren: Atomplanungen sind ein ernster Redegegenstand von höchster Tragweite. Das Wort „keifen" dagegen weckt die Assoziation um Nichtigkeiten streitender Weiber. Redegegenstand und Redeweise sind absolut einander unangemessen. Aus dieser Spannung erklärt sich u. a. der erhöhte Appellwert des emotionsgeladenen Verbs.
68 Vgl. *W. Dieckmann*, (30), S. 105 und Anm. 54a der vorstehenden Ausführungen.
69 „Imperialistisch" ist z. B. ein Reizwort für einen Textempfänger aus der DDR, nicht aber grundsätzlich für einen Engländer. „Die Mauer" ist ein Reizwort in der BRD, nicht jedoch in der DDR, die für denselben Redegegenstand das Reizwort „antifaschistischer Schutzwall" verwendet. Der Übersetzer muß den Reizwert solcher Wörter kennen und ihn bei der Umsetzung in die ZS durch geeignete Mittel zu erhalten versuchen. Vgl. S. 92 f.
70 Vgl. *H. Reich*, (103), S. 271. Beispiele ebendort: Aus der Kriminalistik: Brandstifter, Gangster, Handlanger; aus der Zoologie: Bestie, Hai, Hyäne, Schakal; ad-hoc-Bildungen: Atombischof (Dibelius), Niederlagespezialisten (deutsche NATO-Generale mit Weltkriegserfahrung).
71 Z. B. Vater der sozialen Marktwirtschaft, Friedenskanzler usw.
72 *H. Reich*. (103), S. 262
73 A. a. O., S. 260
74 Beispiele ebendort: Bonze, Gangster, Bourgeoisie, Journaille, Revanchist.
75 Daher erklärt sich wohl auch die relativ geringe Propagandawirkung neomarxistischer Flugblätter, Pamphlete und Werbeschriften außerhalb des Kreises „intellektueller" Textempfänger. Die Überladenheit solcher Texte mit — oft pseudowissenschaftlichem — Fremdwortvokabular errichtet eine Sprachbarriere (Vgl. *B. Boesch*, (12), S. 264), die jede unmittelbare Appellwirkung vom Inhalt her unmöglich macht. Dies wiederum könnte eine Erklärung für die gleichfalls auffällige Vorliebe für Wörter aus der Fäkalzone und der Gossensprache sein, die dann auf dem Seitenweg der Triebaffizierung die gewünschte Appellwirkung doch noch erreichen sollen.

76 Vgl. *W. Dieckmann*, (30), S. 104: „Es herrscht Einigkeit in der Forschung über den rhetorischen Charakter des Schlagworts. Es ist hörerorientiert und ein Mittel emotiven Sprachgebrauchs. Das Moment des Schlagens und Treffens, das in der Wortbildung steckt, kann durchaus wörtlich genommen werden. Es veranschaulicht die appellative Funktion des Schlagworts." Zum Schlagwort schreiben *W. Treue/G. Kandler* (142), S. 213: „Man kann etwa folgende Charakteristika des Schlagwortes (sei es als Einzelwort, Wortgruppe oder als satzhaftes Gebilde) aufstellen: Ein Schlagwort ist ein sprachlich gefaßter Gedanke 1. in konzentrierter Kürze, 2. von stilistischem Reiz, 3. die Wirklichkeit vereinfachend, 4. in bestimmter Tendenz, 5. zum Zwecke der Anhängerwerbung, 6. in ungewöhnlich häufigem Gebrauch."
H. Reich, (103), S. 349, beurteilt eine echte Appellwirkung des Schlagworts allerdings eher skeptisch, sofern es nicht schon auf eine latente Handlungsbereitschaft des Textempfängers stößt.

77 Beispiele etwa: „fünfte Kolonne" (für Mitglieder der KPD verwendet), „Wiedervereinigung", „der deutsche Osten", „Stachanowsystem" u. a.

78 Vgl. *A. Lange*, (84), S. 72. Wenn dem entgegen der Satzbau komplex wird, dürfte das entweder mit dem Unvermögen des Autors zur Konzentration oder zu leichtverständlicher Redeweise zusammenhängen und die Appellwirksamkeit des Textes beeinträchtigen; oder die Komplexität und die hermetische Ausdrucksweise werden bewußt gewählt, um Sachverhalte, die dem Interesse des Appellierenden schaden könnten, zu verschleiern und gerade dadurch den Appellwert des Gesamttextes zu erhalten.

79 Bei pauschalen Zahlenangaben beispielsweise kommt es auf eine Null mehr oder weniger nicht an: „Hunderte und aber Hunderte", „vieltausendfache Beziehungen", „Millionen mutlos Gewordener". Auch „weltbewegende Bedeutung", „dieses wichtigste Ereignis", „die gewaltigen Aktionen", „erschütternde Einzelheiten". Beispiele bei *Th. Pelster*, (101), S. 123.

80 Er äußert sich vor allem in der affektiven Übersteigerung konkreter Bilder. Z. B. „Wir werden auf *keinen Fußbreit* deutschen Boden verzichten" (Vertriebenenfunktionär); „Ägypten wird *jeden Zentimeter* seines von Israel okkupierten Gebietes zurückerobern" (Präsident Sadat am 6. 5. 72). Die Diskrepanz zwischen der Kleinheit der Maßeinheit und dem Ausmaß des gemessenen Gegenstandes wird genutzt, um Emotionen zu wecken, aber auch um die Intensität des Appells zu erhöhen.

81 Für alle diese Mittel der Rhetorik darf in Anspruch genommen werden, was *Th. Pelster*, (101), S. 98, zur Allegorie sagt: „Allegorien werden oft wegen des schreckenerregenden oder verharmlosenden Inhalts eingesetzt, *nicht wegen der künstlerischen Form.*" Eben durch diese andere Absicht, die andere kommunikative Funktion im Propagandatext, unterscheidet sich der operative vom expressiven Text.

81a Vgl. dazu *O. W. Haseloff*, (57), S. 159: „Eine Botschaft wird umso eher aufgenommen und akzeptiert und übt einen umso größeren Persuasionsdruck aus, je fester und prägnanter das Vorstellungs- und Meinungsbild des Kommunikators im Bewußtsein des Kommunikanten mit emotional positiven Eigenschaften und Valenzen assoziiert ist." Dieser Regel wird der Kommunikator gerecht, indem er ein entsprechendes Image bei seinem Rezipienten aufbaut oder einen sekundären Kommunikator vorschiebt, dessen Prestige unzweifelhaft ist. Vgl. *P. Teigeler*, (138), S. 85 (hier zitiert nach *D. Breuer*, (15), S. 55 f.)

82 Z. B. „Dann folgt darauf *nach Adam Riese*" — als Garantie für die Richtigkeit einer logischen Schlußfolgerung; „*Belgische, holländische und französische Kollegen in der Montanversammlung*" — als Gewährsleute für die Ansicht, daß die Wieder-

vereinigung in Europa als ein „elementares Anliegen" erkannt wurde; „*Einer Ihrer Minister*, der von mir geschätzte Kollege Helmut Schmidt" — als Kronzeuge eines CSU-Abgeordneten für eine abzulehnende Haltung.
82a Vgl. jedoch Anm. 54a, S. 76
83 Allerdings können auch Argumente noch operative Wirkung dadurch gewinnen, daß sie zugunsten des eigenen Appells ausgewählt und mögliche Gegenargumente gar nicht erst erwähnt oder emotional abgewertet werden.
84 Vgl. die Ausführungen zum Fremdwort, S. 46; zur Wortbildung, S. 39, S. 46
85 Was in der Werbung nur implicite geschehen kann. Vgl. S. 76, Anm. 57
86 Die in der theologischen Diskussion (Vgl. *H. J. Margull*, (89), S. 289) getroffene Unterscheidung zwischen Missionierung (von Heiden) und Evangelisation (von bereits Getauften) bleibt hier außer Acht. Als missionarischer Text soll jeder operative Text gelten, bei dem der religiöse oder auch ein rein humaner oder ideologischer Appell zu einer Willensentscheidung an einen Textempfänger gerichtet wird.
87 *H. Moser*, (92), S. 57
88 Mutatis mutandis läßt sich dieser Sachverhalt auch auf die Sprache der Ideologie übertragen, insofern diese weitgehend als Religionsersatz aufzufassen ist; „Gott" wird durch eine „Idee" ersetzt, die Sprache der Ideologie ahmt in oft frappierender Weise religiöses Sprechen nach und ist auf diese Weise „doppelt" inadäquat.
89 *J. Blinzler*, (10). Dieses Urteil Blinzlers bedarf allerdings einer Revision. Die Sprache des Paulus ist spekulativ, solange er argumentiert — und dies tut er auf weite Strecken —, sie wird nur knapp, volkstümlich und dialogisch, wenn es dem Apostel um einen konkreten Appell an seine Lesergemeinde geht, wenn er eine unmittelbare Reaktion erwartet und auslösen möchte. Das Johannes-Evangelium zumal erweist sich als hochspekulativ und anspruchsvoll in seiner Ausdrucksweise, von der höchstens eine sehr sublime Appellwirkung auf eine elitäre, geistig geschulte Lesergemeinde ausgehen kann. Blinzlers Charakterisierung trifft also vorwiegend auf die Synoptiker zu, die ja bemerkenswerterweise zur Verkündigung und Missionierung weit stärker herangezogen und daher auch der vorliegenden Analyse zugrundegelegt werden.
90 Vgl. *R. Bultmann*, (23), S. 393 und 395: „Die Wundergeschichten haben in der Missionspredigt eine besondere Rolle gespielt, wie Act. 2,22; 10,38 zeigt."
91 Vgl. *H. Zimmermann*, (164), S. 173 und *Nida/Taber*, (95), S. 23
92 *E. Güttgemanns*, (51), S. 112
93 Vgl. *Nida/Taber* (96), S. 25: „Sprache ist nicht nur auf die Funktion der Nachrichtenübermittlung und Aussagekraft beschränkt. Sie muß deutlich zwingend sein, besonders in einem Dokument, wie es die Bibel ist, das ja für sich in Anspruch nimmt, nicht nur die Taten Gottes zu beschreiben, sondern auch Richtlinien für eine rechte Lebensführung zu geben."
94 Freiburg 2. Aufl. 1961, Bd. 6, Stichwort Kurzpredigt
95 *O. Semmelroth*, (127), S. 182
96 Hier zeigt sich, nebenbei gesagt, ein Indiz dafür, daß bei der Beschreibung von nach ihrer kommunikativen Funktion befragten Texten die Methoden der frühen Text*linguistik* nicht ausreichen. Vgl. hierzu den Standpunkt des Textlinguisten: „Außerdem gilt es den Gedanken anzuregen, daß eine Form von generell brauchbarer Textanalyse und Textbeschreibung zu suchen ist, die von der jeweils textinhärenten Semantik möglichst absehen kann, auch wenn diese Semantik in der analytischen Prozedur selbst zu berücksichtigen ist." (*P. Hartmann*, (54), S. 15)
97 *O. Semmelroth*, (127), S. 182. Mutatis mutandis gilt das ebenso für die beiden anderen untersuchten Textsorten: Reklame kann es nicht geben, wenn nicht „für etwas"

Reklame gemacht wird; Propaganda ist gegenstandslos, wenn nicht „für etwas" Propaganda gemacht wird.
98 A. a. O., S. 192 f. — Hervorhebungen von Verf. — Mit diesen Worten läßt sich übrigens auch der missionarische Text als operativer vom informativen Text abgrenzen.
99 Geradezu rührend muten die immerhin noch im Jahre 1955 niedergeschriebenen Überlegungen zum „Wie" der Missionspredigt an: „Das Wort Gottes fuhr nicht nackt und abrupt auf die Menschen nieder, ‚als Wunder senkrecht von oben', sondern nahm Fleisch und damit unsere konkrete Situation an, um sie von innen, vom Menschen her zu erlösen. Damit ist uns in göttlicher Gültigkeit gezeigt, ‚wie man es macht'." (V. Schurr, (124), S. 436.)
W. Gössmann, (47), S. 46, schreibt zwar: „Wenn man die verschiedenen Funktionen der Sprache übernimmt, wie sie Gottlieb Söhngen zusammengestellt hat, so ist vor allem die energetisch-ethische und nicht so sehr die logische oder die ästhetische Funktion der Sprache für den sakralen Sprachbereich zuständig. Das Religiöse muß sich im sprachlichen Ausdruck derart als Wirklichkeit erweisen, daß es überzeugt und zur inneren Umkehr veranlaßt." Bei diesem Postulat bleibt es. Welche Elemente geeignet wären, den sprachlichen Ausdruck in diesem Sinne zu befruchten, wird nicht einmal angedeutet. W. Esser, (37), S. 151, vermerkt, daß es notwendig sei, in der „Sprache der gegenwärtigen Zeit", der „lebendigen Sprache der Zeit" zu sprechen, daß die „Sprache der Gegenwart das beherrschende stilistische Element" sei, aber auf Einzelheiten der sprachlichen Formulierung geht auch er nicht ein. B. Dreher, (31), S. 111, entdeckt wenigstens, „daß das Sprachproblem... aber noch tiefer unter dem ‚grammatikalisch-stilistischen Aspekt' betrachtet werden" muß und daß hier nach „der Wortgestalt, der Wortwahl und -kunst, nach dem Satzbau, der Syntax und Linguistik im ganzen Umfang" zu fragen sei. Im folgenden bleibt er jedoch im Unverbindlichen stecken, ja, in dem vorstehenden Zitat läßt sich an der Aufreihung der Fragepunkte bereits erkennen, daß der Autor sich hier auf „fremdem Gelände" bewegt.
100 Und auch generell wird — insbesondere im angelsächsischen Raum — die Frage nach dem Aufschlußwert linguistischer Methoden bei der Untersuchung religiöser Texte neu gestellt. Vgl. etwa die Aufsatzsammlung von D. M. High, (61).
101 E. Güttgemanns, (51). Außerdem in der von einem ganzen Team unter seiner Leitung herausgegebenen Zeitschrift Linguistica Biblica.
102 E. Güttgemanns, (51), S. 221
103 Geschichte der synoptischen Tradition, (23). — Güttgemanns kritisiert allerdings ausdrücklich, daß das „stilistische Detail als solches" bei Bultmann in den Vordergrund tritt, aber „nicht nach der Funktionalität des strukturellen Details gefragt" wird. (51), S. 137
104 E. A. Nida und Ch. R. Taber, (96)
105 E. A. Nida, (95), S. 160. „Dynamische Äquivalenz" ist dabei in erster Linie das Gegenteil von rein formaler Korrespondenz und berücksichtigt bei der Übersetzung somit auch jeweils die Text- und die Übersetzungsfunktion.
106 Z. B. „Bauknecht weiß, was Frauen wünschen"; die lapidare Behauptung sicheren Wissens soll Vertrauen wecken; über die Alliteration wird der emotionale Appell an die stets virulente Wunschfähigkeit der Frauen rückgekoppelt an die Firma, deren Produkten auf diese rein suggestive Weise Vertrauenswürdigkeit bescheinigt wird.

107 „Das Paradox ... eine Aussage, die vielleicht auch bewußt provozieren will", heißt es bei *W. Gössmann*, (47), S. 32. Beispiele: „Leichter geht ein Kamel durch ein Nadelöhr, als daß ein Reicher ins Gottesreich kommt." (Mk 10,25); „Ihr sehet die Mücke, das Kamel aber verschluckt ihr" (Mt 23,24); „Man lasse die Toten ihre Toten begraben" (Mt 8,22).
108 Zwei Beispiele aus einem „Wort zum Sonntag": das Wort „deportieren" löst noch heute Abscheu bei jedem aus, der von den Judendeportationen im zweiten Weltkrieg zumindest etwas gehört hat; der Ausdruck „revolutionärer Wille" hat in der BRD spätestens seit 1968, dem lautstarken Auftreten der Neuen Linken, „Reizwert", bestimmt für Hörer, die „Das Wort am Sonntag" im Rundfunk einzuschalten pflegen.
109 Vgl. *W. Esser*, (37), S. 148: „... muß der Prediger wohl beides zugleich im Auge behalten: den Leuten aufs Maul zu schauen — wie sich Luther einmal ausdrückte — und zugleich den Umgang mit den Dichtern zu pflegen."
110 Bei der Propaganda wurde die Beliebtheit von Fremdwörtern (besonders aus anderen Sachbereichen entnommener) zur Weckung von Assoziationen und Auslösung „geborgter Emotionen, bei der Reklame häufige Verwendung von Fremdwörtern u. a. zum Beweis angeblicher Wissenschaftlichkeit festgestellt.
111 Insoweit gilt *J. Blinzlers*, (10), S. 244 ausgesprochene Warnung für die Bibelübersetzung auch generell für die Sprache missionarischer Texte: „Es empfiehlt sich keineswegs, gesuchte, seltene, der Alltagssprache entrückte Wörter und Wendungen zu gebrauchen."
Wenn die Missionierung allerdings einmal gelungen ist, dann ist Allgemeinverständlichkeit keine Grundvoraussetzung mehr. Für einmal gewonnene „Anhänger" kann im Gegenteil ein besonderer, Solidaritätsgefühle fördernder Reiz in einer dem normalen Sprachteilhaber nicht verständlichen, hermetischen Redeweise liegen. Vgl. Texte, die bei esoterischen Sekten, bei Mysterienkulten etc. Verwendung finden.
112 Es wäre von Interesse, auch nicht-christliche missionarische Texte auf diese syntaktische Eigenart zu untersuchen. Überwiegt auch dort die Parataxe, dann müßte weitergefragt werden, ob hier eine direkte oder indirekte Beeinflussung durch die Bibelsprache möglich war. Andernfalls wäre die Bevorzugung der Parataxe nur im Dienst der leichteren Aufnahmemöglichkeit des Textes zu sehen. Vgl. das Folgende.
112a Die berühmten Barockpredigten mit ihrem oft verschlungenen Satzbau gehören einer vergangenen Zeit an und entwerten damit die hier für die Gegenwartssprache getroffenen Feststellungen nicht, sondern machen nur deutlich, daß bei der Textbeurteilung die historische Dimension mit zu berücksichtigen ist. Was durch umständlichen Satzbau der Barockpredigt u. U. an Appellwirksamkeit verlorenging, wurde durch entsprechend kräftigere Bildsprache wettgemacht.
113 Dieses Textmerkmal ist ebenfalls in der Sprache der Bibel reichlich zu belegen. Z. B.: „Wer Ohren hat zu hören, der höre!" (Mk 4,9); „Geh hin und handle ebenso!" (Lk 10,37); „Ihr könnt nicht Gott dienen und dem Mammon!" (Mt 6,24)
114 Bei den Gleichnissen, Bildworten und Parabeln des NT sind es alltägliche Vorgänge innerhalb der ländlich verfaßten Gesellschaft von damals (Saat und Ernte, Viehzucht und Fischfang, Arbeit und Feste), allbekannte Erscheinungen, vertraute Gestalten (Wachsen der Saat, Schwanken des Schilfrohrs, Reiche und Arme, Gläubiger und Schuldner) — vgl. *R. Bultmann*, (23), S. 217 f. —, mit deren Schilderung das Interesse des Textempfängers geweckt wird.
115 In der Bibel u. a. an der großzügigen Verwendung hoher Zahlenwerte registrierbar: „siebzigmal siebenmal" (Mt 18,22), um die Forderung nach der Unbeschränktheit

des Verzeihens auszudrücken; „mehr als zwölf Legionen Engel" sendet der Vater (Mt 26,53); auf gutem Erdreich bringt die Saat „hundertfach Frucht" (Lk 8,8) usw.

116 Vgl. *E. Güttgemanns*, (51), S. 114
117 Vgl. *W. Gössmann*, (47), S. 31: „Auf jeder Seite der Bibel findet man diesen Absolutheitsanspruch, von dem notwendig die Sprache, die so etwas aussagt, mitgeprägt wird. ... An der biblischen Sprache fällt über alle Verschiedenheiten der einzelnen Bücher hinweg sofort ins Auge, daß nirgendwo auf halben Wege haltgemacht wird, sondern immer geht es um ein Letztes, ein Höchstes, um etwas Unüberbietbares. Von der Liebe ist nicht ohne die Radikalisierung zur Feindesliebe die Rede, vom Verzeihen nicht ohne die endlose Ausdehnung zum siebenmal siebzigmal."
118 *A. Wikenhauser*, (156), S. 121, 140, 156, 221, bestätigt zwar Unterschiede im Sprachgebrauch und im Stil der Evangelisten, weist aber zugleich darauf hin, daß diese in den einzelnen Evangelien dann einheitlich beibehalten sind.
119 Diese Feststellung gilt allerdings nicht für „Volksmissions-" und sogenannte „Kapuzinerpredigten" alten Stils, die jedoch immer mehr außer Gebrauch kommen. Im allgemeinen gilt, daß „alles, was trivial ist, was nach der Formstufe der Gossensprache hin tendiert, radikal auszumerzen" ist. Vgl. *W. Esser*, (37), S. 149
120 In der Bibel vor allem im Eingang der Gleichnisse. — Z. B. „Was meint ihr?" (Mt 18,12); „Was meinst du, Simon?" (Mt 17,25); „Womit soll ich das Gottesreich vergleichen?" (Lk 13,20).
121 *R. Bultmann*, (23), S. 194
122 Vgl. ebendort, S. 45–66
123 Beispiele aus der Bibel: für Bildworte: Feigen von Disteln, Trauben vom Dornbusch, der blinde Blindenführer; für Metaphern: Perlen vor die Säue werfen, Splitter und Balken im Auge, Arbeiter und Ernte; für Vergleiche: klug wie die Schlangen, ohne Falsch wie die Tauben; wie der Blitz vom Osten bis zum Westen leuchtet, so wird es mit der Ankunft des Menschensohnes sein. Vgl. *R. Bultmann*, (23), S. 181, 183.
124 Vgl. *W. Esser*, (37), S. 148: „Der Stil der Predigt muß Gesprächscharakter tragen."
125 Vgl. *R. Bultmann*, (23), S. 342 f.: dreimal wird Jesus vom Teufel versucht, dreimal betet er in Gethsemane, dreimal wird er von Petrus verleugnet etc.
126 Vgl. ebendort, S. 208: die zwei Schuldner (Lk 7,41 f.); die zwei ungleichen Söhne (Mt 21, 28-32); die törichten und die klugen Jungfrauen (Mt 25, 1-13); der treue und der untreue Knecht (Lk 12,42 ff.); der Reiche und der Arme (Lk 16, 19-31); der Pharisäer und der Zöllner (Lk 18,9-14) etc.
127 Vgl. ebendort, S. 34: der Jüngling von Naim ist der „einzige" Sohn seiner Mutter, die „Witwe" ist; das Ohr, das dem Knecht des Hohepriesters in Gethsemane abgeschlagen wird, ist das „rechte"; bei Mt 5,39 erfolgt der Schlag auf die „rechte" Wange, etc.
128 Besonders an diesem sprachlichen Element läßt sich ablesen, wie sehr die Sprache der Predigt auf der Bibel fußt. Ein Großteil der in der Predigt verwendeten Sprichwörter sind nichts anderes als schon in der Bibel zitierte vorbiblische Sprichwörter oder Bibelstellen, die als sprichwörtliche Redensarten in die einzelnen Nationalsprachen eingegangen sind. Vgl. auch S. 125, Anm. 41
129 Es ist für den Fall gedacht, daß der Leser in die Lage kommt, sich dieser Maschine zu bedienen, er also nach Information über den richtigen Gebrauch sucht. Vgl. S. 28, Anm. 35
130 Ob dieses Interesse des Textautors ein individuelles oder nur ein berufliches ist, spielt dabei keine ausschlaggebende Rolle. Ein Reklametexter z. B. kann individuell

völlig uninteressiert daran sein, ob die Seife X aufgrund seines Textes wirklich gekauft wird; sekundär wirft er jedoch das ganze Gewicht seines — beruflichen — Interesses in die Waagschale, denn er muß befürchten, daß ausbleibender Erfolg seiner Reklametexte seine berufliche Existenz gefährdet. Bei missionarischen Texten ist schon eher auch primäres Interesse an der Sache Voraussetzung, da andernfalls der hohe ethische Anspruch solcher Texte nicht mit der notwendigen Glaubwürdigkeit zum Ausdruck kommen und die Appellwirkung gefährdet werden könnte.

131 Die negativen werden selbstverständlich ausgespart; ein Indiz für die Anfälligkeit der Sprache operativer Texte für Manipulationen, ein Merkmal, auf das später noch näher einzugehen sein wird. Vgl. 2.42.6

132 Der appellative Impuls der Argumentation bricht sich dann oft doch auch in der Einseitigkeit der vorgebrachten Argumente Bahn; ein Indiz für das weitgehend tendenziöse Sprechen operativer Texte, das sich ja auch in der Vorprägung (parteiischer) Werturteile äußert. Vgl. 2.42.4; Vgl. Anm. 54a, S. 76

133 Diese Argumentation kann durch die Unterdrückung denkbarer Gegenargumente ebenfalls tendenzgeprägt sein. Das heißt aber nichts anderes, als daß auch hiermit ein Kriterium für die Abgrenzung eines argumentierenden informativen Textes (der objektiv sein muß) vom operativen Text gegeben ist.

134 Vgl. *W. Dieckmann*, (30), S. 86: „Wo er (sc. ein emotionaler Appell) festzustellen ist, kann immer auf einen starken Wirkungswillen geschlossen werden."

135 Vgl. die graphische Darstellung der Texttypen, S. 19, die versucht, diesen Sachverhalt zu verdeutlichen.

136 Diese Feststellung kann allerdings nur als Desiderat, nicht als Beschreibung der Realität gelten.

137 Vgl. S. 43 oben.

138 Vgl. S. 72, Anm. 9

139 Etwa im Rahmen eines Romans oder auch bei gewissen aufwendigen Werbebroschüren, die gar nicht unmittelbar zum Kauf einer Ware bewegen sollen. Sie sind nach *G. Rabuse*, (102), S 828, besonders in Frankreich beliebt, „in einem Lande, wo die Art, wie etwas gesagt wird, fast ebenso wichtig ist, wie der Inhalt der Mitteilung selbst", weshalb „große Firmen des französischen Sprachraums häufig Schriftsteller oder Essayisten als Verfasser von Werbetexten beschäftigen."

140 Vgl. S. 22 f.

141 Bei einem Privatbrief, der durchaus auch ein operativer Text sein kann, wenn der Adressat zugunsten eines bestimmten Anliegens zu einer Reaktion oder Aktion veranlaßt werden soll, ist das operative Ziel bei ein wenig Einfühlungsvermögen in die Persönlichkeit des Textempfängers ohne Zweifel einfacher zu erreichen.

142 Etwa durch die Du-Anrede oder eine direkte Frage.

143 Bei gewissen Textsorten — so z. B. bei der öffentlichen Rede — spielt das unmittelbar sich ergebende „feed-back" (der Redner „spürt", ob er auf Resonanz stößt oder nicht) eine Möglichkeit, trotz der individuellen Anonymität des Empfängerkreises, nachträglich den Appell doch noch schärfer auf den jeweiligen Hörerkreis auszurichten. Besonders schwierig dürfte das Zustandekommen wirksamen Appells beim Einsatz technischer Mittel zur Textübertragung zu erreichen sein; d. h. nicht bei zufällig durch Rundfunk oder Fernsehen übertragenen Propagandareden oder operativen Bundestagsdebatten, bei denen sich ein lebendiges Publikum im gleichen Raum aufhält, sondern dann, wenn der Autor nichts anderes als ein Mikrophon und evtl. eine Fernsehkamera vor sich hat. Gewiß muß in solchen Fällen übersteigerter Gebrauch von den appellativen Sprachelementen gemacht werden, um das, was

83

das Medium „verschluckt", wieder auszugleichen. Doch dies ist bereits ein Problem des audio-medialen Texttyps. Vgl. hierzu auch *Wienold*, (155), S. 86, der feststellt, daß fehlendes oder zu geringes „feed-back" durch Einbau zusätzlicher Formulierungsverfahren zu ersetzen sei.

144 Vgl. zu diesem Terminus *K. Reiss*, (108), S. 69 f.
145 Vgl. hierzu die Ausführungen von *F. Kainz*, (72), Bd. V/II, S. 281 ff., S. 393 ff., u. a. zum Begriff der „Mentalität des kollektiven Sprachträgers."
146 Hier wird der semantische Appell emotional durch die Alliteration unterstützt.
147 Der Sachappell würde bei einem kalten Getränk also fehlen.
148 Durch die regional begrenzte Sprachverwendung des Wortes „Hyäne" würde dann die politische Invektive ungewollt in eine „Hochwertung" umgewandelt.
149 Vgl. S. 7 f.
150 Es fehlt der kulturelle Hintergrund, der diese metaphorische Ausdrucksweise verständlich macht. Verständlichkeit ist jedoch, wie oben wiederholt unterstrichen, Grundvoraussetzung für die Wirksamkeit eines Appells.
151 Die unterschiedlichen ethnischen Bedingungen verhindern zwar u. U. nicht die affektive Wirkung der rhythmisierten Sprache („better red than dead"), aber die Assoziationen, die das Wort „rot" bzw. „red" auslöst, lenken die Aufmerksamkeit in verschiedene Richtungen.
152 Der Aktualitätsbezug, ein wichtiger Faktor bei allen operativen Texten, entfällt somit; das würde aus dem unverändert gestalteten Text u. U. einen informativen Text machen. Eine Erkenntnis Chr. *Gniffke-Hubrigs*, (45), S. 48, für den vorliegenden Zusammenhang abwandelnd, könnte man sagen: „Aus der Redesituation herausgelöste operative Texte werden zum ‚Dokument für' ..." Ein Beispiel für den Einfluß des Zeitbezugs beim operativen Text liefert im Bereich der Literatur etwa das Hauptwerk von Jonathan *Swift*, Gullivers sämtliche Reisen. Sie wurden zu seiner Zeit als scharfe Satiren aufgefaßt, gelten heute, unter gewandelten politischen und sozialen Verhältnissen jedoch „im allgemeinen als harmlose Jugendbücher" (Meyers Handbuch über die Literatur), weil das Bewußtsein der hinter ihnen stehenden, durch die Satire bekämpften, Realität fehlt; es sei denn, man lese den Roman im Kontext historischer Studien jener Zeit, wodurch dieses Bewußtsein wieder aktualisiert werden könnte.
153 Konkret geht es hier vor allem um die Legitimität des Paraphrasierens und weitgehender Adaptationen beim Übersetzen.
154 Vgl. S. 41.
155 Z. B. Reklame in Gedichtform; literarische Gattungen in der Bibel; rhythmisierte Sprache; die Ausnutzung von Konnotationen und Assoziationen; die Verwendung von Bildern und Metaphern etc.
156 Etwa nach Art des folgenden „Gedichts":
„5-Uhr-Ballade. — Vergiß den Alltag / noch vor dem Abend. / Genieß den Zauber / der blauen Stunde. / Schenk Tee ein / und Balle! / / Balle macht Tee erst schön. / Und läßt Gedanken / spazierengehen. / Trink' und träum' / Du und ich, tête-à-tête. Balle."
157 Vgl. S. 37
158 Bei den aufgeführten Sprachverwendungsstrategien finden sich auch die Begriffe wieder, die lange Zeit unter der Formel AIDA die Abfassung von Reklametexten bestimmten. Vgl. *R. Boivineau*, (13), S. 8: „Son (sc. des Reklametextes) objectif va être d'inciter le prospecté à accomplir une action, la plupart du temps, l'acte d'achat. A cette fin, il mettra en œuvre des principes éprouvés, fondés sur la

psychologie appliquée et résumés par la formule magique du publicitaire: AIDA — A: attirer l'attention; I — susciter l'intérêt; D — évailler le désir; A — provoquer l'achat. Toutes les annonces sont conçues selon ce plan, dans quelque langue que ce soit." Die Werbetheorie AIDA wurde, wie *I. Hantsch*, (53), S. 97 erwähnt, inzwischen von der EMMA-Theorie entthront (wobei EMMA die lautbildliche Entsprechung der Initialen von ‚Motivation Research' ist), ohne daß jedoch die AIDA-Strategien damit aufgegeben wurden, wie sich auch aus der vorliegenden Untersuchung ergibt.

158a Vgl. Anm. 111, S. 81
159 Chr. *Gniffke-Hubrig*, (45), S. 49
160 W. *Dieckmann*, (30), S. 38
161 Oder daß er, wenn von Hirondelle-Fahrrädern behauptet wird, daß sie „durent toute une vie" oder wenn eine Bayard-Füllfeder als „plume or éternelle" angepriesen wird, etwa mit der Überlegung reagiert: wenn so kategorische Behauptungen aufgestellt werden, müssen sie doch ein Körnchen Wahrheit enthalten. Reduzieren wir „ewig" auf „lange", so bleibt immerhin eine durchaus positive Dauerhaftigkeit. Bsp. und Kommentar bei G. *Rabuse*, (102), S. 829
162 W. *Dieckmann*, (30), S. 99
163 Nach W. *Dieckmann*, (30), S. 78, sind darunter solche Assoziationen zu verstehen, „die für alle oder die meisten Gruppenmitglieder [= Sprachteilhaber] an das isolierte Wort gebunden sind und sich dann natürlich und in allen Kontexten auswirken."
164 Am ausführlichsten geht, für die kommerzielle Werbung, I. *Hantsch* (53), auf verschiedene „Manipulationstechniken werblichen Sprechens" ein. Vgl. a. a. O., S. 95, 96, 102.
Vgl. auch H. J. *Heringer*, (60).
165 Z. B. jemanden als „Judas" bezeichnen, oder die Juden als „Satanskinder", wie es das Johannesevangelium tut.
166 Dabei ist es allerdings Voraussetzung, daß diese Assoziationen in Beziehung zu den Motiven, Themen, Figuren des Textes stehen. Vgl. hierzu K. *Reichert* (104), S. 158 f.
167 Z. B. die Strumpffarben Nerz, Opal, Sherry etc. in der Reklame
168 Z. B. „Friedenskanzler" in der Politik
169 Z. B. in der Wahlpropaganda der Appell an das Selbstgefühl des Wählers mit dem Ausruf: „Jetzt hat der Wähler das Wort!"
169a I. *Hantsch*, (53), S. 111 nennt dieses Phänomen „Strukturentlehnungen". Vgl. Anm. 52, S. 76
170 Vgl. G. *Stötzel*, (136), S. 187
171 Beispiel und Kommentar bei H. J. *Heringer*, (60), S. 53
172 Beispiel bei G. *Rabuse*, (102), S. 830
173 H. *Reich*, (103), S. 262 f.
174 A a. O., S. 265

TEIL III

3. Die Übersetzungsmethode für den operativen Texttyp

Nachdem die textkonstituierenden funktionalen und textspezifischen formalen Merkmale des operativen Textes herausgearbeitet sind, ist nunmehr die textgerechte Übersetzungsmethode für diesen Texttypus eingehender und fundierter zu beschreiben. Dabei erscheint es angebracht, zuvor wiederum jeweils eine Abgrenzung zu den beiden anderen Grundtypen — dem informativen und dem expressiven Text — vorzunehmen.

Wenn man nicht lediglich intuitiv, sondern linguistisch und literarisch kontrolliert und in Übereinstimmung mit der kommunikativen Funktion des Textes übersetzen will, so ist bei jeder Übersetzungsoperation darauf zu achten, ob die im AS-Text gegebenen Qualitätsmerkmale auch nicht unzulässig verändert werden. Mit anderen Worten: Abweichungen von den Textbildungselementen in der AS sind bei Primärfunktion einer Übersetzung nur insoweit legitim, als sie der Erhaltung der kommunikativen Funktion und der Gestaltungsprinzipien des Textes dienen. Da diese Faktoren mit dem Texttyp wechseln, sieht sich der Übersetzer gezwungen, sich jeweils andere „Übersetzungsstrategien" zurechtzulegen, verschiedene Übersetzungsmethoden zu wählen. Dabei ändert sich auch ganz augenfällig die Rolle, die der Übersetzer[1] selbst innerhalb des „zweisprachigen Kommunikationsaktes" spielt, als welcher das Übersetzen bisweilen bezeichnet wird.

Beim informativen Text wird die verbale Ausformung von der Funktion der Darstellung einer Sache oder eines Sachverhalts zum Zweck der Informationsvermittlung bestimmt[2]. Der Übersetzer hat die Möglichkeit, sich mit dem Redegegenstand durch Studium, Einholen von Informationen, u. U. unmittelbare Anschauung aufs genaueste vertraut zu machen. Aus dieser Sachkenntnis heraus wird sich ihm dann die sprachliche Gestaltung des Textes in der der Zielsprache angemessenen Weise nahelegen. Die Übersetzungsmethode richtet sich nach dem Umstand, daß die Sache Vorrang vor Autor und Textempfänger genießt. Der Übersetzer tritt, ermächtigt durch seine Sachkenntnis bei der Reverbalisierung in der ZS *an die Stelle* des Originalautors[3].

Beim expressiven Text wird die verbale Ausformung auch von der dargestellten Sache und dem zu vermittelnden Sinn mit angeregt, aber letzten Endes doch vom ästhetischen Empfinden, dem Gestaltungs- und Ausdruckswillen des Autors in seine endgültige Form geprägt. Die Aufgabe des Übersetzers ist es zweifellos, sich über die verhandelte Sache zu informieren; vor allem aber muß er die künstlerischen Intentionen des Autors ergründen, mit ästhetischem Fingerspitzengefühl dem Ausdrucks- und Gestaltungswillen des Autors nachspüren[4]. Im Maße der Nachvollziehbarkeit dieser Intentionen versucht dann der Übersetzer, dem AS-Text in der Zielsprache eine analoge verbale Ausformung an die Seite zu stellen[5]. Die Übersetzungsmethode ergibt sich aus der Dominanz der Rolle des Autors beim expressiven Text. Der Übersetzer tritt als *abhängiger Rivale* neben den Originalautor, um dessen Sprach- oder Dichtkunstwerk in einer neuen Sprache nachzuschaffen. Je individueller und größer das Kunstwerk sich in der AS präsentiert, desto enger hängen Sprache und Inhalt zusammen, desto schwieriger gestaltet sich die hermeneutische Erkundung der den Autor leitenden Intentionen, desto subjektiver wird dann aber auch das Ergebnis — jetzt infolge der Individualität des Übersetzers — des hermeneutischen Prozesses sein und desto unterschiedlicher können die Ergebnisse des Übersetzungsprozesses ausfallen, wenn verschiedene Übersetzer denselben expressiven Text übersetzen[6].

Beim operativen Text geht es ebenfalls um eine Sache; sie wird jedoch nicht nur dargestellt oder sprachlich individuell zum „Ausdruck" gebracht, vielmehr soll von ihr ein Appell an den Textempfänger ergehen, der geeignet ist, seine Verhaltensweise zu beeinflussen. Es ist die Aufgabe des Autors, dem im Interesse der Sache ausgesandten Appell eine adäquate, wirksame verbale Ausformung zu verschaffen. Seine Funktion kann der so gestaltete Text jedoch nur erfüllen, wenn ein Adressat vorhanden ist, bei dem eine Willensentscheidung in Verbindung mit der verhandelten Sache provoziert werden kann. Die verbale Ausformung muß also neben der Sache selbst vor allem den Textempfänger und seine vermutliche Ansprechbarkeit im Auge behalten. Die dominierende Rolle des Textempfängers im Kommunikationsakt bestimmt die Übersetzungsmethode. Die Aufgabe des Übersetzers besteht darin, sich in die Lage des zielsprachlichen Textempfängers zu versetzen und zu überlegen, wie er den Sachappell an diesen Empfänger, der sich in Mentalität und Umweltbedingungen vom Empfänger in der Ausgangssprache möglicherweise grundlegend unterscheidet, wirksam weitergeben kann[7]. Der Übersetzer macht sich durch die Wahl einer adäquaten Übersetzungsmethode in diesem Fall also nicht zum Sachwalter des Redegegenstands an sich, nicht zum Sachwalter des ausgangssprachlichen Autors; vielmehr wird er — im Interesse der Sache und inspiriert vom Vorgehen des Originalverfassers — selbst zum Autor, der vor allem Sachwalter des Appellempfängers in der Zielsprache, *Garant* für die Wahrung des an diesen gerichteten *Textappells* ist.

3.1 Die Frage nach dem Sinn der Übersetzung operativer Texte

Zumindest bei Reklame- und Propagandatexten legt sich die Frage nahe, ob denn ihre Übersetzung überhaupt sinnvoll sei, eine Frage, die sich beim informativen oder expressiven Texttyp nicht ohne weiteres einstellt[8].

Die „dargestellte" Sache (Sachverhalt) im informativen Text bleibt, da der einmal vorgestellte und mitgeteilte Redegegenstand eine vom Text unabhängige Existenz besitzt[9], zeitlos gültig; sie kann anhand des Textes über alle Zeiten hinweg in ihrer konkreten Beschaffenheit modellhaft rekonstruiert werden.

Der von einem Autor individuell geprägte, „ausgedrückte" Redegegenstand im expressiven Text bleibt zeitlos gültig; er kann über alle Zeiten hinweg wieder zu neuem Leben erweckt werden, wobei sich stets die Möglichkeit bietet, „den Text an die eigenen Erfahrungen, bzw. die eigenen Wertvorstellungen anzuschließen", ihn „an höchst individuelle Leserdispositionen" zu adaptieren[10].

Der durch sprachlichen Appell aktualisierte Sachappell des Redegegenstands im operativen Text ist dagegen, wie jeder Appell, flüchtig und zwar umso flüchtiger, je kleiner die Zielgruppe ist, an die er sich wendet, je vergänglicher und zeitbedingter die Sache ist, deren immanenter Appell aktualisiert wird, je wandelbarer die Situation ist, in die der Appell hineingesprochen wird. Ergeht der Appell an eine sehr spezielle Zielgruppe in einer zeitlich und örtlich sehr begrenzten Situation und zudem einer Sache wegen, die nur von kurzlebigem Interesse ist, so wird die Frage akut: ist die Übersetzung in eine andere Sprache überhaupt noch sinnvoll?[11] Operative Texte werden in unterschiedlichem, jedoch zweifellos großem Ausmaß in ganz konkreten Situationen für ganz konkrete Zwecke verfaßt. Sie brauchen keinen überdauernden sachlichen oder ästhetischen Wert zu haben. Werden solche Texte aus ihrem Situationskontext herausgerissen, so können sie ihren „Sinn" verlieren, sofern sie nicht einen rein dokumentarischen oder künstlerischen Wert behalten[12].

Die Sinnfrage bei der Übersetzung operativer Texte führt jedoch noch über die Situationsbedingtheit hinaus. Es wurde bereits darauf hingewiesen, daß bei diesem Texttyp das Vorhandensein eines appellwürdigen oder appellfähigen Redegegenstandes Grundvoraussetzung ist. Für den Übersetzer erhebt sich also auch die Frage: Liegt für einen zielsprachlichen Empfänger ebenfalls ein immanenter Appell im Redegegenstand?[13] Muß daran gezweifelt werden, so ist tatsächlich zu fragen, ob die Übersetzung des Textes überhaupt noch sinnvoll ist. Die Frage kann angesichts des für den zielsprachlichen Empfänger fehlenden sachimmanenten Appells nur negativ beantwortet werden, es sei denn, die Primärfunktion der Übersetzung wird durch die Sekundär- bzw. die Tertiärfunktion ersetzt[14].

Auf die in der vorliegenden Arbeit untersuchten Textsorten appliziert, können sich demnach recht differenzierte Antworten auf die Frage nach dem Sinn der Übersetzung operativer Texte ergeben.

Handelt es sich bei einem Reklametext um die Werbung für ein Produkt, das keinerlei Gebrauchswert für einen zielsprachlichen Empfänger hat, so scheint die Übersetzung des Textes sinnlos. Es lassen sich jedoch Umstände denken, unter denen nichtsdestoweniger eine Übersetzung erforderlich ist. Grundsätzlich verlangt die Übersetzung von Reklametexten oft tiefgehende Eingriffe in die sprachliche Gestaltung des AS-Textes, wie es später noch im einzelnen zu zeigen sein wird. H. Kaufmann[15] schlägt angesichts dieser spezifischen Bedingungen sogar einen eigenen Terminus vor: das *Übertexten*. Auch er fragt auf seine Weise nach dem Sinn der Übersetzung, des Übertextens von Reklame, wenn er schreibt: „Wäre es nicht vorteilhafter, die ohnehin

erforderliche Kreativität des Texters für eine (völlige) Neufassung einzusetzen?"
Seine Antwort auf die Frage gibt mit dem Hinweis auf bestimmte Anwendungsmöglichkeiten, auf die Berechtigung und den Wert dieser Methode zugleich ein Beispiel dafür, wann die Übersetzung von Reklametexten — selbst noch bei fehlendem Sachappell für einen zielsprachlichen Empfänger — sinnvoll ist: Wenn, so führt er aus, eine amerikanische Firma einer deutschen Agentur einen Etat anvertraut und vorher deren Arbeit beurteilen möchte, dann ist „die Übertextung, d. h. die Übersetzung von Reklametexten, die dem amerikanischen Kunden das, was hier gemacht wird, so zeigt, wie es amerikanische Werbung für den amerikanischen Markt gemacht hätte", von großer Bedeutung.

Aber auch, wenn ein Reklametext beispielsweise im Rahmen eines Romans, eines Theaterstücks etc. vorkommt, ist die Übersetzung unumgänglich. Dabei muß die Textfunktion dieses operativen Textteils erhalten bleiben, der Text jedoch inhaltlich so verändert werden — etwa durch die Wahl eines anderen Produktes —, daß der Redegegenstand einen auch für den ZS-Empfänger sachimmanenten Appell erhält.

Schließlich ist bei der Frage nach dem Sinn der Übersetzung operativer Texte — bei Reklame, Propaganda und Missionierung gleicherweise — vor allem an die zwei- oder mehrsprachigen Länder, wie etwa die Schweiz, Belgien, Kanada u. a. zu denken, bei denen ein jeweiliger Sachappell auf gemeinsame Resonanz stößt, die soziokulturellen Bedingungen und die Mentalität jedoch stark differieren können[15a]. In diesem Fall ist die Übersetzung operativer Texte ohne Frage sinnvoll.

Aber nicht nur in diesem Fall. Es läßt sich auch denken, daß ein besonders gekonntes Stück Propaganda, sogar für eine Partei, die im nationalen Bereich der Zielsprache unbekannt ist, als Modell für eigene Zwecke verwendet und zu diesem Zweck lediglich der Name der Partei ausgewechselt und der Text inhaltlich auf deren Ziele abgestimmt wird. Auch wäre es denkbar, daß die Propaganda für eine bestimmte Partei des Landes der Ausgangssprache international Aufsehen erregt und deshalb ihre Verbreitung in einer Übersetzung auch für zielsprachliche Leser von Interesse ist. In diesem Fall wäre es sinnlos, den Redegegenstand ZS-bezogen abzuändern, weil damit die Information unzulässigerweise verfälscht würde. Da aber jetzt Informationsbedürfnis und nicht das Ziel operativer Wirkung die Übersetzung veranlaßt, liegt ein Funktionswechsel vor (Sekundärfunktion der Übersetzung). Damit auch dem zielsprachlichen Leser der Sachappell und die sprachliche Appellwirkung für den AS-Leser ersichtlich wird, kann mit Erläuterungen und Anmerkungen gearbeitet werden.

Nur wenn also der Redegegenstand eines politischen Propagandatextes über nationale Grenzen hinweg einen Sachappell enthält[16] oder wenn er an eine mehrsprachige nationale oder kommunikative Gemeinschaft gerichtet wird, ist die intentionsadäquate Übersetzung des politischen Textes angebracht und sinnvoll.

Beim missionarischen Text ergibt sich eine Sonderlage insofern als die Verhaltensimpulse ganz bewußt im Hinblick auf einen religiösen oder ideologischen Redegegenstand ausgelöst werden sollen. Für Religion und Ideologie dürften grundsätzlich alle Menschen gleicherweise, wenn auch nicht in gleicher Weise, ansprechbar sein. Der Buddhismus findet in Europa ebensogut Anhänger wie das Christentum unter den Papuas, wenn nur appellwirksam genug missioniert wird. Für marxistische oder faschistische Ideologisierung stellen lateinamerikanische genauso wie afrikanische oder asiatische Völker ansprechbare Textempfänger dar. Die Übersetzung missionarischer Texte hätte demnach, vom sachimmanenten Appell her gesehen, immer einen Sinn.

Konkret auf das mehrfach herangezogene Beispiel des Bibeltextes bezogen, ergeben sich hier einige interessante Zusatzaspekte. Versteht man die Bibel nicht vorwiegend als operativen Text, anders ausgedrückt: wird die Bibel nicht primär im Blick auf die Missionierung übersetzt, sondern als sprachliches und literarisches Kunstwerk betrachtet, so gelten für die Übersetzung die Prinzipien der Übersetzung expressiver Texte[17]. Übersetzungsverfahren, wie sie beim operativen Text legitimerweise angewandt werden[18], sind dann als nicht adäquat zu beurteilen. Wird andrerseits die Bibel in erster Linie als Glaubens*dokument* betrachtet und übersetzt, wobei die Erhaltung der inhaltlichen Invarianz vielfach bis in den Wortlaut hinein von Belang ist, so kann der Appellwirkung nicht das primäre Interesse gelten. Eine Anpassung des historischen Textes an die Lebensumstände des heutigen und zielsprachlichen Lesers ist nur in der Form statthaft, daß durch Hinzufügung eines Kommentars oder eines ausführlichen Anmerkungsapparates dem heutigen zielsprachlichen Empfänger so viel Zusatzinformation wie möglich über Leben und Denken der AS-Textempfänger — u. a. Judenchristen und Heidenchristen — vermittelt wird. Im günstigsten Fall entwickelt die Bibel dann doch noch — auf dem Wege über die verstandesmäßige Erfassung und die selbständige Gedankenarbeit des heutigen Lesers, der die notwendige „Umkodierung"[19] selbst vornimmt — die immanente Appellwirkung.

Daß es *die* Bibelübersetzung nicht gibt, sondern nur eine jeweils auf eine bestimmte kommunikative Funktion hin realisierte Übersetzung, zeigen implizit auch die Ausführungen J. Blinzlers[20] zu diesem Thema: „Die Schwierigkeiten, mit denen hier zu rechnen ist, liegen nicht etwa in der Kompliziertheit des Originaltextes begründet, sondern in der inneren Problematik eines Textes, der in gleicher Weise alle ansprechen soll, die als Leser in Betracht kommen. Ein den liturgischen Anforderungen genügender Text[21] wird schwerlich allen Anforderungen genügen, die ein Leser stellt, der sich zum Zweck des Studiums in die Bibel vertieft[22]. Wieder anders geartet wird der Text sein, der im Schulunterricht Verwendung finden soll[23], und noch anders muß jener aussehen, der missionarischen Zwecken dient und für Nichtchristen oder abgestandene Christen bestimmt ist[24]".

3.2 Die Frage nach der intentionsadäquaten Übersetzungsmethode

Die im vorstehenden Abschnitt gestellte Frage nach dem Sinn der Übersetzung operativer Texte besitzt für diesen Texttyp auch Aufschlußwert im Hinblick auf eine Systematisierung des Problems der jeweils zu wählenden adäquaten Übersetzungsmethode. Grundsätzlich unterscheiden wir (vgl. S. 20–23) vier Verfahren: jenes für informative Texte, das auf Erhaltung inhaltlicher Invarianz abzielt; jenes für expressive Texte, das auf Analogie des künstlerischen Ausdrucks- und Gestaltungswillens abhebt; jenes für operative Texte, das auf Identität des verhaltensbestimmenden Appells gerichtet ist, und jenes für audio-mediale Texte bei dem die Rücksichtnahme auf den Verbundcharakter oder die besonderen Bedingungen der Textverbreitung durch ein technisches Medium vorrangig ist.

Das Fazit aus der Erörterung der Sinnfrage bei der Übersetzung operativer Texte kann nun folgendermaßen formuliert werden: soll ein operativer Text intentionsadäquat übersetzt werden (= Primärfunktion der Übersetzung, vgl. S. 23), so bedeutet dies beim Sprachappell (vgl. 2.41.12) Anpassung an Mentalität und soziokulturelle Bedingungen des ZS-Textempfängers in der Auswahl der sprachlichen Elemente; beim Sachappell (vgl. 2.41.11) gilt generell die Übernahme des AS-Redegegenstands; enthält dieser jedoch für den ZS-Leser keinen sachimmanenten Appell, so muß der Redegegenstand ausgewechselt (vgl. S. 103, Anm. 13, S. 89) oder die Argumentation geändert werden (S. 103, Anm. 13).

Sollen dagegen ausgangssprachlich operative Texte, die aus ihrem aktuellen Orts- und/oder Zeitbezug, d. h. aus ihrem eigentlichen Situationsbezug, herausgelöst sind, in eine ZS übersetzt werden, so ändert sich die kommunikative Funktion des Textes. Die Übersetzungsmethode (jetzt handelt es sich um eine Sekundärfunktion der Übersetzung; vgl. S. 23 f.) richtet sich nun danach, ob man den Text wegen seiner Information oder wegen seines künstlerischen Gehaltes übersetzt, und dementsprechend wählt man die, jetzt funktionsadäquate (vgl. S. 23 f.), Übersetzungsmethode für informative bzw. expressive Texte (vgl. S. 84, Anm. 152; S. 90).

Jeder Übersetzer, der einen operativen Text zu übertragen hat, wird sich angesichts der Appellfunktion dieses Texttyps zuerst vergewissern, wie der Appell in der AS sprachlich realisiert wurde. Die nächste Überlegung gilt dann notgedrungen der Frage: ist die Art, wie der Appell in der AS verbalisiert wurde, auch für den ZS-Leser appellwirksam; spricht er wohl auf die gleiche Art des sprachlichen Appells, wie er im Ausgangstext vorliegt, überhaupt an?

Der Übersetzer muß also nicht nur erkennen können, worin sich die Appellwirksamkeit in der AS verbal manifestiert und warum sie das gerade in dieser besonderen sprachlichen Gestaltung tut; er muß auch wissen, ob dieselben sprachlichen Mittel in der ZS ihre Appellwirksamkeit behalten und ob dieselben Motivationen der Wahl der sprachlichen Elemente zugrundelegt werden können. Dabei hat er nicht die Möglichkeit — ebensowenig wie sie der Autor bei der Abfassung des Ausgangstextes hat — sich zu vergewissern, ob die angestrebte Appellwirkung tatsächlich eintritt[25]; vielmehr kann er nur prüfen, ob die textkonstituierenden und textspezifischen Merkmale des Textes bei einer bloßen Substitution der sprachlichen Elemente erhalten bleiben, oder ob andere Übersetzungsoperationen vorgenommen werden müssen, um die *Chance* der appellativen Wirksamkeit, der operativen Wirkung des Textes, auch in der ZS zu gewährleisten.

Damit ist das Hauptproblem der Übersetzung operativer Texte angeschnitten. Es betrifft nun ganz konkret die appellwirksame, also dem operativen Texttyp einzig adäquate Übersetzungsmethode.

Zur Übersetzungsmethode für operative Texte liegen verständlicherweise in der bisherigen Übersetzungsliteratur keine geschlossenen Äußerungen vor, da diese Art von Texten als eigenständiger Texttyp noch gar nicht in Betracht gezogen wurde. Hingegen finden sich, speziell zur Übersetzung von Reklametexten und zur Problematik der Bibelübersetzung — wie bereits angegeben wurde — doch manche Hinweise von allerdings unterschiedlicher Ausführlichkeit und Qualität. Manche dieser Überlegungen können — der hier vorgeschlagenen Texttypologie angepaßt — durchaus für die Beantwortung der Frage nach einer adäquaten Übersetzungsmethode für den operativen Text fruchtbar gemacht werden.

So äußert sich etwa O. Kade[26] zur Übersetzung von Werbeprospekten: „Als Paraphrase könnte man auch die Übersetzung von Werbeprospekten auffassen. Wenn der ZS-Text nämlich seine Werbefunktion erfüllen soll, muß die Übersetzung nicht nur in der Form, sondern in der Regel auch im Inhalt weitgehend vom Original abweichen[27]. Es scheint uns jedoch möglich, diese Art von Übersetzungen dennoch als Übersetzungen im engeren Sinne zu betrachten. Die Besonderheit besteht hier lediglich darin, daß in Abhängigkeit vom Zweck der Übersetzung bestimmte Gewohnheiten des Empfängers in der Zielsprache berücksichtigt werden müssen, wenn der zielsprachliche Text den gleichen Effekt auslösen soll wie das Original." Diesem Urteil kann man zustimmen. Es handelt sich um eine „Übersetzung im engeren Sinn" — in der hier gebrauchten Terminologie: um die Primärfunktion der Übersetzung —, da der „Zweck der Übersetzung" sich mit dem Zweck, d. h. der kommunikativen Funktion, des Ausgangstextes deckt. Die gesamte Aussage läßt sich jedoch nicht nur für Werbeprospekte in Anspruch nehmen; ihre Gültigkeit erstreckt sich vielmehr auf alle operativen Textsorten[28]. Nachdem nämlich festgestellt wurde, daß die textkonstituierenden und textspezifischen Merkmale allen operativen Texten gleicherweise zukommen, darf man schließen, daß die Texte dieses Typs auch alle dieselbe Übersetzungsmethode erfordern. So kann auch, wenn Nida und Taber[29] für die Übersetzung der Bibel (als missionarischer Text) postulieren: „Unter gar keinen Umständen darf die Form Vorrang vor den anderen Aspekten (sc. Wirkung und begrifflicher Inhalt) erhalten", diese Forderung ebenfalls für Reklame- und Propagandatexte in Anspruch genommen werden. Genau dasselbe gilt auch für Kades Äußerung zur Übersetzung von

Werbeprospekten. Zumindest kann sie als brauchbare Grundlage für eine weitergehende Diskussion dienen; denn aufgrund der erarbeiteten Charakteristika des operativen Texttyps läßt sich manches jetzt differenzieren, anderes terminologisch exakter fassen.

Wenn Kade davon spricht, daß „bestimmte Gewohnheiten des Empfängers in der Zielsprache berücksichtgt werden müssen", um die Appellwirksamkeit des Textes zu erhalten, so gibt nun die Untersuchung des operativen Texttyps Aufschluß darüber, daß der Pauschalausdruck „Gewohnheiten" ganz bestimmte Elemente umfaßt, und daß über die „Gewohnheiten" hinaus noch weitere Gesichtspunkte zu berücksichtigen sind, nämlich die soziokulturellen Aspekte einerseits, die sich auf den sachimmanenten Appell und die möglichen Motivationen ebenso wie auf die zu wählenden Elemente für den sprachlichen Appell auswirken, und die psychologischen Aspekte andrerseits, die ebenfalls die Instrumentierung des Appells und die Wahl der sprachlichen Elemente beeinflussen.

Zur terminologischen Klärung soll auch eigens darauf aufmerksam gemacht werden, daß der von Kade verwendete Terminus „Paraphrase" im Zusammenhang mit operativen Texten besser zu vermeiden ist. Die für diesen Texttyp zu wählende adäquate Übersetzungsmethode hat zwar durchaus etwas gemeinsam mit dem, was landläufig, aber auch literatur- und musikwissenschaftlich eine Paraphrase³⁰ genannt wird, darf aber mit ihr nicht verwechselt werden. Eine Paraphrase läßt sich von jedem Text anfertigen, ohne daß die Primärfunktion einer Übersetzung dazu zwingt; noch schärfer gesagt: einer Paraphrase kann nicht die Primärfunktion einer Textübersetzung zugrundeliegen. Wenn dagegen bei der Übersetzung operativer Texte zum Mittel des Paraphrasierens gegriffen wird, dann ist dies nur so weit legitim, als sich eine Paraphrasierung bei einzelnen sprachlichen Elementen zur Erhaltung der Appellwirkung als notwendig erweist. Wenn die adäquaten Übersetzungsmethoden für die einzelnen Texttypen näher bezeichnet werden sollen, wäre es tunlich, auf weniger vorbelastete Termini zurückzugreifen; für den operativen Text wurde bereits vorgeschlagen, von der „parodistischen" Übersetzungsmethode³¹ zu sprechen. Doch ist auch der Terminus „parodistisch" heute zu sehr im Sinne einer übertriebenen Nachahmung und Verspottung vorbelastet, so daß er letzten Endes falsche Vorstellungen auslösen würde, sobald er nicht mehr im Zusammenhang mit Goethes Äußerungen auf das Übersetzen angewandt wird. Am geeignetsten scheint es, den Terminus „adaptierende" Methode zu wählen, insofern als bei diesem Texttyp Adaptationen von der Funktion des Textes her geboten sind und nicht, wie bei der Tertiärfunktion einer Übersetzung, durch textfremde Überlegungen der Übersetzung aufgezwungen werden³²

3.3 Aspekte der Analyse operativer Texte

Wie bereits erwähnt, geht dem eigentlichen Übersetzungsprozeß eine allgemeine Textanalyse voraus. Ist auf diesem Wege der Texttyp ausgemacht, so kann die Einzelanalyse im Hinblick auf die Erfordernisse der ihm entsprechenden Übersetzungsmethode einsetzen. Bei der Beschreibung des operativen Textes zeigt sich bei der Betrachtung der textkonstituierenden und der textspezifischen Merkmale, daß die Analyse jedes konkret zu übersetzenden Textes dieses Typs unter mehreren Aspekten vorzunehmen ist. Die einzelnen sprachlichen Elemente und die verschiedenen literarischen Formen müssen insbesondere auf ihre appellative Funktion hin untersucht werden. Die psychologischen Aspekte sind bei allen Texten dieses Typs in erhöhtem Maße zu berücksichtigen, und schließlich ergeben sich beim operativen Text aufgrund seines besonderen Charakters auch besondere hermeneutische Probleme.

3.31 Sprachliche Elemente

Die Sprache operativer Texte wies in Lexik, Grammatik und Stil einige allen Textsorten, andere nur einer Textsorte eigene Merkmale auf. Es sei zum Beispiel erinnert an die durchgehende Verwendung der Umgangssprache, an die vorzugsweise unkomplizierte Syntax, an die betont emotionale Wortwahl und an die Beliebtheit der Verwendung rhythmisierter Sprache. Sie alle stehen im Dienste der Gestaltungsprinzipien operativer Texte, so wie sie bei den textspezifischen Merkmalen herausgearbeitet wurden. Für den Übersetzer sind die charakteristischen sprachlichen Elemente also in erster Linie im Hinblick auf diese Gestaltungsprinzipien von Belang. Konkret gesagt heißt das etwa: bei emotionaler Wortwahl in der AS ist Äquivalenz in der ZS nicht bereits durch lexikalische Korrektheit des entsprechenden Wortes erzielt, sondern erst dann, wenn das ZS-Lexem ebenfalls geeignet ist, emotive Wirkung zu erzeugen; und dieser Effekt muß zudem das gleiche — positive oder negative — Vorzeichen haben wie in der AS. Fremdwörter beispielsweise, die nicht als Fachausdruck vom Zusammenhang her notwendigerweise, sondern als zusätzliche Affektträger, als euphemistische Umschreibung, zur Weckung von Assoziationen eingesetzt wurden, müssen in ihrer jeweiligen Funktion begriffen sein, um äquivalent übersetzt werden zu können. Meist ist es ja nicht der Fall, daß für ein Fremdwort der AS in der ZS gleichfalls ein Fremdwort und überdies ein funktionsgleich verwendbares zur Verfügung steht. Auch ein zur Steigerung der Erregung eingesetzter Stilbruch läßt sich rein formal nicht auf jede ZS übertragen. Hier sind die spezifischen Bedingungen der ZS zu berücksichtigen: dulden sie überhaupt Stilbrüche? Sind Stilbrüche möglich, oder gehen die verschiedenen Sprachschichten vielleicht nahtloser ineinander über als in der AS? Hat der Stilbruch die gleiche appellative Wirkung wie in der AS? Ebenso schafft die vorherrschende Verwendung der Umgangssprache bereits Übersetzungsprobleme, da sie viel reicher an einzelsprachlich gebundenen sprachlichen Elementen ist als die Hochsprache, u. a. stehende Redewendungen, sprichwörtliche Redensarten, Anspielungen usw., die bei bloßer Substitution ihren Aussagewert verlören.

Es wurde bereits darauf verwiesen, daß der Übersetzer operativer Texte bei der Analyse nicht nur die sprachlichen Elemente im Hinblick auf ihre Appellfunktion erkennen, sondern daß er in der ZS auch wissen muß, welche sprachlichen Elemente er substituieren kann, welche zu transponieren oder zu modulieren sind[33], um dem jeweils verwirklichten Gestaltungsprinzip des operativen Textes in der ZS gerecht zu werden.

3.32 Literarische Formen

Der operative Text läßt sich mit einem Chamäleon vergleichen: er bedient sich aller möglichen literarischen Formen, um sein Appellziel zu erreichen[34]. Anders als im allgemeinen der expressive Text wählt er jedoch Metaphern und Bilder, rhetorische Mittel und literarische Gattungsformen nicht allein, um den Redegegenstand ausdrucksstark und ästhetisch wohlgeformt zu präsentieren, sondern in erster Linie, um sich erfolgreich zu „tarnen". Auf dem Weg über die expressive Wirkung literarischer Formen soll das Interesse des Angesprochenen, das Engagement des Lesers für den Appell, der Anstoß zur außerliterarischen Aktion oder Reaktion beim Leser erreicht werden. Notfalls schlüpft der operative Text in jede literarische Form, um sein außerliterarisches Ziel zu erreichen: Warenreklame nimmt Gedichtform an; der journalistische „Aufhänger" wird vom Predigttext nicht verschmäht; die Anekdote würzt die Propagandaschrift — aber nicht um ihrer selbst willen, sondern um den Leser für den textimmanenten Appell empfänglich zu machen.

Der Slogan wirkt nicht durch seinen Inhalt, sondern durch die rhythmisierte Sprache, eine inhaltlich korrekte Übersetzung verfehlt also u. U. die eigentliche Funktion der Redefigur in der ZS. „Schreibste ihm, schreibste ihr, schreibste auf MK Papier" ist ein ausgesprochener Ohrwurm. Über den Rhythmus prägt sich der Produktname „MK Papier" ein; in keiner anderen Sprache wäre dieses Appellziel bei bloßer Substitution zu erreichen.

Die beliebte Verwendung von Sprichwörtern — zur Veranschaulichung oder zum Nachweis der Glaubwürdigkeit — schafft ebenfalls Übersetzungsprobleme, wenn es sich nicht, aufgrund eines gemeinsamen kulturellen Hintergrundes der AS- und der ZS-Gemeinschaft, um identisches Sprichwortgut handelt. Wortspiele, Bilder, Vergleiche, Metaphern sind in den meisten Fällen stark einzelsprachlich gebunden. Wenn in einem spanischen Propagandatext die Volksrepublik China in polemischer Absicht als „El gigante amarillo" metaphorisiert wird, so könnte mit einer Substitution im Deutschen, — „der gelbe Riese" —, zumindest solange die Waschmittelreklame den „weißen Riesen" propagiert, keine Emotion der Furcht geweckt, sondern viel eher ein komischer Effekt erzielt werden, der die appellative Funktion der Metapher des Ausgangstextes zunichte macht.

3.33 Psychologische Aspekte

„Psychologie der Werbung ist weithin Psychologie der Motivation", schreibt J. D. Bödeker[35]. Was hier im Blick auf die Reklame gesagt wird, gilt ebenso für Propaganda und Missionierung. Die operativen Texte können nur dann auf Wirksamkeit hoffen, wenn sie die Psyche des Lesers, seine Mentalität berücksichtigen, wenn sie die Beweggründe, die ihn zum Handeln veranlassen könnten, richtig einschätzen. Daher blickt der operative Text — auch dies ein Aspekt der Dominanz des Empfängers innerhalb des Kommunikationsaktes — stets auf seinen Leser, um ihm den textimmanenten Appell so angenehm, so „eingängig", so überzeugend und verlockend wie möglich erscheinen zu lassen. Das ist keineswegs ein illegitimes Verhalten, solange es um einen seriösen Appell geht[36].

Oft genug „schielt" aber auch der Text auf den Leser, dann nämlich, wenn bei ihm Verhaltensimpulse nicht durch rationale Argumentation ausgelöst, durch offenen emotionalen Appell aktiviert und damit die erwünschten Reaktionen auf den Appell doch letztlich seiner freien Entscheidung anheimgegeben werden, sondern wenn statt dessen vorwiegend mit Mitteln der Suggestion und der Manipulation gearbeitet wird[37].

Dem Übersetzer stellt sich hier die nicht leicht zu bewältigende Aufgabe, die im Ausgangstext zugrundegelegten Motivationen zu erkennen, zu sehen, inwieweit die sprachliche Gestaltung des Textes — sowohl was die Überzeugung als auch was die bloße Überredung betrifft — die Mentalität des ausgangssprachlichen Lesers einkalkuliert. An seinen Erkenntnissen ist dann die sprachliche Gestaltung in der Zielsprache zu orientieren und nicht nur am Wortlaut des AS-Textes; denn die Mentalität des zielsprachlichen Lesers kann sich grundlegend von der des ausgangssprachlichen Empfängers unterscheiden. Gegebenenfalls muß dann dieselbe Appellwirksamkeit auf dem Weg einer „Umpolung" der Motivation erreicht werden[38].

Zur Verdeutlichung dessen sei ein Beispiel angeführt. Mit Rücksicht auf die „werbehemmenden Faktoren des Geizes und des Sparsinns"[39] bemüht sich der *französische* Werbetexter, „die bestmögliche Relation zwischen vorteilhaftem Preis und Güte der Ware herauszustellen", damit der unverhüllte Hinweis auf die Billigkeit der Ware nicht den Verdacht der Minderwertigkeit aufkommen läßt und dabei doch der Anreiz durch den Appell an den Sparsinn der Franzosen erhalten wird. Da heißt es dann etwa: „Vins de Champagne, prix très étudiés", In der *deutschen* Wohlstandsgesellschaft dagegen wird indirekt an das Geltungsbedürfnis, den Stolz auf den erreichten höheren Lebensstandard appelliert: „Natürlich kostet das selbst bei C & A mehr als gewohnt, aber doch erheblich weniger als Sie für das gleiche Kleid gewohnt sind."[40] Oder noch unverhohlener: „Es war schon immer etwas teurer, einen guten Geschmack zu haben" (Atika-Werbung). Der Franzose würde aus der semantisch äquivalenten Übersetzung gewiß vor allem das „mehr als gewohnt", das „etwas teurer" im Ohr behalten und davor zurückschrecken, der Deutsche angesichts des „très étudiés" (scharf kalkuliert) beim Preis für Champagner u. U. mit der Reaktion antworten: wenn schon Champagner, dann kann ich mir inzwischen etwas Besseres leisten als billigen! Die *Spanier* hingegen müssen in ihrer überwiegenden Mehrheit wirklich mit jeder Peseta rechnen. Für sie hat der Gedanke, bei gleicher Qualität ein paar Peseten einzusparen, keinen Reiz an sich, da das Sparenmüssen eine bittere äußere Notwendigkeit darstellt. Daher kann es sich die Reklame leisten, „Abrigos estupendos y *baratísimos* (= äußerst billig, spottbillig) en el Palacio del Vestido" anzupreisen[41]. Das „baratísimo" hat unmittelbare Appellwirkung, die persönliche Würde — stolz wie ein Spanier! — wird dadurch gewahrt, daß man in einem „*Palacio* del Vestido" kauft.

3.34 Hermeneutische Probleme

Jede Übersetzung setzt notwendigerweise Verstehen voraus, und zwar Verstehen im weitesten Sinne[42], das auf die Erkenntnis des gesamten Textes ausgeht und damit den hermeneutischen Prozeß betrifft, der bereits beim bloßen Lesen eines Textes in Gang gesetzt wird. Dieser Prozeß entscheidet über alles, was der Leser einem Text an Sinn entnimmt oder auch unterschiebt[43]. Beim Leser des operativen Textes wird durch die sprachliche Gestaltung der hermeneutische Prozeß intentional in bestimmte Bahnen gelenkt — er soll ja in der gewünschten Weise auf einen Appell reagieren, d. h. mit anderen Worten: den hermeneutischen Prozeß mit einer nichtsprachlichen Reaktion krönen. Ob seine Auslegung, sein Verständnis des Textes dann auch wirklich der Intention entsprechen, d. h. ob seine Interpretation zutreffend ist[44], kann in den meisten Fällen weder vorausgesagt, noch nachgeprüft werden. Reagiert der Leser im gewünschten Sinn, so ist man geneigt, dies der tatsächlich appellwirksamen Gestaltung des Textes zuzuschreiben; bleibt die Reaktion aus, so mag man sich damit trösten, daß der Appell vielleicht doch bei anderen Lesern wirksam wurde.

Anders stellt sich das hermeneutische Problem beim Übersetzer dar. Auch er ist zuerst immer Leser des operativen Textes; jedoch ist er nicht *nur* Leser. Jetzt ist es keinesfalls mehr unerheblich, ob sich beim Übersetzer als Leser der hermeneutische Prozeß im gewünschten Sinn vollzogen hat, denn wenn er den textimmanenten Appell und die appellwirksame Handhabung der sprachlichen Gestaltung nicht bis in ihre Details, ihre Motivationen, ja sogar ihre Tarn- und Manipulationsoperationen hinein erfaßt hat, so wird er nicht in der Lage sein, den Text appellwirksam zu übersetzen. Der Text würde unweigerlich seinen operativen Charakter, also schon die *Chance* zur Auslösung der gewünschten Verhaltensweisen, verlieren. Der Übersetzer ist, wie bereits erwähnt⁴⁵, der Garant für die Wahrung der Appellfunktion auch in der Zielsprache. Das bedeutet, daß er nicht nur das in der ausgangssprachlichen Gestaltung beim AS-Leser vorausgesetzte Verständnis des Textes in allen seinen Dimensionen tatsächlich erreichen muß, sondern daß er den zielsprachlichen Text im Blick auf die andersgeartete Kommunikationsgemeinschaft, die zum Textempfänger der Übersetzung wird, so gestaltet, daß auch alles vom AS-Empfänger „Mitverstandene" dem ZS-Empfänger „mitgeteilt" wird. Notfalls ist zu diesem Zweck eine völlige „Umkodierung" — nicht nur der Sprachzeichen, Zeichensegmente und Zeichenfolgen, sondern auch der Inhalte, Assoziationen, Motivationen etc. — vorzunehmen; und dies nicht in freier Paraphrasierung, sondern stets orientiert an möglicher, gezielter Appellwirksamkeit, adaptiert auf die besonderen Bedingungen der ZS-Gemeinschaft.

Wenn in einem deutschen Reklametext als „Garant" für die Glaubwürdigkeit des Appells ein Name mit dem Doktortitel (als Expertenqualifikation) versehen wird — bei der Titelhörigkeit des durchschnittlichen deutschen Lesers ein recht wirksames Mittel — so fragt es sich, ob dieses Verfahren einen französischen Textempfänger gleichermaßen beeindrucken würde. Der Übersetzer mag das Verfahren als werbewirksamen „Gag" durchschaut haben; solange er jedoch nicht weiß, wie er die gleiche Wirkung beim Leser der Übersetzung erzielen kann, ist von vornherein eine Chance verpaßt, den hermeneutischen Prozeß in der ZS in gleich appellwirksame Bahnen zu lenken. Es geht ja nicht darum, den Doktortitel zu übersetzen, sondern das, was der AS-Empfänger beim Lesen des Titels „mit"versteht: etwa die Insinuation, das Produkt sei von Wissenschaftlern geprüft und als empfehlenswert beurteilt worden.

Wenn ein deutscher Politiker in einer propagandistischen Rede durch Einschaltung eines Skatspiel-Vergleichs⁴⁶ eine politisch kontroverse Frage in etwas kumpelhafter Manier im Interesse seines Appells verdeutlichen und die Entscheidung über sie biedermännisch in die von ihm gewünschte Richtung lenken möchte, ist es höchst fraglich, ob eine inhaltsgleiche Übersetzung einem japanischen Textempfänger auch nur die appellative Wirkung auf den deutschen Leser verständlich machen, geschweige denn, ob sie für ihn selbst appellativ wirken könnte. Nur bei einer — kommunikationstheoretisch ausgedrückt — „Umkodierung" der Situation auf japanische Verhältnisse wäre wahrscheinlich eine äquivalente Übersetzung des operativen Textes gewährleistet, weil nur dann dieselbe „Weichenstellung" zur Steuerung des hermeneutischen Prozesses auch beim ZS-Leser gegeben wäre.

Gerade die bildhafte Ausdrucksweise — eines der beliebtesten sprachlichen Elemente operativer Texte — dürfte die Auslegungsfähigkeiten des Übersetzers in besonderem Maße beanspruchen, wie an einem Beispiel erläutert werden soll.

In einem stark appellativen Debattenbeitrag sprach der damalige deutsche Außenminister Scheel von „politischer Knochenarbeit"⁴⁷. Die für Reklametexte charakteristische — und gewollte — semantische Unbestimmtheit mancher Wortzusammensetzungen findet sich im politischen Bereich — wohl eher als

Augenblicksbildung, die einerseits die Erregung des Redners verrät, andrerseits auch auf die Hörer emotional stimulierend wirken soll, — ebenfalls wieder; sie sollen ganze Situationen gefühlsmäßig betont in einem Assoziationen auslösenden Wort zusammenfassen. Vom Hörer wird nicht erwartet, oft nicht einmal gewünscht, daß er diese Wortbildungen auf ihren semantischen Gehalt hin analysiert. Der Übersetzer muß es tun, denn Gefühle und Assoziationen kann er nicht ohne Zeichenträger, ohne Worte, übersetzen. Was steckt nun hinter der „Knochenarbeit"? Soll die Assoziation an verwandte Bildungen wie „Knochenmühle, bis auf die Knochen, knochenhart, knochentrocken" anschließen? Jede dieser Anknüpfungen ergäbe einen Sinn, der in den Zusammenhang hineinpaßt, im Verständnis des deutschen Hörers schwingt u. U. von allen Anklängen ein wenig mit. Legt man „knochenhart" zugrunde und interpretiert man dann „Knochenarbeit" als „besonders harte Arbeit", so ist bei der Übersetzung darauf zu achten, daß man ein Äquivalent für „besonders hart" findet, das ein möglichst ähnlich weites Assoziationsfeld mit zum Schwingen bringt wie das deutsche Original[48].

Schon mit diesen wenigen Beispielen läßt sich belegen, daß der Textempfänger nicht nur innerhalb des Kommunikationsaktes, den ein operativer Text in der AS konstituiert, eindeutig im Vordergrund des Interesses steht, sondern daß die vom Übersetzer im Blick auf seine Übersetzungsaufgabe anzustellende Textanalyse auf zweifache Weise das Hauptaugenmerk auf den Empfänger richten muß, auf den ausgangssprachlichen, um alles im Text „Mitgemeinte" zu verstehen, und auf den zielsprachlichen, um operativ wirksam übersetzen zu können.

3.3 Übersetzungstechniken zur Realisierung der intentionsadäquaten Übersetzungsmethode für den operativen Text

In freier Anlehnung an Goethes Übersetzungsmaximen wurde vorgeschlagen, die für operative Texte zu wählende Übersetzungsmethode schlagwortartig als die „parodistische"[49] zu bezeichnen, weil bei der Dominanz des Empfängerbezugs auch während des Übersetzungsprozesses die Appellfunktion zum „Mundgerechtmachen der Sprache, der Gedanken, der Gefühle, ja der Gegenstände" zwingt, weil — um es mit einem Wort R. R. Wuthenows zu sagen — die „nationale Subjektivität" nur eine „umformende Rezeption" des Textes gestattet[50]. Um keine Mißverständnisse heraufzubeschwören, wurde anstelle des Wortes „parodistisch" späterhin der Terminus „adaptierend" endgültig als beste Kennzeichnung der für operative Texte adäquaten Übersetzungsmethode gewählt[51].

Der Kern der auf der notwendigen Adaptation beruhenden Übersetzungsproblematik ist von manchen Übersetzungspraktikern bereits durchaus erkannt, wie sich u. a. einer Äußerung von F. Veillet-Lavallée, Chef des Genfer Sprachendienstes der Vereinten Nationen, entnehmen läßt[52]. Er schreibt: „Je dis à mes traducteurs des Nations Unies que s'ils traduisent un *appel* de fonds lancé par le Haut Commissaire aux réfugiés, le texte doit être si chaleureux que chacun mette la main à la poche. Or, à partir de l'anglais, aucune traduction littérale n'aura ce résultat, car *on ne suscite pas une réaction sentimentale chez un Anglo-Saxon et chez un Latin de la même façon.* C'est ce que les traducteurs semblent le moins comprendre; j'eus une fois à relire la traduction d'un *article de propagande* sur les Nations Unies qui avait été traduit par un des mes meilleurs traducteurs, un traducteur précis, solide, consciencieux, et sûr pour tous les textes techniques. Je fus consterné; cette traduction aurait été refusée ou complètement récrite par n'importe quel rédacteur de journal français. C'est que rien n'y parlait au lecteur français."[53]

Daß auch der übersetzte Text zum ZS-Leser „sprechen", daß eine Reaktion bei einem Angelsachsen auf andere Weise ausgelöst werden muß, als bei einem Romanen, diese Erkenntnis des Praktikers umschreibt das Übersetzungsproblem bei operativen Texten recht zutreffend. In der theoretischen Erörterung zu Fragen des Übersetzens finden sich indessen nur spärliche Hinweise, und diese beziehen sich fast ausschließlich auf einzelne Textsorten oder ganz konkrete einzelne Textübersetzungen. Generelle übersetzungsmethodische Überlegungen wurden texttypbezogen bisher nicht angestellt. Auch das eben erwähnte Zitat enthält ja lediglich Feststellungen dazu, wie es nicht gemacht werden kann oder darf, aber keinerlei Anregungen, welche Operationen beim Übersetzen zu dem gewünschten Resultat führen könnten.

Einerseits unterscheiden sich die Völker nach Geschichte, Tradition und Gesetz, nach Lebensweise und Mentalität, andrerseits spiegeln sich eben diese Faktoren auch alle direkt oder indirekt in der Sprache und in der Sprachverwendung dieser Völker wider. Diese Faktoren werden in der neueren sprach- und übersetzungswissenschaftlichen Diskussion unter den Begriff der „pragmatischen Dimension"[54] eines Textes subsumiert. Ohne daß im Rahmen der vorliegenden Studie zur Diskussion zwischen einer „bürgerlich-idealistischen" und einer marxistisch begründeten Theorie der Pragmatik[55] Stellung bezogen werden kann und soll, sei daran festgehalten, daß die Pragmatik eines Textes eine ausschlaggebende Rolle bei übersetzerischen Entscheidungen spielt[56], und dies bei der Übersetzung aller denkbaren Textsorten[57]. Allerdings — und darauf wurde bisher nicht verwiesen — sind bei den verschiedenen Texttypen unterschiedliche Methoden der Übersetzung angebracht, ja notwendig, um die durch die für AS-Gemeinschaft und ZS-Gemeinschaft unterschiedlichen pragmatischen Gegebenheiten entstehenden Übersetzungsprobleme zu lösen.

Beim informativen Text kann der abweichenden Pragmatik durch eine „erklärende" Übersetzung[58] oder sogar durch Zusätze im Text selbst Rechnung getragen werden, d. h. eine im Ausgangstext implizit enthaltene Information wird für den ZS-Empfänger, dem diese „Hintergrundinformation" fehlt, explizit in den übersetzten Text eingeführt. Wichtig für den informativen Text ist ja, wie erinnerlich, die Übermittlung der vollen, unverzerrten, unverkürzten Information[59].

Im expressiven Text kann sich ein solcher expliziter Zusatz durchaus verbieten, weil damit u. U. die Ausgewogenheit in der Textgestaltung verlorengeht[60]. Es ist jedoch denkbar, daß der beim ZS-Empfänger abweichende kommunikative Hintergrund dann das Textverständnis beeinträchtigt oder zerstört. In diesem Fall wird die Anmerkung oder der Kommentar die nächstliegende Methode sein, um den Unterschied zwischen AS- und ZS-Empfängerpragmatik auszugleichen. Ist dies aufgrund der besonderen Bedingungen der Textsorte — etwa bei einem Gedicht, einer Ballade — nicht möglich, so muß hier, zumindest soweit sich die pragmatischen Unterschiede im sprachlichen System widerspiegeln, zur Technik der Modulation gegriffen werden[61].

Beim operativen Text verschärft sich das Problem unterschiedlicher Pragmatik, ja es wird zum entscheidenden Übersetzungsproblem. Damit ein Appell in der ZS überhaupt wirksam werden kann, so hieß es weiter oben, müssen möglichst alle aus anderen Sprachgewohnheiten und abweichendem kommunikativen Hintergrund resultierenden Verständnis- und Wirkungsbarrieren beim Übersetzen abgebaut werden. In der Sprache der Kommunikationstheorie ausgedrückt: die „Botschaft" des AS-Textes muß „umkodiert" werden auf die vom ZS-Empfänger mitgebrachten Voraussetzungen sprachlicher und pragmatischer Art; der Appell muß also zielsprachlich wirksam umprogrammiert, adaptiert werden, damit der Text seine Funktion erfüllen kann.

Beim operativen Text ist es dem Übersetzer grundsätzlich verwehrt, mit Hilfe von Zusätzen, Erläuterungen und Anmerkungen die notwendige Anpassung anzustreben. Der Appell soll ja *unmittelbar* wirken und verträgt daher keine Ablenkung durch Erläuterungen; er darf aber auf einzelne sprachliche und pragmatische Elemente auch nicht einfach verzichten, denn damit würde die Appellwirksamkeit abgeschwächt. Der Übersetzer, dem die sprachlichen, soziokulturellen und psychischen Charakteristika beider Sprachgemeinschaften vertraut sein sollten, kodiert den Appell ZS-empfängergerecht um. Dieses Umkodieren wurde, wie bereits angedeutet, gelegentlich „Übertexten" genannt. Auf Werbetexte bezogen — und dies läßt sich nach der Feststellung, daß der Werbetext ein operativer Text ist, auf alle anderen Textsorten dieses Typs übertragen — meint H. Kaufmann[62]: „Anstelle der äußeren Form, also des Wortgefüges, müssen bei einer ‚Übertextung' der innere Gehalt eines Werbemittels (inklusive des werbepsychologischen Gehalts) sowie die idiomatischen Gegebenheiten und Möglichkeiten beider Sprachen maßgeblich sein. Beider Sprachen, weil mit werblichem Ausdruck sowohl ersichtliche als auch nicht auf der Hand liegende Effekte angestrebt werden, die der Übertexter in der Ursprache zu erkennen und im neuen Medium zur Wirkung zu bringen hat." Bei der Übersetzung operativer Texte bestimmen also die Techniken der Modulation und der Adaptation von einzelnen Übersetzungseinheiten primär die Übersetzungsmethode; und dies immer im Dienste der Erhaltung nicht in erster Linie der Information oder des expressiven Wertes, sondern im Dienste der Bewahrung des textimmanenten und sprachlich gestalteten Appells. Ohne Operationen dieser Art ist die Appellfunktion des Textes nicht

101

in eine andere Sprache hinüberzuretten, und dies umso weniger, als die mit Vorliebe in diesem Text verwendeten sprachlichen Elemente, (wie z. B. Bilder, Vergleiche, Euphemismen, Sprichwörter, Wortspiele, idiomatische Redewendungen, Anspielungen, phonostilistische Faktoren) in besonderem Maß einzelsprachlich gebunden und verankert sind, und andrerseits die Motivationen und Reaktionen zum Teil sprachgemeinschaftsgebunden differieren. Das Ergebnis des Übersetzungsprozesses beim operativen Text soll keineswegs eine freie Paraphrase sein[63], doch ohne häufige Modulationen und Adaptionen läßt sich der inhärente Appellwert nicht erhalten. Deshalb beherrschen diese Techniken legitimerweise die Übersetzungsmethode für diesen Texttyp bereits bei der Primärfunktion der Übersetzung.

Wie weit adaptierend in den Text eingegriffen werden darf, anders gesagt: um festzustellen, ob der Zieltext noch als Übersetzung bezeichnet werden kann, ist auf den Begriff der Äquivalenz zurückzugreifen[64]. Zur Bestimmung erreichter Äquivalenz braucht man für AS-Text und ZS-Text ein tertium comparationis. Generell wird als solches das „Gemeinte"[65] angenommen. Im Lichte der in der vorliegenden Studie erarbeiteten übersetzungsrelevanten Texttypologie läßt sich nun weiter präzisieren: Das tertium comparationis zur Bestimmung erreichter Äquivalenz, das „Gemeinte", besteht für informative Texte in dem „Dargestellten", für expressive Texte in dem „Dargestellten und Evozierten"[66], für operative Texte in dem „Dargestellten, Evozierten und Provozierten".[67]

ANMERKUNGEN

1 Dabei ist zuvor zu berücksichtigen, daß sich die Rolle des Übersetzers von der des AS-Textempfängers grundlegend unterscheidet, auch was Sprach-Kompetenz und -performanz anbelangt. Der AS-Textempfänger wird beim Lesen nur mit einem Performanzerzeugnis konfrontiert, das er mit geeigneter Wahrnehmungsstrategie zu verstehen sucht. Der Übersetzer übernimmt zuerst auch die Rolle des Lesers in der verstehenden Aufnahme des AS-Performanzerzeugnisses; dann aber, bei der Übersetzung, muß er den ZS-Text aus seiner Kompetenz heraus gestalten und zu einem neuen Performanzerzeugnis machen, wobei er allerdings keine völlig freie Auswahl aus seinem Kompetenzarsenal treffen kann, sondern durch die Wahl des Textautors (der völlig frei aus dem seinen schöpfen konnte) gebunden ist. Dieses Phänomen könnte man als eine Sondersorte von „restringiertem Kode" bezeichnen, der bei der Übersetzung zur Anwendung kommt. Zu den Begriffen „Kompetenz", „Performanz", „restringierter Kode" vgl. D. *Wunderlich*, (159), S. 9-39 und W. *Welte*, (153), Stichworte: Kompetenz, S. 256 ff., Kode, S. 247 f.

2 Vgl. S. 12 f.

3 Im Grunde genommen liegt nur in diesem Umstand die Berechtigung dafür begründet, daß der Übersetzer regreßpflichtig gemacht werden kann, wenn durch Fehler in der Übersetzung materieller oder ideeller Schaden entsteht, wie es bei juristischen

und technischen Texten etwa der Fall sein kann. Bei einem expressiven Text wäre ein solches Verfahren undenkbar.

4 In diesem Falle ist die auf S. 102 Anm. 1 dargelegte Unterschiedlichkeit in der Rolle des AS-Textempfängers und des Übersetzers als AS-Leser noch stärker zu differenzieren. Der Übersetzer muß sogar unbewußte Vorgänge beim Dichtkunstwerk bewußt erkennen, um den Text in der ZS analog nachbilden zu können, während der Leser sich mit dem bloßen „Eindruck" begnügen kann, ohne daß er dem Ausdrucks- und Gestaltungswillen des Autors bewußt nachspüren müßte, um — wie R. Jakobson es nennt — den „springenden Punkt" zu erkennen. Vgl. R. *Jakobson*, (67), S. 104–106, 112. Vgl. auch Anm. 50, S. 30.

5 Ein Beispiel zur Verdeutlichung: „Two young men came *down the hill* of Rutland Square." (James Joyce, The Dubliners) „Zwei junge Leute *kamen* den Rutland Square *herunter."* (Übersetzung Goyert, 1928) „Zwei junge Männer *kamen die Anhöhe* des Rutland Square *herab."* (Übersetzung D. Zimmer, 1969) Zimmer stieß sich an dem in der Realität verifizierbaren Sachverhalt, daß Rutland Square kein Hügel („hill") ist und schwächte zu „Anhöhe" ab. Die von Zimmer vertretene These, man dürfe die Dubliners nicht übersetzen, ohne Dublin zu kennen, bestimmt hier seine übersetzerische Entscheidung, verrät aber ein übersetzungsmethodologisches Modell, das nur auf Sachtexte (informativer Typ) angewendet werden kann. Im vorliegenden Fall geht es jedoch um einen expressiven Text, der Autor hat die Realität verändert, um eine Assoziation auszulösen: „downhill" = bergab; „to go downhill" = bessere Tage gesehen haben. Diese Assoziation des „Heruntergekommenseins" der beiden jungen Leute, mit denen es bergab gegangen ist, bewahrt Goyert in seiner Übersetzung. Seine Entscheidung scheint uns die richtigere zu sein, denn die Expressivität der Sprache, ein Hauptmerkmal dieses Texttyps, hat Vorrang vor allen anderen Überlegungen. Beispiel und Kommentar verdanke ich einem Vortrag von Dr. H. Kruse, Die deutschsprachigen Ausgaben von James Joyces Dubliners in ihrem Verhältnis zum Original: Probleme der Übersetzung, gehalten in Würzburg am 22. 1. 71.

6 Vgl. dazu die Ausführungen bei R. R. *Wuthenow*, (161), Kap. III, insbesondere B II, S. 127 ff.

7 Vgl. hierzu wiederum M. *Gerbert*, (40), S. 59 f. in Anm. 57, S. 32

8 Auch dieser Sachverhalt läßt sich zur Begründung eines eigenständigen Texttyps anführen.

9 Vgl. W. *Iser*, (63), S. 10

10 Vgl. W. *Iser*, (63), S. 13

11 Als Beispiel seien Propagandatexte anläßlich einer Bürgermeisterwahl genannt.

12 Eine Übersetzung kann immer noch sinnvoll sein — vgl. S. 84, Anm. 152 —; wenn den operativen AS-Texten entweder ein überdauernder „dokumentarischer" oder künstlerischer Wert eignet; dann allerdings ändert sich die kommunikative Funktion der Übersetzung (Sekundärfunktion; vgl. S. 24) und damit die adäquate Übersetzungsmethode. Die unterschiedlichen Bedingungen, die in dieser Hinsicht bei den verschiedenen zum Typ gehörenden Textsorten herrschen, lassen sich leicht aus einer Gegenüberstellung von Waschmittelreklame und Bibeltext, von Propagandatexten anläßlich einer Bundestagswahl und den ideologischen Schriften des Marxismus-Leninismus ersehen.

13 Ein Eskimo wird sich für eine Kühlschrank-Werbung kaum ‚erwärmen' können; für ihn enthält dieser Gegenstand keinen sach-immanenten Appell. Er könnte ihm höchstens manipulatorisch nahegebracht werden, indem etwa eine Reklame durch Anpreisung der Formschönheit des Kühlschranks Eskimos zu überreden versucht,

sich dieses „Möbelstück" anzuschaffen. Eine Satire auf Modetorheiten verliert ebenfalls ihren sachimmanenten Appell, sobald diese Modetorheiten „aus der Mode" sind. Es sei denn, man ersetzt in der Übersetzung die alten durch neue, eben aktuelle. Vgl. das Plautus-Beispiel bei R. *Kloepfer*, (76), S. 86–97.
14 Vgl. dazu nochmals die Ausführungen S. 24 f., S. 84, Anm. 152 und S. 103, Anm. 12
15 H. *Kaufmann*, (73), S. 2
15a Hier handelt es sich um kommunikative Gemeinschaften, die nicht auch eine Sprachgemeinschaft bilden, sondern sich aus mehreren Sprachgemeinschaften zusammensetzen. Zur notwendigen Unterscheidung zwischen den Begriffen „Sprachgemeinschaft" und „Kommunikationsgemeinschaft" vgl. L. *Zabrocki*, (162), S. 245 ff. Kommunikative Gemeinschaften können jedoch andrerseits insbesondere in religiöser und ideologischer Hinsicht, auch über nationale Grenzen hinweg bestehen.
16 Beispielsweise ein Aufruf zum politischen Zusammenschluß der europäischen Länder
17 So etwa ist die bekannte Bibelübersetzung von Buber und Rosenzweig einzuschätzen. Vgl. dazu die Ausführungen M. *Bubers*, (19), S. 348–388
18 Insonderheit die Anpassung an die soziokulturellen Bedingungen und die psychologische Struktur des ZS-Emfpängers. Näheres dazu unter 3.3
19 Vgl. zu diesem Begriff 3.3
20 J. *Blinzler*, (10), S. 243
21 Dieser wäre als „Verbundtext" nach der Methode für den audio-medialen Texttyp zu übersetzen. Vgl. S. 23.
22 In diesem Fall wäre die Bibel nach den Übersetzungsprinzipien des informativen Texttyps zu übersetzen. Vgl. S. 20 f.
23 Hier liegt eine Tertiär-Funktion der Übersetzung vor: Wechsel nicht nur der Kommunikationsgemeinschaft — also Übersetzung in eine andere Sprache —, sondern auch Wechsel des Textempfängerkreises innerhalb der Kommunikationsgemeinschaft. Vgl. S. 24.
24 Nur unter dieser Rücksicht wird der Charakter der Bibel als operativer Text bei der Übersetzung primär in Rechnung zu stellen sein.
25 Vgl. die Erörterungen auf S. 71, Anm. 6 und S. 73, Anm. 17.
26 O. *Kade*, (69), S. 288
27 Die Formulierung „in der Regel" erscheint etwas übertrieben. Als Gegenbeweis ließen sich — zumindest für die kommerzielle Werbung innerhalb des westlichen Europa — genügend Reklametexte anführen, die in verschiedenen Sprachen nahezu inhaltsgleich sind.
28 Dasselbe gilt für die Ausführungen von M. *Gerbert*; vgl. S. 32, Anm. 57.
29 E. A. *Nida*/Ch. R. *Taber*, (96), S. 125
30 Paraphrase — Umschreibung; Erläuterung eines Textes mit anderen (mehr) Worten, auch freie Übertragung (Meyers Handbuch über die Literatur, (90),).
Paraphrase — Umschreibung: Erklärung: erläuternde Ausführung (R. *Pekrun*, (100),)
Paraphrase — 1) Umschreibung, erweiternde oder verdeutlichende Übertragung einer Schrift oder einer einzelnen Stelle in andere Worte oder auch eine andere Sprache. 2) Musik: eine frei ausschmückende Bearbeitung von Tonstücken, eine Phantasie über ein Tonstück. (Der Große Brockhaus, Bd. 8)
31 Vgl. S. 22 f.
32 Zum gleichen Ergebnis kommt R. *Boivineau*, (13), S. 14 f. im Hinblick auf die Übersetzung von Reklametexten. Wie der Titel der Sondernummer von META vom März 1972: „L'adaptation publicitaire", erkennen läßt, hat sich offensichtlich in Kanada diese Bezeichnung speziell für die Reklameübersetzung bereits durchgesetzt.

Boivineau führt eine Definition des Begriffs „adaption" aus dem Dictionnaire encyclopédique Quillet an, die er für die Belange des Übersetzens geringfügig abändert: „Travail par lequel un traducteur transforme un texte publicitaire en langue étrangère en une production analogue qu'il estimera apte à remplir auprès des consommateurs de sa langue la fonction à laquelle le texte original était destiné." (S. 15) Da diese Definition ganz auf die kommunikative Funktion des Reklametextes abgestellt ist, darf sie für operative Texte insgesamt in Anspruch genommen werden, denn ihnen allen ist als kommunikative Funktion der Appell eigen.

33 Zu diesen Begriffen vgl. A. *Malblanc*, (88), S. 25 ff. Zu den dort zusätzlich aufgeführten, ebenfalls von Vinay und Darbelnet übernommenen Bezeichnungen für einzelne Übersetzungsoperationen, „Äquivalenz" und „Adaptation", meldet W. *Wilss*, (157), S. 28 ff. berechtigte Bedenken an. Wir schließen uns seinem Vorschlag an, alle Operationen, die eine semantische Ausdrucksverschiebung mit sich bringen, als „Modulation" zu bezeichnen. Die „Transposition" bezeichnet dann (mit K.-R. *Bausch* (4), und (5), S. 29, 50) syntaktische und Wortklassen-Verschiebungen, die sich oberflächenstrukturell auswirken. In diesem Fall kann dann — was der terminologischen Vereinheitlichung und Präzisierung im Bereich der Übersetzungswissenschaft nur zugute kommt — die „Äquivalenz" als prinzipielles Ziel des Übersetzungsvorgangs und die „Adaptation" als Begriff für ein übersetzungs*methodisches* Vorgehen vereindeutigt werden.

34 L. *Spitzer*, (132), S. 79–99, sieht von der sprachlichen Realisierung her Werbung sogar als eigene literarische Gattung an. Vgl. I. *Hantsch*, (53), S. 111, Anm. 49 mit zusätzlichen Verweisen auf M. *Bense* und M. *Galliot*.

35 J. D. *Bödeker*, (11), S. 31 Lehrerheft

36 Vgl. dazu die Erörterungen S. 43.

37 Die Reklame scheint am anfälligsten für solches „Schielen" zu sein. Vgl. P. *Osswald/E. Gramer*, (99), S. 94; hier zitiert nach J. D. *Bödeker*, (11), S. 7: „Die Werbung, die mit tiefenpsychologischen Methoden arbeitet und das Unterbewußtsein des Käufers mit sublimen Slogans und Firmenleitbildern besetzt, dressiert ihn zum Kauf bestimmter Produkte und hebt die eigene Entscheidung auf. Indem sie die Triebe, Ängste, Schuldkomplexe und Sehnsüchte des Menschen ausnützt, manipuliert sie ihn zum willenlosen Werkzeug der Manager. Der Käufer erhält durch die Werbung keine Information, die ihm das Kaufen erleichtert, vielmehr erliegt er der hinterhältigen Suggestion und kauft nicht, was er braucht, sondern was ihm souffliert wird."
Doch sind Mittel der suggestiven und manipulatorischen Werbung auch der Propaganda und der Missionierung durchaus nicht fremd. Vgl. S. 68 ff.

38 R. *Boivineau*, (13), S. 9 legt für die Übersetzung von Reklametexten ganz besonderes Gewicht darauf, daß der Text „à la mentalité de la clientèle prospectée" ausgerichtet werden müsse, und fährt fort: „Recommandation qui revêt une importance toute particulière pour l'adapteur, puisque la clientèle visée par l'annonce qu'il produira peut à certains points de vue, différer du tout au tout de celle visée par l'annonce en langue originale."

39 Vgl. G. *Rabuse*, (102), S. 828

40 Beispiel 43 aus der Anzeigensammlung bei J. D. *Bödeker*, (11), S. 21 Textheft

41 Beispiel bei Ch. *Nogradnik*, (97), S. 50

42 Vgl. H. J. *Vermeer*, (147), S. 75

43 Ein Beispiel dafür, wie leicht aus der Auslegung eine unkorrekte Interpretation werden kann, bringt J. *Seyppel*, (129), S. 7 f. Der Romantitel „Light in August",

in der deutschen Übersetzung mit „Licht im August" wiedergegeben, gab Anlaß zu Kritik (Spiegel, Nr. 27, 1961, S. 68), Es hieß, eigentlich müsse er etwa mit „Niederkunft im August" übersetzt werden; die Doppeldeutigkeit von engl. „light" sei nicht berücksichtigt worden, obwohl doch im Text ein deutlicher Hinweis für die richtige Auslegung enthalten sei (Im Roman gebiert eine der weiblichen Hauptpersonen tatsächlich im August ein Kind.). Auf diese Kritik angesprochen, sagte der Autor Faulkner jedoch: „Nein, im August hat das Licht meiner heimatlichen Landschaft eine besondere Eigenschaft, etwas anderes bedeutet der Titel nicht. In gewissem Sinne hat der Titel mit dem Buch, mit der Geschichte überhaupt nichts zu tun." Seyppel meint dazu, es handle sich vielleicht doch um unterbewußte Kombinationen, denn „Dichter sind nicht immer die verläßlichsten Interpreten ihrer selbst!" (S. 8) Dem wäre hinzuzufügen, daß — ob vom Autor intendiert oder nicht — der amerikanische Leser aufgrund des oben geschilderten Sachverhalts denselben Eindruck erhalten kann wie der Spiegel-Kritiker. Im Blick auf den Textempfänger wäre also zu fragen, ob der Übersetzer in der Titelgestaltung nicht wenigstens die im AS-Titel angelegte Möglichkeit auch hätte realisieren sollen.

44 Vgl. hierzu die methodologische Scheidung zwischen Apperzeption und Interpretation bei H. J. *Vermeer*, (148), S. 2
45 Vgl. S. 87.
46 Vgl. Bundestagsrede von Dr. Becker (FDP), abgedruckt in Th. *Pelster*, (101), S. 146–148
47 „Wir haben den Schutt weggeräumt, und wir haben uns die Finger dabei blutig gemacht. Sie haben uns bei dieser politischen Knochenarbeit nicht geholfen, meine Damen und Herren." Abgedruckt in Süddeutsche Zeitung, 28. 4. 72, S. 10
48 Natürlich bleibt dem Übersetzer, wenn er kein solches Äquivalent findet, auch hier der Ausweg der begrifflichen Übersetzung, die dann an anderer Stelle jedoch zum Ausgleich durch ein „versetztes Äquivalent" (zu diesem Begriff vgl. R. *Kloepfer*, (76), S. 119, 120) zwingt.
49 Zurückgehend auf „Parodie", jedoch nicht im griech. Sinn von „Spottgedicht", sondern von „Nebengedicht"; bei Goethe wie in unserm Zusammenhang also eher als „Text neben dem Originaltext" aufzufassen.
50 R. R. *Wuthenow*, (106), S. 61.
51 Vgl. S. 93.
52 In: *Babel*, No. 4, 1962, S. 188–193
53 F. *Veillet-Lavallée*, (144), S. 190; (Hervorhebungen von Verf.)

54 Unter Pragmatik versteht die Linguistik im Anschluß an den Zeichentheoretiker Charles *Morris*, (91), die Zeichen—Zeichenbenutzer—Relation, während die Semantik als Zeichen—Objekt—Relation und die Syntaktik als Zeichen—Zeichen—Relation aufgefaßt wird. Vgl. D. *Wunderlich*, (159), S. 5 f. Auf diese drei Aspekte hin ist jeder Text bei der Analyse zu untersuchen, wobei sich erweist, daß sie nicht isoliert nebeneinander stehen, sondern vielfältig miteinander verzahnt sind.
55 Vgl. hierzu K. *Rülker*, (117), S. 99 f.
56 Vgl. dazu die außersprachlichen Determinanten als pragmatische Kategorie der Übersetzungskritik, in K. *Reiss*, (108), S. 69–88
57 Zur Rolle der Pragmatik bei der Übersetzung von Fachtexten vgl. K. *Rülker*, (117), S. 44 ff. Vgl. auch W. *Koller*, (80), S. 111, der die Pragmatik eines Textes ausdrücklich zur Wahl der geeigneten Übersetzungsmethode in Beziehung setzt. Er faßt Pragmatik als das „Verhältnis zwischen Text und Empfänger. Die Frage, an welche Leser mit welchen Bildungsvoraussetzungen, welchem enzyklopädischen Wissen und welchen besonderen Interessen sich der Text mit welcher Absicht und welchen

Zwecken richtet, geht der Wahl der Übersetzungsmethode und auch der Übersetzungsverfahren voraus." In die Terminologie der vorliegenden Studie übertragen, heißt das: die Frage, an welche Leser mit welchem soziokulturellen Hintergrund sich der Text mit welcher kommunikativen Funktion und welcher Übersetzungsfunktion (Primär-, Sekundär-, Tertiärfunktion; vgl. S. 23 f.) richtet, ist von ausschlaggebender Bedeutung für die Wahl der Übersetzungsmethode und einzelner Übersetzungsoperationen.

58 Ein Beispiel zur Verdeutlichung: In einem Pressebericht zu Fragen der Beziehungen zwischen Spanien und der Sowjet-Union heißt es: „Sin embargo, ésta, como todas las cuestiones que van contra la marea de la Historia, es una batalla de antemano perdida por *los viriatos* de turno, siempre que no organicen una como *la de Numancia*, claro está." (*Mundo*, Nr. 1697, 11-11-72, S. 28). Die Bedeutung der Anspielungen auf Viriatus und Numantia versteht jeder Spanier; ein Ausländer höchstens dann, wenn er mit der spanischen Geschichte vertraut ist, was man bei einer Übersetzung nicht voraussetzen kann. Der abweichenden Pragmatik eines deutschen Lesers müßte in diesem informativen Text soweit Rücksicht getragen werden, daß er aus dem ZS-Text die gleiche Information entnehmen kann, wie der Spanier aus dem AS-Text. Dazu muß der Übersetzer wissen, daß Viriatus einer der Haupt"helden" des Widerstands gegen die Eroberung der Iberischen Halbinsel durch die Römer war und die Schlacht um Numantia mit der völligen Vernichtung der Stadt endete, wobei die letzten Verteidiger die Überreste der Stadt in Brand steckten und sich selbst in die Flammen stürzten, was letztlich als Sieg über die Belagerer betrachtet wurde. Dieser komplexe Sachverhalt — auf die Pragmatik des deutschen Lesers „umkodiert" — könnte folgendermaßen formuliert werden: „Dies ist, wie alles, was sich dem Strom der Geschichte widersetzt, eine von den *Helden* vom Dienst von vornherein verlorene Schlacht, es sei denn, man ließe sich *bewußt* auf *ein selbstmörderisches Unternehmen* ein."
Daraus kann auch ein deutscher Leser die Information entnehmen, daß der spanische Textautor die Aufnahme von Beziehungen zur Sowjet-Union für zeitgemäß und jeden, der sich dagegen stemmt, für einen romantischen „Helden" hält, der von vornherein mit dem Scheitern seiner Anstrengungen rechnen muß; es sei denn, er sehe den wirtschaftlichen Ruin Spaniens, den er selbst durch seine Halsstarrigkeit herbeiführt, als Sieg über den in Sowjet-Rußland gewitterten „Eroberer" an.

59 Ein gutes Beispiel findet sich bei K. *Rülker*, (117), S. 108. Die aus dem Französischen übersetzte Agenturmeldung „Nur acht aller französischen Départements stimmten in ihrer Mehrheit für Poher", enthält für den deutschen Leser nicht dieselbe Information wie das französische Original, denn der Franzose kennt zumindest ungefähr die Gesamtzahl der französischen Départements. Der deutsche Leser kann das volle Ausmaß der Wahlniederlage des Kandidaten — und auch dies Wissen ist Bestandteil der Information — nur ermessen, wenn die Relationen ihm durch einen Zusatz im übersetzten Text explizit mitgeteilt werden: „Nur acht *der insgesamt hundert* französischen Départements stimmten in ihrer Mehrheit für Poher."
Die Länge der notwendigen Zusätze im *informativen* Text spielt dabei grundsätzlich keine Rolle. Wenn der pragmatische Ausgleich nicht anders zu erzielen ist, können ohne weiteres auch ganze Sätze hinzugefügt werden.

60 Vgl. K. *Reiss*, (108), S. 79 f. zur „erklärenden Übersetzung" als Technik zur Überwindung pragmatischer Unterschiede in expressiven (dort: formbetonten) Texten.

61 Für pragmatische Unterschiede, die sich unmittelbar in der Sprache widerspiegeln, bieten idiomatische Redewendungen und Wortspiele ein eklatantes Beispiel. Vgl.

hierzu die Rolle des Tees bei englischen Redewendungen, die sich aus der Tatsache erklären läßt, daß Tee das Haupt- und Lieblingsgetränk der Engländer ist, in F. *Güttinger*, (52), S. 14. Hier ist Modulation geboten.
Für die Methode der Anmerkung oder des Kommentars bietet W. *Magass*, (67), S. 29, ein aufschlußreiches Beispiel. „Um die Leiden des jungen Werther mit geschichtlichem Hintergrund zu versehen, hat Goethe ca. dreizehn biblische Anspielungen in den Text hineingewoben. Die Werther-Leser waren auch Bibelleser und konnten diese Anspielungen mit ihrem Zeichencharakter in die Semiotik ihrer symbolischen Sinnwelt durchaus übersetzen. Literatur wird aus dem Arsenal der Literatur geholt... So steht die Passion Jesu im Hintergrund von Werthers Leiden. Die biblischen Anspielungen helfen mit, das Geschick eines Menschen zu zeichnen."
Auch die literarische Tradition gehört zur Pragmatik einer Sprachgemeinschaft. Aber es fragt sich, ob sie ständig lebendig ist. Auch für den heutigen deutschen Leser, der im allgemeinen kein Bibelleser (mehr) ist, müßte die mit literarischen Mitteln gegebene Zusatzinformation auf dem Weg über Anmerkungen vermittelt werden, da sich die im informativen Text mögliche Technik des Zusatzes in Klammern (Anspielung auf Bibelstelle Gen 24, 13; Mt 18,3 etc.) aus ästhetischen Erwägungen verbietet. Bei der Übersetzung des Textes ins Französische müßten ebenfalls Anmerkungen erfolgen, wenn man nicht auf die literarische „Zusatzinformation" — zum Schaden des Originals — verzichten will. Dagegen könnte eine Übersetzung ins Spanische oder Englische im Vertrauen auf die Bibelfestigkeit spanischer und britischer Leser wahrscheinlich auf Erläuterungen verzichten.

62 H. *Kaufmann*, (73), S. 2
63 Dann würde es sich nicht mehr um eine adäquate Übersetzung handeln.
64 Äquivalenz heißt bei informativen Texten: Invarianz der inhaltlichen Aussage; bei expressiven Texten: Analogie der sprachkünstlerischen Form; bei operativen Texten: Identität des Appells. Vgl. auch K. *Reiss*, (107), S. 190
Die noch nicht ausdiskutierte Problematik des Äquivalenzbegriffs kann in diesem Rahmen nicht ausführlich dargestellt werden. Indessen sei schon hier darauf verwiesen, daß die im Vorstehenden entwickelte idealisierte Vorstellung von Äquivalenz in der „translatorischen Wirklichkeit" (K. R. *Bausch*) u. a. durch die subjektive translatorische Kompetenz jeden Übersetzers nur approximativ realisiert werden kann. Vgl. K. R. *Bausch*, (6), S. 611 f.
65 Der Begriff wurde von E. *Koschmieder*, (82) und (83), S. 101–106, geprägt (vgl. dazu auch W. *Wilss*, (157), S. 5 ff.) und von H. J. *Vermeer*, (148), S. 10 für die Belange des Übersetzens präzisiert als „Einheit von Verbalisiertem und Situation".
66 Mit dem Zusatz „und Evozierten" soll der Unverzichtbarkeit auf die expressiven Elemente in diesen Texten Rechnung getragen werden, die ja nicht nur über Gemeintes informieren, sondern zusätzlich Gemeintes evozieren, und damit den Charakter dieses Texttyps primär bestimmen.
67 Mit dem Zusatz „und Provozierten" soll der Appellhaltigkeit operativer Texte, die ja Verhaltensweisen provozieren wollen, Rechnung getragen werden.

TEIL IV

4. Spezielle Übersetzungsprobleme beim operativen Text

Nachdem die Hauptaspekte der vielschichtigen Übersetzungsproblematik bei operativen Texten dargestellt wurden, soll nun anhand ausgewählter konkreter Beispiele — die jeweils einer der untersuchten Textsorten entnommen sind — gezeigt werden, welche Überlegungen der Übersetzer anstellt, bevor er sich für eine bestimmte Technik im Rahmen der intentionsadäquaten Übersetzungsmethode entscheidet. Gleichzeitig soll durch die detaillierte Beschreibung des übersetzerischen Entscheidungsprozesses die Stichhaltigkeit der theoretischen Befunde überprüft und die Praxis der Übersetzung operativer Texte transparent gemacht werden.

4.1 Die textkonstituierenden Merkmale

Schon bei den konstituierenden Merkmalen operativer Texte zeigt die Übersetzungsproblematik ein uneinheitliches Gesicht.

Die Diskrepanz zwischen Redegegenstand und Redeweise sollte auf jeden Fall in der Übersetzung gewahrt bleiben, denn dieses Spannungsverhältnis allein ist schon von hohem psychologischem Appellwert. Eine Mischung von Zweck- und Kunstsprache, von objektiver Darstellung und dichterischer Gestaltung dürfte sich grundsätzlich in allen Sprachen nachvollziehen lassen. Dabei ist allerdings zumindest auf zwei Faktoren besonderes Augenmerk zu richten.

Bei der Übernahme einer gezielten Mischung von Sprach- und Stilebenen — die eine Diskrepanz zwischen Redegegenstand und Redeweise mitbegründet, — ist zu berücksichtigen, wie das Verhältnis zwischen den einzelnen Ebenen in der Zielsprache liegt. Wenn E. A. Seibel[1] zu recht feststellt, daß im Spanischen keine so scharfe Trennung zwischen Hochsprache und Umgangssprache vorhanden ist wie im Englischen; daß vielmehr die Grenzen fließend sind und es keine Hochsprache in dem Sinne gibt, daß sie sich familiären, volkstümlichen und regionalen Wendungen gegenüber verschließt oder abschirmt, so läßt sich daraus leicht folgern, daß etwa bei der Übersetzung eines englischen Predigttextes ins Spanische Probleme entstehen. In der englischen, durchweg in der Hochsprache verfaßten Predigt ergäbe die unübliche, aber bewußte Hereinnahme einer umgangssprachlichen, familiären Wendung bereits einen appellwirksamen Stilbruch. Im Spanischen könnte eine äquivalente Diskrepanz dann nur geschaffen werden, wenn anstelle der umgangssprachlichen Wendung zumindest saloppumgangssprachliche Formulierungen oder gar Jargonausdrücke gewählt würden.[2]

Zum Zweiten ist bei der in operativen Texten immer wieder zu beobachtenden dichterischen Gestaltung von Textpassagen weniger — wie es beim expressiven

Text als Grundbedingung gelten darf — auf eine analoge ästhetische Wirkung in der Zielsprache zu achten, als auf die Erhaltung des Appellwertes dieser Passage. In Frankreich wird, wie bereits erwähnt, für eine bestimmte Rum-Marke mit einem abgewandelten Sonett-Vers von Ronsard geworben[3]. Diese Rum-Werbung in Gedichtform verdankt ihre Appellwirksamkeit der Tatsache, daß in dem Vers des ursprünglichen Ronsard-Sonetts eine gewisse Stimmung eingefangen ist. Das wird dazu ausgenutzt, das Verlangen des Werbetext-Empfängers nach einer gemütlichen, besinnlichen Stunde zu stimulieren — zu der dann auch ein Gläschen Duquesne-Rum paßt. Dieser Mechanismus würde auch bei einer einfachen Übersetzung ins Deutsche funktionieren. Darüber hinaus ist jedoch das Ronsard-Sonett jedem gebildeten Franzosen bekannt. Diese Vertrautheit soll durch Einführung des Produktnamens in den Vers in Vertrauen zur Ware umgesetzt werden. Da dem deutschen Textempfänger dieses Hintergrundwissen fehlt, ginge dieser zweite appellwirksame Effekt — auch bei einer grundsätzlich die Expressivität der Sprache wahrenden Übersetzung verloren. Um die volle Appellwirksamkeit des Werbeverses zu bewahren, wäre als technisches Verfahren bei der Übersetzung die Adaptation[4] zu wählen: ein stimmungsvoller, oder doch zumindest positive Assoziationen auslösender Vers ähnlichen Bekanntheitsgrades aus der deutschen Literatur müßte — in Analogie zum Ronsard-Sonett — zum Zweck der Rum-Werbung umgeformt werden[5].

Als ein weiteres konstituierendes Merkmal des operativen Textes wurde die Dominanz des Empfängerbezugs ermittelt. Hier ergeben sich, wie bereits kurz angedeutet, zum Teil erhebliche Übersetzungsschwierigkeiten, denn der Empfänger ist keine isolierte Größe. Die Tatsache, daß der textimmanente Appell in der Ausgangssprache gezielt an Empfänger einer jeweiligen Sprach- und Kulturgemeinschaft gerichtet wird, spielt nicht nur eine Rolle bei der innersprachlich gelenkten Ausformung des Textes, dessen lexikalische, grammatikalische und stilistische Elemente sich registrieren und untersuchen lassen; die jeweils unter diesen Elementen getroffene Auswahl wird von außersprachlichen Determinanten mitbestimmt, als deren wichtigste der Ortsbezug, der Zeitbezug und die „kollektive Individualität"[6], d. h. die Mentalität der Zielgruppe des Appells erkannt wurden. Daß bei der Übersetzung operativer Texte gerade der „Umkodierung" des Textes im Hinblick auf diese außersprachlichen Determinanten erhöhte Bedeutung zukommt, steht in engstem Zusammenhang mit dem Umstand, daß nur Verständlichkeit, Lebensnähe, Aktualität und empfängergerechte Motivation eine optimale Appellwirksamkeit gewährleisten.

Im Deutschland der dreißiger Jahre konnte erfolgreich mit dem politischen Slogan „Kanonen statt Butter" ein staatliches Unterstützungsprogramm für die Rüstungsindustrie auf Kosten der Konsumgüterindustrie propagiert werden. Ein Spanier hätte zur gleichen Zeit gewiß auf die wörtliche Übersetzung (Substitution) „Cañones en vez de mantequilla" höchstens mit Verständnislosigkeit reagiert, denn für ihn war Butter ein selten konsumiertes Luxusprodukt[7]. Um den Appellwert des Slogans im Spanischen zu bewahren, hätte er ortsbezogen adaptiert werden müssen. Die Elemente: rhythmisierte Sprache, Rüstungsgut und Konsumware müßten erhalten bleiben, wenn noch von einer Übersetzung und nicht von einer freien Paraphrase die Rede sein sollte. Eine denkbare Übersetzung wäre: „Cañones en vez de melocotones" (= Kanonen statt Pfirsiche), oder, um den Stellenwert der Butter in der spanischen gastronomischen Konsumhierarchie noch besser zu treffen: „Camionetas en vez de chuletas" (= Kleinlastwagen statt Koteletts).

Auch in einem äußerlichen Sinn ist die Ortsgebundenheit des operativen Textes von Bedeutung. So sei in bezug auf Reklametexte an die unterschiedlichen Rechtsordnungen erinnert. Während im Deutschen nicht direkt vergleichend geworben werden darf, sind die diesbezüglichen juristischen Vorschriften in vielen andern Ländern weit großzügiger[8]. Bei einer Übersetzung ins Deutsche muß demnach auf jeden Fall darauf geachtet werden, direkt vergleichende Passagen des Werbetextes zu relativieren.

Ebenso spielt es eine Rolle, ob Werbeformeln der AS in der ZS nicht etwa schon mit anderen Bedeutungen „besetzt" sind. So könnte etwa die „Nimm 2"-Reklame für eine bestimmte Sorte Vitamin-Bonbons, die diese Formel als Produktnamen wählt, nicht ohne weiteres durch engl. „Take 2" substituiert werden, weil engl. „take one" die Bedeutung von „Gratisprobe" hat.

Nicht geringer ist der Einfluß des Zeitbezugs als außersprachlicher Determinante auf die Gestaltung des operativen Textes. Je kürzer die Zeitspanne ist, für die der jeweilige Text Gültigkeit haben soll, desto flüchtiger können naturgemäß die Mittel sein, mit deren Hilfe Appellwirksamkeit erzeugt wird. Am auffälligsten ist der ständige Wechsel von zeitbezogenen Anspielungen bei der Warenreklame. Eine 007-Kosmetikserie war nur solange durch ihren Produktnamen werbewirksam, als die James-Bond-Filme Aktualität besaßen. Hier fiel andrerseits die Ortsgebundenheit fort, da die Filme in vielen — zumindest den westlichen — Ländern gleichzeitig Tagesgespräch waren. Infolgedessen wurde die Werbewirksamkeit von 007 auch zur gleichen Zeit in mehreren Sprachen genutzt.

Bei den missionarischen Texten finden sich mit Vorliebe in den dort beliebten „Aufhängern" stark zeitgebundene Elemente, denn gerade damit ist der erwünschte Aktualitätsbezug für den an sich hier zeit-losen Sachappell herzustellen. So etwa bezieht sich ein „Wort zum Sonntag"[9] eingangs auf die Rassenunruhen in Amerika und Afrika, um die Botschaft vom Gleichnis des barmherzigen Samariters appellwirksam zu erneuern. Da diese Ereignisse weltweit der gleichen Resonanz sicher sein können, bietet der Zeitbezug einstweilen bei der Übersetzung in andere Sprachen keine Hindernisse. Überhaupt ist gerade die Bibel mit ihrem langlebigen Sachappell dadurch charakterisiert, daß die „Aufhänger" der Gleichnis- und Wundererzählungen von alltäglichen, keineswegs zeitgebundenen Vorgängen — wie Saat und Ernte, Fischfang und Weinlese — berichten, die der Übersetzung unter diesem Blickwinkel keine

Schwierigkeiten bereiten; dagegen verlangen sie, soweit sie ortsgebunden sind, eine Adaptation[10].

Die meisten Probleme dürfte bei der Übersetzung operativer Texte die Berücksichtigung der Empfänger*mentalität* aufwerfen. Vor allem „die nichtrationalen Verhaltensmotive sind bei verschiedenen Völkern nicht immer dieselben, sind bis zu einem gewissen Grad mentalitätsbestimmt", wie H. Bullinger schreibt[11]. Da operative Texte Verhaltensimpulse auslösen sollen, müssen sie notgedrungen die psychologischen Gesetze, welche das Handeln von Individuen und Massen bestimmen, so weitgehend wie möglich berücksichtigen. Da diese Texte, wie ausdrücklich betont wurde[12], zwar das einzelne Individuum zum Handeln bewegen sollen, sich aber nicht auf jeden Einzelnen individuell einstellen können, muß dem Übersetzer zumindest die mentalitätsbestimmte Reaktionsweise der Sprachgemeinschaften vertraut sein, er sollte über Kenntnisse in der Völkerpsychologie verfügen, um appellwirksam übersetzen zu können[13].

Die Rücksichtnahme auf die andersgeartete Mentalität des ZS-Empfängers erstreckt sich u. U. sogar auf die grammatischen Strukturen. Die Befehlsform[14], im Werbestil aller Sprachen weitverbreitet[15], sollte man bei einer Übersetzung ins Französische nicht übernehmen[15a]. Dort ist der Imperativ verpönt, weil der Franzose bei seinem stark ausgeprägten Individualismus individuelle Behandlung beansprucht. „Koche mit Gas" als „Fais ta cuisine au gaz" wiedergegeben, wirkt fast wie ein „Angriff auf die Menschenwürde" der französischen Hausfrau. „Faites votre cuisine au gaz" wäre schon weit weniger schockierend. Als die psychologisch beste Übersetzung hätte jedoch nach Rabuse zu gelten: „La bonne cuisine se fait au gaz" oder „Pourquoi ne pas faire votre cuisine au gaz?"[16] Die blanke Aufforderung im Deutschen wird also durch eine (unbewiesene) Behauptung bzw. eine (einladende) Frage ersetzt; beides sind in der Werbung ebenfalls häufig auftretende appellwirksame Sprachfiguren.

Das wichtigste konstituierende Merkmal des operativen Textes ist zweifellos seine Appellfunktion, die sich im Sachappell und im Sprachappell manifestiert.

Die mit dem Sachappell verbundene Übersetzungsproblematik wurde bereits ausführlich im Zusammenhang mit der Frage nach dem Sinn der Übersetzung operativer Texte erörtert[17]. Unter der Voraussetzung, daß der Redegegenstand auch für den ZS-Empfänger einen sachimmanenten Appell besitzt, ergeben sich keine speziellen Probleme für die Übersetzung. Ist der Sachappell nicht vorhanden, so muß in der Übersetzung der Redegegenstand unter Berücksichtigung der soziokulturellen Bedingungen und der ZS-Empfängermentalität ausgewechselt werden. Ist dies nicht der Fall, so ändert die Übersetzung ihre Funktion und damit ihre Methode: aus dem operativen Text wird ein informativer bzw. ein expressiver Text, der nach der Art eines Dokuments oder — bei entsprechendem sprachkünstlerischem Niveau — eines literarischen Kunstwerks zu übersetzen ist[18].

Beim sprachlich unmittelbar zu registrierenden Appell wurde die Ansprache des Empfängers mit Hilfe von Argumenten (intellektueller, argumentativer

Appell) getrennt vom emotionalem Appell untersucht. Im Hinblick auf den intellektuellen Appell könnte man voraussetzen, daß Empfänger aller Sprachgemeinschaften auf Argumente gleichermaßen reagieren, da die Gesetze logischen Denkens überall dieselben sind. Diese Schlußfolgerung wäre jedoch vordergründig; denn was für die Angehörigen einer Sprachgemeinschaft ein Argument ist, braucht es für die einer anderen noch lange nicht zu sein. Der Übersetzung argumentativer *Redeweise* dürften sich demnach zwar keine größeren Schwierigkeiten in den Weg stellen, was die semantische Komponente betrifft; es wäre jedoch denkbar, daß der intellektuelle Appell trotz allem verlorengeht. Wenn ein deutscher Parlamentarier Propaganda für die deutsche Ostpolitik macht und dabei als Argument anführt, daß die Regierung „dieses Land vor einer gefährlichen außenpolitischen Isolierung bewahrt" hat[19], so fragt es sich, ob dieses Argument bei einem Spanier Appellwirksamkeit entfalten könnte, zeigt doch allein schon die jüngste Geschichte, daß drohende oder auch verhängte außenpolitische Isolierung die Spanier eher zu Treuekundgebungen sogar für ein ungeliebtes Regime veranlassen können[20]. In solchen Fällen wäre der Übersetzer nicht nur gezwungen, sondern legitimiert, aus seiner Kenntnis der ZS-Gemeinschaft heraus einen Ausgleich zu schaffen.

Bei einer Warenreklame könnte dies so weit gehen, daß er die Argumente des Ausgangstextes durch andere ersetzt, daß er beispielsweise in einem Lande, wo repräsentative Wagen verlangt werden, nicht die äußeren Abmessungen des VW herausstellt, sondern auf seine Eignung als Zweitwagen für den täglichen Einkauf der Hausfrau verweist. Wie weit ein derart radikaler Eingriff bei politischer Argumentation ohne Verfälschung des Ausgangstextes vorgenommen werden darf, hängt außer von der jeweiligen Thematik auch davon ab, ob als Verfasser eine Einzelperson oder ein ganzes Team fungiert. Im oben angeführten Beispiel ließe sich der argumentative Appell etwa dadurch erhalten, daß man das Adjektiv „gefährlich", das die Spanier vermutlich eher zu einer Trotzreaktion herausfordern würde, mit einem „von uns nicht gewünscht", „unsern Zielen nicht dienlich", „unsern Gegnern willkommen" moduliert. Wendet sich eine Übersetzung gar an eine Sprachgemeinschaft, die nicht argumentativem, sondern magischem Denken huldigt, so könnte eine Adaptation der Argumente wenig ausrichten; eine legitime Verfahrensweise wäre hier eine entsprechende Intensivierung des emotionalen Appells, mit dem der Verlust an rationaler Appellwirkung soweit wie möglich ausgeglichen werden müßte.

Der emotionale Appell erreicht alle vorhandenen Sprachgemeinschaften, und er ist die wichtigste Komponente des gesamten Appells; denn, so schreibt der Werbetheoretiker Schwab, „Das Gefühl ist die Quelle der Überzeugung" (nach Jastrow, The Psychology of Conviction) und „Die Vernunft hat keine Macht, eine Bewußtseinshaltung zu verändern, die mit Emotionalem verschmolzen ist" (nach Seabury)[21]. Der emotionale Appell ist jedoch nicht nur allgemein psychologisch wirksam, sondern stark mentalitätsabhängig. Der Übersetzer wird also zu bedenken haben, ob der ZS-Empfänger für dieselben

Emotionen und dies auch in derselben Intensität und mit derselben Zielrichtung sensibilisiert ist wie der AS-Empfänger. Gegebenenfalls muß er auch hier modulieren und adaptieren[22]. Da sowohl der intellektuelle als auch der emotionale Appell auf dem Wege über den Einsatz spezifischer sprachlicher Elemente ergeht, seien Einzelheiten und Beispiele dazu bei der Erörterung der Übersetzungsproblematik textspezifischer Merkmale des operativen Textes angeführt.

4.2 Die textspezifischen Merkmale

Als textspezifische Merkmale wurden die wichtigsten Gestaltungsprinzipien des operativen Textes erkannt: Volkstümlichkeit und Verständlichkeit, Lebensnähe und Aktualitätsbezug, Einprägsamkeit und Erinnerungswert, Suggestivität und vorgeprägtes Werturteil, Emotionalität, Sprachmanipulation und Glaubwürdigkeitsstreben. Diese Gestaltungsprinzipien lassen sich bei allen operativen Texten in wechselnder Kombination und Intensität beobachten, sie können zur Erzielung von Appellwirksamkeit bei der Abfassung von Texten für alle Sprachgemeinschaften verwirklicht werden[23]. Dies geschieht durch den bewußten und gezielten Einsatz ganz bestimmter sprachlicher Elemente, deren Vorhandensein bei den untersuchten Textsorten dieses Texttyps nachgewiesen werden konnte.

Auf die Übersetzungsproblematik befragt, lassen sich diese Sprachmittel in drei Kategorien einteilen: die „sprachlichen Universalien", also sprachliche Elemente, die allen Sprachen eigen sind; einzelsprachlich gebundene Elemente, also solche, die an das Sprachsystem einer einzelnen Sprache gebunden sind; und kulturgebundene Elemente, also solche, die nur in einer bestimmten Kulturgemeinschaft Aussagewert besitzen[24]. Mit Hilfe dieser Sprachmittel wird Appellwirkung erzeugt und entweder Verstand oder Gefühl angesprochen, um die Willenssphäre des Textempfängers zu mobilisieren. Keines der nachgewiesenen Elemente ist unseres Wissens nur auf einzelne oder gar nur auf eine Sprache beschränkt; sie lassen sich vielmehr in allen anderen (abendländischen) Sprachen verifizieren; bei der Übersetzung müssen sie jedoch jeweils unterschiedlich behandelt werden.

4.21 Sprachliche Universalien

Die erste Gruppe appellwirksamer sprachlicher Elemente sei unter der Bezeichnung „sprachliche Universalien"[25] zusammengefaßt, weil es sich um Sprach- und Stilfiguren handelt, die — vorwiegend als Mittel der Rhetorik — seit der Antike in allen Sprachen des westlichen Kulturkreises verankert sind. Für die Übersetzung bieten sie daher im allgemeinen keine besonderen Schwierigkeiten. Sie werden nach unserer Beobachtung in operativen Texten vorwiegend eingesetzt, um die Aufmerksamkeit des Textempfängers zu wecken („Aufhänger"-Technik, suggestive Frage, direkte Anrede), um das Interesse zu erhalten und Anschaulichkeit zu vermitteln (Allegorie-Technik, hyperbolischer Stil), die Einprägsamkeit des Appells zu erleichtern (Paradox, Antithese, Anapher, Polysyndeton, Wiederholungstechnik). Diese Figuren vermitteln oft auch Denkanstöße und unterstützen so die Appellwirkung der Sache auf argumentative Art. In dieser Zielrichtung haben sie in den verschiedenen Sprachen denselben Effekt. Die „Aufhänger"- und Allegorisierungs-Technik z. B. ist im Griechischen wie im Deutschen gleichermaßen üblich, allerdings muß in der Übersetzung darauf geachtet werden, daß nur die *Technik* universal ist[25a], der Inhalt dagegen u. U. kulturgebunden sein kann.

Die Brandallegorie, die den Reichstagsbrand polemisch mit dem Juniaufstand von 1953 in der DDR in Zusammenhang brachte[26], dürfte universal verständlich sein. Wenn aber, wie weiter oben erwähnt, das Skatspiel als „Aufhänger" zur polemischen Verdeutlichung einer politisch kontroversen Frage im Deutschen verwertet wurde[27], so müßte bei der Übersetzung ins Englische etwa das Bridge-Spiel mit seinen Charakteristika als pragmatisch äquivalenter Anknüpfungspunkt gewählt werden. Ähnlich verhält es sich mit dem Paradox und der Antithese. Hier muß bei der Übersetzung lediglich darauf geachtet werden, daß die Paradoxie, die antithetische Gegensätzlichkeit, nicht durch falsche Wortwahl verwischt, sondern in aller Schärfe gewahrt wird.

„Das Ergebnis eines *schreienden Unrechts* kann nicht ein *papierener Protest* sein", rief der damalige Regierende Bürgermeister Willy Brandt auf einer Massenkundgebung in Berlin aus[28]. Die Antithese wäre im Spanischen mit „una injusticia manifiesta" — „una protesta sobre el papel" lexikalisch adäquat wiedergegeben; trotzdem ginge die Schärfe der Antithese von „schreiend" — „papieren" verloren. Während nämlich im Deutschen die Wendung vom „schreienden Unrecht" ihre Wirkung aus der semantischen Inkongruenz[28a] von „schreien" (Lebewesen) und „Unrecht" (abstrakter Begriff) schöpft, spricht die spanische Redewendung von einem „offen zutage tretenden, offensichtlichen (= manifiesto)" Unrecht; dagegen hebt sich das Gegenstück „papieren" (mit der Konnotation: leblos, bloß auf dem Papier stehend) (= sobre un papel) nicht genügend ab. „El resultado de una injusticia *que clama al cielo* no puede ser una protesta *escrita en papel mojado*" kommt wirkungsmäßig der Antithese im Deutschen näher: „que clama al cielo" (himmelschreiend); „excrita en papel mojado" (auf einem Fetzen Papier) mag emotional eine Spur intensiver, etwas gesteigert sein, jedoch ist die Antithese in vollem Ausmaß gewahrt und die emotionale Steigerung entspricht ohnehin eher den rhetorischen Erwartungen des spanischen Lesers[29].

4.22 Einzelsprachlich gebundene Sprachelemente

Das volle Gewicht der Übersetzungsproblematik bei operativen Texten tritt jedoch erst beim Einsatz streng einzelsprachlich gebundener appellwirksamer Sprachmittel zutage.

Hier ist etwa an syntaktische Erscheinungen, den bewußten Stilbruch, den emotional gezielten Einsatz von Fremdwörtern aber auch an die Verwendungsweisen gebundener Sprache, wie Endreim, Stabreim, rhythmisierte Sprache, Sprachspiele, phonostilistische Elemente u. ä. zu denken, die als Sprachmittel an sich zwar allen Sprachen zur Verfügung stehen, aber aufs engste mit den spezifischen Sprachgewohnheiten einer Sprachgemeinschaft, der spezifischen lautlichen Struktur und den unterschiedlichen lexikalischen und stilistischen Bedingungen einer Sprache zusammenhängen. In solchen Fällen verläuft der übersetzerische Entscheidungsprozeß wesentlich komplizierter. An einigen Beispielen soll auch dies verdeutlicht werden.

Slogans — bei Reklame und Propaganda beliebt — üben ihre suggestive Appellwirkung nicht zuletzt über die rhythmisierte Sprache aus; gleichzeitig versuchen sie durch Ausnutzung von Assoziationen und Konnotationen zu wirken. Dabei sind sie im allgemeinen semantisch, oft auch syntaktisch, unbestimmt. Es kann nicht die Absicht des Übersetzers sein, diese gewollte Verschwommenheit zu beseitigen; Slogans wollen ja gerade keine eindeutige Information vermitteln. Es genügt auch nicht, lediglich die Rhythmisierung der Sprache zu erhalten, denn Slogans sind im operativen Text nicht in erster Linie ästhetische Gebilde. Vielmehr stehen sowohl der Rhythmus als auch die Assoziationen im Dienste eines gezielten Appells.

Bei dem Werbeslogan „Füchse fahren Firestone-Phoenix" wird die Assoziation: Fuchs = Schlaumeier[30] über die Alliteration geschickt und suggestiv auf das Produkt Firestone-Phoenix (Autoreifen) weitergeleitet. Durch Substitution würde wahrscheinlich in jeder anderen Sprache der Slogan seine Wirkung verlieren. Die Assoziation der Schlauheit verbindet sich in der Zielsprache u. U. mit einem anderen Tiernamen[31], der sich der durch den f-Laut im Produktnamen determinierten Alliteration nicht einpaßt. Der Ansatzpunkt für die Überlegungen des Übersetzers ist der f-Anlaut des Produktnamens (der als Markenbezeichnung ja nicht verändert werden kann) und die Notwendigkeit, einen günstigen Assoziationsträger in der Zielsprache zu finden. Dabei ist er weder an den Fuchs noch überhaupt an einen Tiernamen gebunden, sondern nur an die auszulösende Assoziation der Klugheit, des besonderen Kennertums. Im Englischen könnte eine äquivalente Übersetzung lauten: „Profies prefer Firestone-Phoenix". Der Sprachrhythmus ist bewahrt, die Alliteration wird vom „Pr" in Profies und prefer geschickt durch das anlautende „f" der jeweils zweiten Silbe auf die „f"-Laute in Firestone und Phoenix übergeleitet; der „Profi" weckt im Zusammenhang mit dem Produkt Autoreifen die Assoziation des Rennfahrers, dem größte Erfahrung in der Wahl guter Reifen zugetraut wird.

In den untersuchten deutschen Texten war die appellative Verwendung von Fremdwörtern zu beobachten. Die Reklame liebt es, auf diese Weise die appellwirksame Vorstellung von Vornehmheit, von Wissenschaftlichkeit, die im Dienste des Glaubwürdigkeitsstrebens steht, zu wecken. In der Propaganda werden — soweit es sich nicht um Fachwörter handelt, deren Verwendung einer sachlichen Notwendigkeit entspricht — allgemein geläufige, aber nicht begrifflich scharf umrissene, sondern affektiv besetzte Fremdwörter besonders gern bei der politischen Invektive benutzt. In diesem Fall kann bei der Übersetzung die Herkunft dieser Fremdwörter zum Problem werden. Bei einer Übersetzung ins Englische verlieren aus dem Englisch-Amerikanischen stammende Wörter u. U. ihre affektive Besetzung, weil sie in der Herkunftssprache begrifflich eindeutig sind und keine der vielleicht pejorativen Nebenbedeutungen enthalten, die sie im Deutschen erworben haben[32]. Ähnlich verhält es sich bei Fremdwörtern, die aus romanischen Sprachen ins Deutsche übernommen wurden, sobald ein deutscher Text in eine dieser Sprachen übersetzt wird. Auch die Möglichkeit, bei Synonymenpaaren aus einem deutschen Wort und einem Fremdwort[33] eine im Deutschen vorhandene nicht begriffliche, sondern emotionale oder ideologisch gefärbte Diskrepanz auszunutzen, ist in anderen Sprachen nicht immer gegeben. Ein Ausweg wäre in solchen Fällen die Hinzufügung eines wertenden Adjektivs (Syntagma statt Einzelwort als Äquivalent[34]), das den im jeweiligen Wort mitgemeinten Nebensinn explizit in die Zielsprache einbringt.

Ein gutes Beispiel für syntaktische Sprachgewohnheiten, die im Interesse einer wirksamen Übertragung bei der Übersetzung umkodiert werden müssen, bietet die Bibel. Eine Eigentümlichkeit des Semitischen und damit des neutestamentlichen Griechisch, das auf diese Umkodierung verzichtete, ist die Bevorzugung der Parataxe vor der Hypotaxe. Durch Außerachtlassung des übersetzerischen Prinzips, daß die Strukturgesetze der Zielsprache den Vorrang genießen (es sei denn, man wolle zu Studienzwecken eine Interlinearversion anfertigen), ist es sogar zu sinnverzerrenden Übersetzungen gekommen. Mt 19,14 wurde zum Beispiel übersetzt: „Warum fasten wir und die Pharisäer, deine Jünger aber fasten nicht?", obwohl doch offensichtlich die Fragenden wissen müßten, warum sie selbst fasten. Das aus dem Semitischen übernommene parataktische Gefüge verstellt den Sinn der Frage, die sich im Deutschen nur durch eine Hypotaxe äquivalent wiedergeben läßt: „Warum fasten deine Jünger nicht, da doch wir und die Pharisäer fasten?"[35].

Die Juden scheuten es auch, das Wort „Gott" auszusprechen, was zur Bevorzugung von Umschreibungen und unpersönlichen Satzkonstruktionen führte. Im Interesse einer unmittelbaren Appellwirksamkeit sollte — zumindest sofern die Bibel als operativer Text übersetzt wird[36] — in Sprachen, in denen das Wort „Gott" nicht tabuisiert ist, die Umschreibung, die für die Semiten als Ersatzlösung transparent war, rückgängig gemacht werden. Lk 12,20 „Noch in dieser Nacht fordert man dein Leben von dir" ist äquivalent mit „Noch in dieser Nacht fordert Gott dein Leben von dir"[37] wiederzugeben; was der

Semite bei „man" mitversteht, ist erst jetzt auch im Deutschen in seiner ganzen Dimension zu verstehen.

Doch auch beim Vorhandensein derselben grammatischen Strukturen in der Ausgangs- und der Zielsprache können noch Unzulänglichkeiten die optimale Äquivalenz einer Übersetzung verhindern, insbesondere dann, wenn die Zielsprache über eine größere Auswahl an Strukturen für dasselbe grammatische Phänomen verfügt, wie es z. B. im Spanischen beim Superlativ der Fall ist. „OMO lava *más blanco*" ist eine — grammatikalisch korrekte — wörtliche Übersetzung des deutschen Werbespruchs „OMO wäscht weißer"[38]. Die Appellwirksamkeit dieser Formulierung[39] dürfte im Spanischen jedoch wesentlich geringer sein, als die offensichtlich originale Werbung für ein spanisches Waschpulver: „ESE lava blanco, blanco, *blanquísimo*"[40], die sich des relativen, aber stark affektiv gefärbten Superlativs bedient, dem im Deutschen etwa ein „blütenweiß" entsprechen würde.

4.23 Kulturgebundene Sprachelemente

Wenn bei den bislang erörterten Übersetzungsproblemen der Übersetzer allein schon aufgrund besonders guter Sprachkenntnisse gute Lösungen finden konnte, so stehen jetzt solche Fälle aus operativen Texten zur Diskussion, deren appellwirksame Übersetzung über die Kenntnisse logischer, psychologischer und sprachlicher Gesetzmäßigkeiten hinaus eine intime Vertrautheit mit den kulturellen und sozio-ökonomischen Gegebenheiten der ausgangs- und zielsprachlichen Gemeinschaft voraussetzt. Unter diesem Blickwinkel sind vor allem die bildhafte und übertragene Ausdrucksweise[41], Vergleiche, Schlag-, Schlüssel- und Reizwörter und die für das Glaubwürdigkeitsstreben operativer Texte so wichtigen „Garanten" zu nennen.

Auch hier seien exemplarisch einige konkrete Fälle dargelegt. Das erste Beispiel betrifft die Modulation von idiomatischen Redewendungen[41a], deren Verwendung die Volkstümlichkeit und Lebendigkeit der Sprache operativer Texte gewährleistet und die bei der Übertragung besondere Aufmerksamkeit erfordern. Dabei muß vorausgesetzt werden, daß der Übersetzer idiomatische Wendungen in der Ausgangssprache als solche erkennt, ihren begrifflichen Kern richtig bestimmt und in der Lage ist, in der ZS eine äquivalente idiomatische Wendung zu finden. Auch in diesem Fall gehen die übersetzungsmethodischen Überlegungen bei den verschiedenen Texttypen unterschiedliche Wege. Im informativen Text läßt sich eine volkstümliche Redensart ohne informatorischen Substanzverlust auch rein begrifflich übersetzen, falls in der Zielsprache keine idiomatisch äquivalente Form zu Verfügung steht. Im expressiven Text kann der Einsatz idiomatischer Redewendungen ein bewußter, die Expressivität des Textes charakterisierender Vorgang sein. Hier käme es bei rein begrifflicher Wiedergabe in der Zielsprache zu einem für diesen Texttyp unverzichtbaren Verlust an Expressivität[42]. Der Übersetzer müßte also zumindest von der Möglichkeit des „versetzten Äquivalents"⁴³ an geeigneter Stelle Gebrauch machen, um wenigstens in der Gesamtökonomie des Textes die expressive Gewichtung optimal auszugleichen. Wieder anders verhält es sich beim operativen Text. Die idiomatische Redewendung ist u. U. gerade an dieser einen bestimmten Stelle zum Zweck der Appellwirkung eingesetzt. Ein versetztes Äquivalent würde die Gesamtökonomie des Textes in expressiver Hinsicht ausreichend ausbalancieren. Dagegen könnte für den speziellen Situationszusammenhang, für den die appellative Redeweise ausgenutzt werden sollte, durch eine rein begriffliche Ausdrucksweise in der Zielsprache an dieser Stelle der Appell völlig verloren gehen und damit die Redeweise funktionsinadäquat werden.

Wenn der Münchner OB-Kandidat Kronawitter sich bei Straßenpassanten mit den Worten „Ich weiß, daß die Münchner nicht gern die Katze im Sack kaufen" sympathiewerbend und mit dem Angebot, alle ihre Fragen zu beantworten, vorstellte⁴⁴, so kommt es gerade an dieser Stelle auf die bildhafte, idiomatische Redewendung an. Ein Gutteil der Appellwirksamkeit wäre verloren und manch ein Passant unberührt weitergegangen, wenn Kronawitter stattdessen nüchtern (und umständlicher) gesagt hätte: Ich weiß, daß die Münchner den Mann, den sie wählen sollen, gerne vorher testen möchten. Der implizite Appell würde möglicherweise ungehört verhallen, die Chance für weitere Wahlpropaganda bei Rede und Antwort wäre verpaßt. Beim operativen Text müßte demnach an der gleichen Stelle wie im Ausgangstext die volkstümliche Redewendung — sofern sie in der Zielsprache kein idiomatisches Äquivalent besitzt — durch *ein anderes Element appellativen Sprachgebrauchs* — z. B. eine suggestive Frage, ein Sprichwort etc. — ersetzt werden, selbst wenn es begrifflich nicht mit der Formulierung in der Ausgangssprache deckt.

Besonders prekär ist bei der Übersetzung operativer Texte die Behandlung übertragener Verwendungsweisen und bildlicher Bedeutungen. Bildhafte Sprache ist nicht nur strukturell an die Einzelsprache gebunden; sie steht überdies in engem Zusammenhang mit literarischen und ästhetischen Traditionen und Konventionen⁴⁵. Ein gleiches gilt für anschauliches Sprechen mit Hilfe von Vergleichen. Um auf einen Textempfänger in diesem Sinne einwirken zu können, muß das Verglichene bekannt sein. „Klein wie ein Senfkorn" und andere aus der agrarischen Kultur der Urchristenheit entnommene bildliche Vergleiche in der Bibel können kaum noch unmittelbar appellwirksam sein, weil die Vergleichs- und Bildobjekte den Textempfängern im Atomzeitalter vielfach nicht mehr bekannt sind⁴⁶.

Auch Schlag- und Reizwörter, die sich von einem normalen Wort ja doch nur dadurch unterscheiden, daß sie in einem bestimmten, zumeist noch orts- und zeitgebundenen kulturellen Kontext verwendet werden, verlieren bei der Übersetzung ihre Appellwirkung, weil ihnen in der Zielsprache die Affektgeladenheit abgeht. Der Übersetzer wird auch hier „umkodieren" müssen, ohne dabei unzulässigerweise den Inhalt des Textes zu verfälschen. Er kann sich u. U. mit graphischen Zusätzen helfen oder durch auf- bzw. abwertende lexikalische Zusätze die Affekte mobilisieren, die von dem substituierten Wort allein unberührt bleiben. Wird zum Beispiel in einem deutschen Propagandatext das Reizwort „die Mauer" verwendet, so kann in diesem Fall inhaltlich nichts verändert, also keine Modulation vorgenommen werden, da dem Wort eine ortsgebundene Realität entspricht. Der appellwirksame „Aha-Effekt" des Reizwortes im Deutschen ließe sich im Spanischen etwa durch Verwendung von Anführungszeichen — „la muralla" de Berlín — oder durch den Zusatz eines affektiven Adjektivs — la ignominiosa muralla de Berlín — erzielen; beide Mittel werden in der spanischen Presse tatsächlich verwendet.

Die Anführung von Zitaten und Sprichwörtern, die Verwendung von literarischen Anspielungen und die Erwähnung von Garanten sind charakteristisch für den operativen Text. Gerade sie sind aber fast immer kulturgebunden und damit in ihrer Appellwirksamkeit zumeist auf die Empfänger des Ausgangstextes begrenzt.

Wenn die Anspielung auf den Caesar-Ausspruch „Veni, vidi, vici" (frz. Je suis venu, j'ai vu, j'ai vaincu) im Französischen ausgenutzt wird, um für eine Weinmarke zu werben: „Je suis venu, j'ai bu, je suis convaincu", so könnte über die einfache Substitution im Deutschen „Ich kam, ich trank, ich war besiegt" die Werbung auch wirksam sein, weil sie aufgrund kultureller Gemeinsamkeiten gleiche Assoziationen weckt. Anders liegt der Fall, wenn bei einer zweiten Weinwerbung der Ausspruch König Franz'I. („Souvent femme varie") zugrunde liegt: „Souvent femme varie. Les vins du Postillon ne varient jamais"[47]. Hier ist kein gemeinsamer Ansatzpunkt für eine bloße Substitution im Deutschen gegeben. Eine Lösung wäre die Umprogrammierung auf eine in deutscher Sprache geläufige literarische Vorlage ähnlichen Bekanntheitsgrades; etwa: „Frauenherzen sind trügerisch, Postillon-Weine betrügen dich nie."

Wenn schließlich Garanten für die Legitimität des Sachappells angeführt werden, so hängt die Wirksamkeit des Verfahrens natürlich davon ab, ob die Glaubwürdigkeit dieses Garanten auch für den ZS-Empfänger ersichtlich ist, weil ihm dieser Garant bekannt ist und er in seinen Augen auch Autorität und Vertrauenswürdigkeit genug besitzt.

Werden — wie beispielsweise in der Konsumwerbung — fiktive Personen, anonyme Experten herangezogen, so genügt im Deutschen der Zusatz des Dr.Titels zu einem imaginären Namen. Dieser Mechanismus funktioniert in anderen Sprachen nur, wenn auch dort ein Titel allein schon Hochachtung und Vertrauen auf sich zieht. Andernfalls müßte der Titel etwa durch eine angesehene Berufsbezeichnung ersetzt werden. Konkrete Ereignisse und Personen, Gewährsleute, besonders in der Politik, auch wenn sie paradoxerweise dem gegnerischen Lager angehören, entfalten in der ZS nur dann ihren vollen Garantiewert, wenn sie dem ZS-Empfänger in ihrer vollen Garantiekapazität bekannt sein können. Wenn z. B. in einer beschwörenden Bundestagsrede Freiherr von Guttenberg den „von mir geschätzten Kollegen Helmut Schmidt" zum Kronzeugen anruft, d. h. einen Politiker aus dem parteigegnerischen Lager

— dessen Garantiewert und Appellwirksamkeit daher um so höher zu veranschlagen ist — so muß dieses Faktum, das aufgrund seiner Bekanntheit in der Ausgangssprache implizit mitverstanden wird, in der Zielsprache explizit geäußert werden[48].

Oft werden in den kommerziellen, den politischen und den religiösen „Werbe"text Sprichwörter eingewoben. „Sprichwörter sind gute Zeugen", heißt es schon bei Aristoteles. An diesem appellwirksam eingesetzten Element sei abschließend noch einmal die adäquate Übersetzungsmethode für die drei Grundtypen von Texten und speziell die Übersetzungsproblematik operativer Texte erläutert.

Das Sprichwort ist — wie auch alle anderen Elemente appellativen Sprechens — grundsätzlich nicht auf einen Texttyp beschränkt. Während jedoch manche Textsorten des informativen Texttyps — etwa juristische Dokumente oder naturwissenschaftliche Fachtexte — und des expressiven Typs — etwa die Gedankenlyrik, die wegen ihrer Subjektivität und Individualität Klischees aller Art vermeidet — kaum je ein Sprichwort enthalten werden, gibt es beim operativen Texttyp keine Textsorte, in der Sprichwort und sprichwörtliche Redensart nicht vorkommen oder doch zumindest vorkommen könnten. Sie entsprechen in ihrer Einfachheit und Schlichtheit, mit ihrer starken Bildkraft, den allgemeinen Gestaltungsprinzipien des operativen Textes zu gut, als daß man auf sie verzichten könnte und möchte.

Sprichwörter gehören grundsätzlich zum literarischen Bestand einer jeden Kultur, insofern dürften sie bei der Übersetzung nicht auf unüberwindliche formale Schwierigkeiten stoßen. Nun gibt es allerdings Sprichwörter, die in einem Kulturkreis — wie etwa dem abendländischen — heimisch sind und daher in mehr oder minder unerheblichen Variationen in allen Sprachen dieses Kulturkreises vorkommen[49]; hier ist etwa an Sprichwörter zu denken, die aus der Antike oder aus der Bibel stammen und mit den Klassiker- und Bibelübersetzungen als Lehnsprichwörter in die Einzelsprachen übernommen wurden. Sie sind leicht in jeder Sprache zu identifizieren und werden in allen Texten einfach in der jeweils zielsprachüblichen Form substituiert. Daneben gibt es jedoch auch Sprichwörter, die an die besonderen kulturellen Gegebenheiten einer Sprachgemeinschaft gebunden sind. Bei der enormen Rolle, die der Stierkampf seit Jahrhunderten in Spanien spielte, ist es z. B. nicht verwunderlich, daß der Stier als Symbolfigur in vielen Sprichwörtern erscheint. Wie verhält sich der Übersetzer angesichts eines solchen Phänomens?

„Huyendo del toro, cayó en el arroyo" (Vor dem Stier fliehend, fiel er in den Bach): diese sprichwörtliche Redensart erfüllt alle Bedingungen eines Sprichworts — Prägnanz, Bildhaftigkeit, rhythmisierte Sprache und Reim. Sie nimmt Bezug auf die in Spanien besonders auf dem Lande üblichen „novilladas", Stiergefechte mit jungen Stieren. Bei der Übersetzung eines informativen Textes, in dem diese Redewendung erschiene, würde es völlig genügen, den ihr zugrundeliegenden Gedanken wiederzugeben: „Ein Unglück kommt selten allein!"[50] Bei einem expressiven Text genügt nicht die Wiedergabe des Gedankens, sondern außer der rhythmisierten Sprache sollten als besondere Kennzeichen des Sprichworts auch die Bildhaftigkeit (durch die Symbolfigur des „toro", die für den Spanier Situationsassoziationen auslöst) und die Zweigliedrigkeit der Sprachfigur erhalten bleiben. Außerdem wäre es möglich, daß im spanischen Text gerade dieses Sprichwort gewählt wurde, weil diese spezielle Symbolfigur auch im größeren Kontext eine Rolle spielt[51]. Hier sollte der Übersetzer im Einklang mit den für diese Sprachfigur gültigen inneren und äußeren Formgesetzen ein Sprichwort im Deutschen nachschaffen, denn bei expressiven Texten darf dem zielsprachlichen Leser zugemutet werden, sich in die Denk- und Symbolwelt der AS-Sprachgemeinschaft hineinzuversetzen und dadurch seine eigene Vorstellungswelt zu bereichern. Die Lösung des Problems könnte etwa lauten: „Er floh vor dem Stier und fiel in den Graben". Jetzt sind Rhythmus, Bildhaftigkeit und Zweigliedrigkeit, die expressiven Hauptelemente des Sprichworts gewahrt.

Bei einem operativen Text, der unmittelbare Appellwirkung ausüben soll, würde das Verlangen an den ZS-Textempfänger, sich zuerst in die Lebenswelt des AS-Adressaten einzudenken, den Weg des Appells u. U. unzulässig verlängern. Die Lösung des Übersetzungsproblems kann also, obwohl die rhythmisierte Sprache und die Bildhaftigkeit auch für den operativen Text relevant sind, nicht auf dem gleichen Wege gesucht werden, wie beim expressiven Text, da u. U. das Sprichwort darüberhinaus als „Beweismittel" für die Glaubwürdigkeit eines Appells gelten soll; auch der Lösungsvorschlag für den informativen Text befriedigt jetzt nicht mehr, weil ihm die Komponente der Bildhaftigkeit bzw. des Rhythmus fehlt. Beim operativen Text müßte die gedankliche Grundlage — man kann seinem Unglück nicht ausweichen — Ansatzpunkt für die Suche nach einem deutschen Sprichwort sein, das diesen Gedanken ebenso bildhaft und unmittelbar einleuchtend ausdrückt. Die Lösung könnte das deutsche Sprichwort sein: „Wer Unglück haben soll, stolpert im Grase, fällt auf den Rücken und bricht sich die Nase."

4.24 Zusammenfassung

An einigen Beispielen ist erläutert worden, worin die spezielle Problematik der Übersetzung operativer Texte besteht, welche Überlegungen die Entscheidungsprozesse beim Übersetzer lenken. Die im operativen Text verwendeten Sprachmittel sind nicht nur Vehikel zur Übermittlung von Information und nicht nur ästhetische Formelemente. Ebenso sind Bilder nicht nur anschaulich und ist der Rhythmus nicht nur ein expressives Element der Sprache. Auch dienen Reizworte nicht nur als Träger von Information über politische Sachverhalte; vielmehr stehen alle erwähnten sprachlichen Elemente im Dienste einer übergeordneten Funktion: sie sollen appellwirksam sein und den Textempfänger zu tätiger Reaktion auf den Appell veranlassen. Beim Übersetzen solcher Texte ist also von Fall zu Fall die Frage zu stellen: wie wirkt das jeweilige sprachliche Element in der Ausgangssprache? Weckt es Emotionen, nutzt es Assoziationen, dient es der Anschaulichkeit, der Glaubwürdigkeit, hat es besonderen Aufmerksamkeits- oder Erinnerungswert? Erst wenn der Übersetzer sich diese Frage beantwortet hat, kann er, auf den ZS-Empfänger ausgerichtet, — unter Berücksichtigung von dessen Mentalität, dessen soziokulturellen Gegebenheiten, der Gewohnheiten und Gesetzmäßigkeiten seiner Sprache —, nach dem optimalen Äquivalent in der Zielsprache suchen. Dabei kommt es dann nicht primär auf die Erhaltung der begrifflichen oder der ästhetischen Komponente der Sprachmittel an, sondern auf die Erhaltung des sprachlichen Appells.

ANMERKUNGEN

1 E. A. *Seibel*, (125), S. 14
2 Vgl. hierzu wiederum die Tabelle sprachlicher Ausdrucksebenen, nach R. *Klappenbach*/W. *Steinitz*, (74), S. 012 f: dichterisch, gehoben, normalsprachlich, umgangssprachlich, salopp-umgangssprachlich, vulgär.
3 Vgl. S. 68 ff. Vgl. Originalvers und Reklamevers im Wortlaut ebendort.
4 In diesem Text sind die einzelnen Worte — und darin liegt die theoretische Legitimation des Eingriffs in die Art der Verbalisierung — ja nicht mit Notwendigkeit gebraucht, sie sind ersetzbar und austauschbar, allerdings unter einer Voraussetzung: der Reizeffekt, dem sich die Worte hier unterordnen, muß erhalten bleiben.
5 Zur Erläuterung dieses Prinzips sei der Versuch anhand eines Verses von Goethe unternommen:
Goethe: Willst du immer weiter schweifen? / Sieh, das Gute liegt so nah. / Lerne nur, das Glück ergreifen, / Denn das Glück ist immer da.
Reklame: Willst du immer weiter schweifen? / Sieh, das Gute liegt so nah. / Lerne nach *Duquesne zu greifen*. / *Rum Duquesne sei* immer da.
6 Vgl. S. 59.
7 Für gewisse Bevölkerungsschichten in Spanien hat sich das inzwischen zwar geändert. Trotzdem hat die Butter in Spanien auch heute noch nicht denselben Konsum-Stellenwert wie in Deutschland.
8 Vgl. H. *Wehrmann*, (152), S. 420
9 Titel einer Sendereihe des Ersten Deutschen Fernsehens (ARD). Das Beispiel stammt aus der Sendung vom 23. 8. 69. Autor: Wilhelm *Stählin*; abgedruckt in A. *Lange*, (84), S. 96 f.
10 So z. B. beim Gut-Hirten-Gleichnis die Umwandlung der Schafe in Seehunde in der Eskimobibel; die Umwandlung des Sees in einen Sumpf in einer Bibel für Indianer des ariden Hochlands von Mexiko. Vgl. S. 25, Anm. 8
11 H. *Bullinger*, (22), S. 825
12 Vgl. S. 59.
13 Auch F. *Kainz*, (72), S. 380, betont ganz generell: „Der Übersetzer muß somit auch über eine nationalcharakterologisch fundierte Kenntnis des Stils der betreffenden (AS u. ZS) Sprachen und ihrer bevorzugten Ausdrucksgepflogenheiten verfügen. Handelt es sich dabei um Sprachen, die einem fernliegenden Kulturkreis angehören, so wird darüber hinaus noch ein beträchtliches Maß von ethnologisch-kulturkundlicher

Kenntnis dazuzukommen haben." Diese letztere Forderung muß — zumindest für operative Texte — auch auf „naheliegende" Kulturen und die Kenntnis der Völkerpsychologie ausgedehnt werden.

14 Nach J. D. *Bödeker*, (11), S. 26 Lehrerheft, spricht sie das Unterbewußtsein am stärksten an, wenn wir es auch nicht gern wahrhaben wollen.

15 In der spanischen Reklamesprache ist nach Chr. *Nogradnik*, (97), S. 50, der Imperativ die meistgebrauchte Verbform.

15a Vgl. zum Imperativ die Ausführungen von M. *Silverstein*, (130), S. 203. Er verweist darauf, daß die Funktionen des Imperativs interkulturell dieselben sind, daß jedoch die vielerlei imperativischen Konstruktionen in unterschiedlichem Maße als „höflich" oder autoritär angesehen werden und ihr Einsatz im Text in nicht geringem Maße auch vom Verhältnis zwischen Sender und Empfänger (Statusbeziehungen) abhängt.

16 Beispiel und Kommentar bei G. *Rabuse*, (102), S. 829 f.

17 Vgl. 3.1 und 3.2

18 Vgl. S. 91.

19 Aus der Debatte über das konstruktive Mißtrauensvotum im Deutschen Bundestag, abgedruckt in: Süddeutsche Zeitung, 28. 4. 72, S. 10

20 Beispiele für dieses Verhalten sind etwa die Reaktionen der Spanier auf die Ächtung Spaniens durch die UNO (1946), das Münchner Manifest (1962) und die ausländischen Stellungnahmen zum Burgos-Prozeß (1970), die in Spanien als eine Verleumdungskampagne des Auslandes betrachtet wurden.

21 Hier zitiert nach I. *Hantsch*, (53), S. 102

22 Wenn ein Spanier beispielsweise den affektiv bedingten metaphorischen Kraftausdruck „¡Burro!" (Du Esel!) benutzt, so steht für ihn dahinter das Begriffselement der Ungeschliffenheit, während im Deutschen der Esel ein Inbegriff von Dummheit ist. (Vgl. W. *Beinhauer*, Spanische Umgangssprache, Bonn 1958, S. 37)

23 Die folgenden Ausführungen beziehen sich, soweit nicht eigens anders vermerkt, grundsätzlich auf die Sprachen des abendländischen Kulturkreises.

24 Vgl. dazu den Hinweis bei H. J. *Vermeer*, (147), S. 44, daß es nicht nur sprach-, kulturspezifische und universale Begriffe gibt, sondern daß auch bei Kommunikation und Verhalten je sprach-, kulturspezifische und universale Phänomene zu unterscheiden sind.

25 Vgl. dazu die Ausführungen bei F. *Kainz*, (72), Bd. V, II, S. 29 ff. zu den „Sprachuniversalien".

25a Vgl. dazu U. *Eco*, (35), S. 420 f.: „Hier tritt das Problem der ‚Universalien der Sprache' auf, d. h. jener Konstanten, die bewirken, daß in jeder bekannten Sprache identische Lösungen gefunden werden (was auch heißt: das Problem, warum es eine intersubjektive Basis der Kommunikation gibt). Charles Osgood meint, daß die Codes der verschiedenen Sprachen wie Eisberge seien, von denen man nur einen kleinen Teil kenne, der aus dem Wasser auftauche: darunter verbärgen sich die Potentiale, die der Entwicklung der Sprache gemeinsam seien, die ‚universellen Mechanismen' der Metapher und der Synästhesie, die an allen Menschen gemeinsame biologische und psychologische Wurzeln gebunden seien."

26 Vgl. Th. *Pelster*, (101), S. 95 ff.

27 Vgl. a. a. O., S. 147

28 Ansprache abgedruckt in *Der Tagesspiegel*, Berlin, 17. 8. 1961, S. 3

28a Zum Terminus der semantischen Kongruenz vgl. W. *Leisi*, (85), S. 68 ff.

29 Vgl. dazu K. *Reiss*, (108), S. 48 f.

30 Ein typisches Beispiel für eine nur teilweise Ausnutzung einer Konnotation. Laut *Nida/Taber*, (96), S. 95, gilt im Deutschen der Fuchs nicht nur als schlau, sondern auch als betrügerisch.
31 Mit dem Hasen, der Spinne, dem Raben etc.; Angaben a. a. O.
32 Das kann bei jedem Fremdwort in jeder Sprache der Fall sein. Nach F. *Kainz*, (72), V, 1, S. 407, ist es „gesicherte Tatsache, daß eine bestimmte Sprache das von ihr aus anderen Sprachen übernommene Wortgut ändert."
33 Z. B. Profit-Gewinn; Akkordlohn — Leistungslohn; Patriotismus — Vaterlandsliebe; Manieren — Umgangsformen; Ambition — Ehrgeiz.
34 Vgl. dazu G. *Wahrig*, (151), der Syntagmen als Lexikon-Einheiten betrachtet.
35 Beispiel bei J. *Blinzler*, (10), S. 244
36 Vgl. dazu die Ausführungen S. 90.
37 Beispiel ebenfalls bei J. *Blinzler*, (10), S. 244
38 Im Spanischen kann das „más blanco" als Adverb jedoch auch als Superlativ ausgelegt werden: „am weißesten".
39 Sie geht wahrscheinlich auf das Verbot direkt vergleichender Werbung im Deutschen zurück, das zur häufigen Verwendung des sogenannten unvollständigen Komparativs geführt hat. Aber auch in anderen Sprachen erfreut sich dieser wachsender Beliebtheit. Neben dem Verbot direkt vergleichender Werbung liegt dies nach I. *Hantsch*, (53), S. 99, auch daran, daß es den Werbetexten widerstrebt, nichtssagende Superlative zu verwenden, während der unvollständige Komparativ unterschwellig den Leser dazu verlockt, den „angelegten" Vergleich selbst zu ziehen — natürlich zugunsten des angepriesenen Produkts. Vgl. S. 74, Anm. 34
40 Beispiele bei Chr. *Nogradnik*, (97), S. 51
41 Vgl. F. *Kainz*, (72), V,1, S. 412, der auf das Nebeneinander von Universalien und kulturgebundenen Sprach- und Stilfiguren hinweist: „Zweifellos gibt es eine allgemein menschliche Lebens- und Weltweisheit, ebenso eine unmittelbare Natur- und Menschenbetrachtung, und eben diese sind die Ursache dafür, daß sich die erwähnten Äquivalente (für sprichwörtliche Redensarten, Bilder und Metaphern) aufweisen lassen, daß gewisse Sprichwörter und kondensierte Erfahrungssätze der „Weisheit der Gasse" von Volk zu Volk verständlich sind. Aber daneben finden sich weit kenntlicher hervortretende charakteristische Differenzen: für den Übersetzer bedeuten sie eine besondere Klippe, für den Volkspsychologen eine Quelle von Aufschlüssen."
41a Zur Idiomatik als „Spiegel einer Nation" und ihrem Einfluß auf die Übersetzung vgl. auch A. *Senger*, (128), S. 44 f; zur Definition von „Idiomen", G. *Blanke*, (9), S. 49
42 „Schwierig ist nur, daß zu wenige Übersetzer mit den Möglichkeiten idiomatischer Ausdrucksweise genügend vertraut sind. Das Endergebnis ist dann eine Schwächung der bildlichen Kraft der Sprache, weil der Verlust bestimmter Idiome nicht durch die Einführung anderer ausgeglichen wird", heißt es hierzu bei *Nida/Taber*, (96), S. 113
43 Zu diesem Begriff vgl. R. *Kloepfer*, (76), S. 116 f.
44 Nach einer Reportage in der *Süddeutschen Zeitung*, vom 6. 6. 1972
45 Vgl. B. *Ilek*, (62), S. 135: „There is a close connection between an image and a specific language. The poet finds his images in the material of his language, but the language is not passive, and it often suggests a solution which is possible only in that language." Vgl. auch die instruktiven Beispiele bei R. *Jakobson*, (66), S. 237

46 Nur dort, wo ein biblisches Bildwort dieser Art wirklich geläufig ist, schafft die Gewöhnung an es eine Art sekundärer Evidenz, die ihm auch ohne Anschauung eine ausreichende Wirksamkeit sichert.
47 Beide Beispiele bei G. *Rabuse*, (102), S. 830
48 Ein Zusatz erfolgt jetzt jedoch nicht, wie bei dem angeführten Beispiel zu einem informativen Text — vgl. S. 107, Anm 59 —, weil die im AS-Text gegebene Information sonst in der ZS verkürzt würde, sondern weil ohne den Zusatz die Appellwirkung geschmälert würde.
49 Vgl. S. 125, Anm 41
50 Nach W. *Kolbe*, (79), S. 167; Aber auch: „Er kam vom Regen in die Traufe" hätte gleichen Informationswert.
51 Das schließt die Möglichkeit aus, etwa auf die Spruchweisheit der Bibel (Amos 5,19) zurückzugreifen: „Es ist, wie wenn einer vor dem Löwen flieht, da packt ihn der Bär, und er entkommt nach Haus und stützt seine Hand an die Wand, da beißt ihn die Schlange."

TEIL V

5. Zusammenfassende Darstellung des Ablaufs und der Ergebnisse der Untersuchung

Die Übersetzungswissenschaft hat sich erst in den letzten zehn bis fünfzehn Jahren als selbständige wissenschaftliche Disziplin konstituiert. Ihr Gegenstand ist der Übersetzungsprozeß als ein zweisprachiger Kommunikationsvorgang, der zwei Hauptphasen umfaßt: die Erfassung eines ausgangssprachlichen Textes in allen seinen Dimensionen (Verstehensphase) und die Neuformulierung des Verstandenen in einer Zielsprache (Reverbalisierungsphase). Das Ergebnis des Übersetzungsprozesses soll dabei ein (in möglichst allen Dimensionen) äquivalenter zielsprachlicher Text sein.

Während früher die übersetzungstheoretischen Erwägungen vorwiegend sog. literarischen Texten und der Bibelübersetzung galten, wobei sprachphilosophische, ästhetische und hermeneutische Probleme im Vordergrund standen, wendet sich die moderne Übersetzungswissenschaft in stärkerem Maße linguistischen und kommunikationstheoretischen Überlegungen und Methoden zu. Dabei sucht sie nach einer einheitlichen Übersetzungstheorie, die auf Texte aller Art anwendbar ist. Diese Entwicklung hängt einerseits mit dem nach dem zweiten Weltkrieg durch die zunehmende internationale Verflechtung außerordentlich gesteigerten Bedarf an Übersetzungen — vorwiegend aus dem Bereich informationsvermittelnder, pragmatischer Texte — zusammen und wurde andrerseits durch die Tatsache gefördert, daß die moderne Linguistik sich in zunehmendem Maß sprachanalytischen und -strukturellen Untersuchungen öffnete.

Insbesondere die Textlinguistik und die auf ihr fußende Textwissenschaft sind geeignet, der jungen Übersetzungswissenschaft entscheidende Impulse zu vermitteln und ihrerseits Ergebnisse übersetzungswissenschaftlicher Forschung für sich selbst fruchtbar zu machen.

Wie bereits einleitend bemerkt, versteht sich auch die vorliegende Untersuchung als ein übersetzungswissenschaftlicher Beitrag zur Textwissenschaft. Ihr Hauptziel war es, eine Relation zwischen Texttypen und der ihnen jeweils angemessenen Übersetzungsmethode herzustellen, anders gesagt, für verschiedene Texttypen spezifische Übersetzungsmethoden zu entwickeln.

Um die bisher ausschließlich zugrundegelegte Dichotomie von Gebrauchstexten und literarischen Texten, die sich für die Erörterung und Lösung von Übersetzungsproblemen als nicht ausreichend erwies, zu überwinden, befaßt sich Teil I der Studie mit der Erarbeitung einer *übersetzungsrelevanten* Texttypologie. Als erster Ausgangspunkt dient dabei die Sprache, das Material, aus dem zu übersetzende Texte bestehen. Im Anschluß an das Bühler'sche Organon-Modell werden im Hinblick auf die sprachformale Textgestaltung drei Grundtypen von Texten isoliert: der darstellende, der ausdrucksbetonte und der appellbetonte Typ, die jeweils durch die bei ihnen festzustellende Dominanz einer der drei Sprachfunktionen charakterisiert sind. Der sprachwissenschaftliche Zugang zur Texttypologie gibt jedoch nur eine erste Orientierung, da es für die *Übersetzung* nicht nur von Bedeutung ist, *wie* ein Autor etwas mitteilt, sondern auch, *zu welchem Zweck* er es tut. Bei der Übersetzung als zweisprachigem Kommunikationsvorgang rückt daher der Gesichtspunkt in den Vordergrund, welche *Mitteilungsfunktion* ein Text erfüllen soll. Damit erweisen sich kommunikationstheoretische Überlegungen als unerläßlich.

Kommt bei einem Kommunikationsakt dem *Redegegenstand* die höchste Bedeutung zu, so steht im allgemeinen die Informationsvermittlung im Vordergrund; geht der Kommunikationsimpuls vom Ausdrucks- und Gestaltungswillen des *Senders* (= Textautor) aus, so wird in der Regel ein Sprach- oder Dichtkunstwerk geschaffen; wird die Kommunikation vor allem auf die Beeinflußbarkeit des *Empfängers* abgestellt, so sollen in erster Linie Verhaltensimpulse ausgelöst werden. Aus dieser Erkenntnis läßt sich wiederum eine Trias von Texttypen gewinnen, die, der jeweiligen kommunikativen Funktion der Texte entsprechend, als informativer, expressiver und operativer Typ bezeichnet werden.

Die auf sprachwissenschaftlicher Basis gewonnenen Texttypen lassen sich nun zu den auf dem Weg über kommunikationstheoretische Erwägungen gewonnenen Texttypen in Parallele setzen.

Wenn man davon ausgeht, daß in der Regel informative Texte (ihre kommunikative Funktion ist Informationsvermittlung im weitesten Sinne) sich vorwiegend darstellender Sprache bedienen, expressive Texte (ihre kommunikative Funktion ist kreative Setzung und künstlerische Gestaltung von Inhalten) sich überwiegend die Ausdrucksfunktion der Sprache zunutze machen und operative Texte (ihre kommunikative Funktion liegt in der Auslösung von Verhaltensimpulsen) sich vor allem durch appellative Sprachverwendung auszeichnen, so läßt sich generalisierend eine Zuordnung von darstellenden : informativen, ausdrucksbetonten : expressiven, appellbetonten : operativen Texten rechtfertigen. Bei allen „hybriden" Texten (z. B. darstellende Sprache — operative Textfunktion, ausdrucksbetonte Sprache — informative Textfunktion, appellbetonte Spache — expressive Textfunktion etc.) ist für die Übersetzung die *kommunikative Funktion* der Texte *vorrangig* bei der Reverbalisierung des AS-Textes in der ZS durch geeignete Auswahl der Sprachmittel zu berücksichtigen, da eine Übersetzung auf jeden Fall Kommunikation herstellen soll und es bei ihr daher in erster Linie auf die Erhaltung der kommunikativen Funktion des AS-Textes in der ZS ankommt.

Gerade der kommunikationstheoretische Zugang bringt jedoch den Nachweis, daß dieser Trias von Grundtypen ein vierter, der audio-mediale, Texttyp hinzugefügt werden muß, bei dem die Rücksicht auf nichtsprachliche Zusatzelemente und den speziellen Textverbreitungsmodus die Verbalisierung einschneidend beeinflußt.

Die übersetzungsrelevante Texttypologie umfaßt demnach

1. den informativen
2. den expressiven
3. den operativen
4. den audio-medialen Text,

deren Hauptcharakteristika und deren Verbalisierungsmodi kurz beschrieben werden.

Im Anschluß daran wird die intentionsadäquate Übersetzungsmethode für jeden dieser Texttypen benannt und auf ihre spezifische Zielsetzung untersucht. Auch der Tatsache, daß in der Praxis bei Übersetzungen ein Wechsel der kommunikativen Funktion oder des Adressatenkreises nicht selten vorgenommen wird, ist durch Einführung der Begriffe Primär-, Sekundär- und Tertiärfunktion einer Übersetzung Rechnung getragen.

Teil II der Arbeit greift von den vier erarbeiteten Texttypen den operativen Typus heraus, um ihn detailliert auf seine Qualitätsmerkmale hin zu untersuchen und zu beschreiben. Von jetzt an steht also dieser Texttyp im Vordergrund des Interesses. Zur schärferen Profilierung erfolgen jedoch durchgängig immer wieder Vergleiche mit den anderen Texttypen. Der operative Text wurde gewählt, weil er bisher als eigener Texttyp in der übersetzungswissenschaftlichen Diskussion und Literatur noch nicht erkannt und abgegrenzt worden ist. Nach einer Definition des Begriffs wird das Untersuchungsmaterial (das sich auf drei Test*sorten* des operativen Texttyps ausdrücklich erstreckt, wobei sich jedoch bereits mögliche Rückschlüsse für weitere, nicht eigens untersuchte Textsorten dieses Typs abzeichnen) vorgestellt und dann in seiner charakteristischen Beschaffenheit beschrieben. Dabei ergibt sich eine Unterteilung nach *textkonstituierenden* Merkmalen (Appellfunktion, Dominanz des Empfängerbezugs, Diskrepanz zwischen Redegegenstand und Redeweise), die sich aus der kommunikativen Funktion dieser Texte herleiten, und nach *textspezifischen* Merkmalen, die die sprachliche Gestaltung der Texte charakterisieren. Es stellt sich heraus, daß es nicht in erster Linie darauf ankommt, *welche* Sprachmittel im einzelnen eingesetzt, sondern darauf, *in welcher Absicht* sie verwendet werden. Operativ wird ein Text durch den gezielten und z. T. auch gehäuften Einsatz sprachlicher Mittel im Dienste bestimmter appellwirksamer *Gestaltungsprinzipien*. Angesichts der Intentionalität des operativen Textes lassen sich diese Gestaltungsprinzipien als Sprachverwendungsstrategien zur Beschreibung von Texten heranziehen. Eruiert wurde dabei: Volkstümlichkeit, Verständlichkeit, Lebensnähe und Aktualitätsbezug (sie dienen dazu, das Interesse am Redegegenstand zu wecken und möglichst viele Empfänger anzusprechen); Einprägsamkeit und Suggestivität der Sprache, hoher Erinnerungswert (sie sollen die Disposition des Empfängers zur Aufnahme des Appells intensivieren und erhalten); Emotionalität der Sprache, Sprachmanipulation, vorgeprägtes Werturteil und Glaubwürdigkeitsstreben (sie stehen vorwiegend im Dienste der Provokation des Empfängers zur antwortenden Tat). Es wird ausführlich dargelegt und belegt, wie die verschiedensten Sprachelemente durch ihren gezielten Einsatz für diese Gestaltungsprinzipien fruchtbar gemacht werden können.

Teil III der Arbeit macht es sich zur Aufgabe, im Anschluß an die Ergebnisse des II. Teils die in Teil I vorgeschlagene textgerechte Übersetzungsmethode für den operativen Texttyp detailliert zu beschreiben, zu begründen und von den für die anderen Texttypen angebrachten Übersetzungsmethoden abzusetzen. Die Rolle des Übersetzers im zweisprachigen Kommunikationsakt wird unter Berücksichtigung der Texttypen beleuchtet und anschließend die Frage nach dem Sinn der Übersetzung operativer Texte, bei der die unterschiedliche Pragmatik von AS- und ZS-Empfängern eine besonders große Rolle spielt, gestellt. Diese letztere Frage erweist sich unversehens als von hohem Aufschlußwert für die Beschreibung der intentionsadäquaten (= die kommunikative Funktion des Textes wahrenden) Übersetzungsmethode für den operativen Text, die nun als die adaptierende Methode bezeichnet werden kann.

Die jeder Übersetzung vorangehende Textanalyse, die zur Bestimmung der intentionsadäquaten Übersetzungsmethode notwendig ist, muß beim operativen Text außer den sprachlichen Elementen und den literarischen Formen insbesondere psychologische Aspekte berücksichtigen und sieht sich komplexen hermeneutischen Problemen gegenüber. Unter Berücksichtigung dieser vier Gesichtspunkte werden die Übersetzungstechniken zur Realisierung der für den operativen Text angebrachten Methode einer eingehenden Erörterung unterzogen.

Der pragmatischen Dimension der Texte und ihrer unterschiedlichen Berücksichtigung bei der Übersetzung der verschiedenen Texttypen gilt dabei die besondere Aufmerksamkeit. Die den verschiedenen Texttypen angemessenen unterschiedlichen Übersetzungsmethoden verlangen differenzierte übersetzerische Realisierungsmodalitäten und damit auch unterschiedliche Äquivalenzmaßstäbe. Zur Feststellung erreichter Äquivalenz zwischen AS-Text und ZS-Text (dem Ziel jeder Übersetzung mit Primärfunktion) bietet sich als tertium comparationis generell „das Gemeinte" (Koschmieder) als Einheit von in einer bestimmten Situation Verbalisiertem (Vermeer) an. Texttypologisch läßt sich das Gemeinte auffächern, so daß es sich für den informativen Typ als „das Dargestellte", für den expressiven Typ als „das Dargestellte und Evozierte", für den operativen Typ als „das Dargestellte, das Evozierte und das Provozierte" definieren ließe.

Nach der Darlegung der vielschichtigen Übersetzungsproblematik bei operativen Texten bringt Teil IV der Arbeit aus Texten dieses Typs ausgewählte konkrete Beispiele, an denen exemplarisch gezeigt wird, welche Überlegungen der Übersetzer anstellt, bevor er sich für eine bestimme Technik im Rahmen der intentionsadäquaten Übersetzungsmethode entscheidet. Durch die detaillierte Beschreibung des übersetzerischen Entscheidungsprozesses soll die Stichhaltigkeit der theoretischen Befunde überprüft und die Praxis der Übersetzung operativer Texte transparent gemacht werden. (Auch hier wird zur schärferen Profilierung der Übersetzungsmethode für operative Texte gelegentlich die unterschiedliche übersetzerische Behandlung eines und desselben sprachlichen Phänomens in verschiedenen Texttypen aufgezeigt.) Der letzte Abschnitt faßt den Demonstrationswert der praktischen Beispiele noch einmal im Blick auf den operativen Texttyp zusammen, der nur dann intentionsadäquat übersetzt ist, wenn der ZS-Text so gestaltet wurde, daß er den gleichen Grad an Appellwirksamkeit besitzt wie der Originaltext.

BIBLIOGRAPHIE

(1) *Ayala*, Francisco: Problemas de la traducción, Madrid 1965
(2) *Badura*, Bernhard: Sprachbarrieren. Zur Soziologie der Kommunikation. Stuttgart-Bad Cannstadt 1971
(3) *Bartsch*, R./*Vennemann*, Th. (Hrsg.): Linguistik und Nachbarwissenschaften, Kronberg/Ts. 1973
(4) *Bausch*, Karl-Richard: Verbum und verbale Periphrase im Französischen und ihre Transposition im Englischen, Deutschen und Spanischen, Phil.Diss., Tübingen 1963
(5) ders., Die Transposition. Versuch einer neuen Klassifikation, in: Linguistica Antverpiensia II (1968) S. 29-50
(6) ders., Sprachmittlung, in: Lexikon der Germanistischen Linguistik. Hrsg. H. P. Althaus, H. Henne, H. E. Wiegand, Tübingen 1973 Studienausgabe Bd. III, S. 610-615
(7) *Bieri*, Jean: Ein Beitrag zur Sprache der französischen Reklame, Diss. Zürich, Winterthur 1952
(8) *Bierwisch*, Manfred: Poetik und Linguistik, in: Arbeitsmaterialien Deutsch, Oberstufe, Stuttgart 1972, S. 136-143
(9) *Blanke*, Gustav H.: Einführung in die semantische Analyse, hueber hochschulreihe 15, München 1973
(10) *Blinzler*, Josef: Bibelübersetzung heute, in: Klerusblatt, 51. Jg. (1972) Nr. 16
(11) *Bödeker*, Johann D.: Sprache der Anzeigenwerbung. Ein Arbeitskurs zum Verständnis appellativen Gebrauchs der Sprache. Arbeitsunterlagen für den Deutschunterricht. 2. Aufl., Karlsruhe 1971
(12) *Boesch*, Bruno: Die Sprache des Protestes, in: Sprache — Brücke und Hindernis, hrsg. v. J. Schlemmer, München 1972
(13) *Boivineau*, Roger: L'a.b.c. de l'adaptation publicitaire, in: META, Journal des Traducteurs. Translators Journal, Numéro Spécial: L'adaptation publicitaire, Vol. 17, N. 1, mars 1972, S. 5-28
(14) *Brang*, Peter: Das Problem der Übersetzung in sowjetischer Sicht, in: Störig (Hrsg.), Das Problem des Übersetzens, Stuttgart 1963
(15) *Breuer*, Dieter: Einführung in die pragmatische Texttheorie, UTB 106, Göttingen 1974
(16) *Brinker*, Klaus: Aufgaben und Methoden der Textlinguistik, in: Wirkendes Wort, Heft 4, 21. Jg. (1971) S. 217-237
(17) ders., Textlinguistik. Zum Forschungsstand einer neuen linguistischen Teildisziplin, in: U. Engel und O. Schwencke (Hrsg.), Gegenwartssprache und Gesellschaft, Düsseldorf 1972
(18) *Brower*, R. A. (ed.): On Translation, New York 1966
(19) *Buber*, Martin: Zu einer neuen Verdeutschung der Schrift, in: Störig (Hrsg.) Das Problem des Übersetzens, Stuttgart 1963
(20) *Bühler*, Karl: Sprachtheorie, Stuttgart, 2. Auflage, 1965
(21) *Bülow*, Friedrich: Wörterbuch der Wirtschaft, 4. Auflage, Stuttgart 1963
(22) *Bullinger*, Hermann: Sind Werbeaussagen international variabel?, in: Wirtschaft und Werbung, Jg. 17 (1963), S. 824-827
(23) *Bultmann*, Rudolf: Geschichte der synoptischen Tradition, 1. Auflage 1921, 7. Auflage Göttingen 1967

(24) *Caillé*, Pierre F.: La traduction au cinéma, in: Italiaander (Hrsg.), übersetzen, Hamburg 1965
(25) *Carnicé de Gallez*, E.: Obervaciones sobre el aspecto sociolingüístico del lenguaje de la radio, in: Cuadernos del Sur, 5, Univ. Nacional del Sur (Arg.), Enero-junio 1966, S. 47-48
(26) *Catford*, J. C.: A Linguistic Theory of Translation, 2. Auflage, London 1967
(27) *Cherubim*, Dieter/*Henne*, Helmut: Zur bewertung von sprachbeschreibungen, in: Zeitschrift für Germanistische Linguistik, 1.1 (1973), S. 32-66
(28) *Chiu*, Rosaline: Measuring Register Characteristics, in: IRAL, No. 1 (1973), S. 51-68
(29) *Coseriu*, Eugenio: Die Metaphernschöpfung in der Sprache, in: ders., Sprache, Strukturen und Funktionen. 12 Aufsätze, Tübingen 1970
(30) *Dieckmann*, Walter: Sprache in der Politik. Einführung in die Pragmatik und Semantik der politischen Sprache, Heidelberg 1969.
(31) *Dreher*, Bruno: Biblisch predigen. Ein homiletisches Werkbuch. Werkhefte zur Bibelarbeit 7, Stuttgart 1965
(32) *Dressler*, W. U.: Modelle und Methoden der Textsyntax, in: Folia linguistica, IV, 1/2 (1970), S. 41-48
(33) ders., Einführung in die Textlinguistik, (Konzepte der Sprach- und Literaturwissenschaft), Tübingen 1972
(34) *Duméril*, Edmond: Lieds et ballades germaniques traduits en vers français, Paris 1934
(35) *Eco*, Umberto: Einführung in die Semiotik, UTB 105, München 1972
(36) *Engel*, Ulrich/*Schwencke*, Olaf (Hrsg.): Gegenwartssprache und Gesellschaft, Düsseldorf 1972
(37) *Esser*, Wilhelm: Die aus dem Wesen der Predigt sich ergebenden stilbildenden Elemente, in: Sprache und Predigt. Ein Tagungsbericht, Hrsg. v. M. *Frickel*, Würzburg 1963
(38) *Fingerhut*, Margret: Racine in deutschen Übersetzungen des 19. und 20. Jahrhunderts, Phil.Diss., Bonn 1970
(39) *Friedrich*, Hugo: Zur Frage der Übersetzungskunst. Sitzungsberichte der Heidelberger Akademie der Wissenschaften, Phil.-hist. Klasse, Jg. 1965
(40) *Gerbert*, Manfred: Technische Übersetzungen und das Problem des Fachwissens, in: H. *Spitzbardt* (Hrsg.), Spezialprobleme der wissenschaftlichen und technischen Übersetzung, Halle 1971
(41) *Gipper*, Helmut: Die Farbe als Sprachproblem, in: Sprachforum, 1. Jg. (1955), S. 135-145.
(42) ders., Sprachliche und geistige Metamorphosen bei Gedichtübersetzungen, Düsseldorf 1966
(43) *Glinz*, Hans: Zur Lage der Germanistik im linguistischen Bereich, in: Linguistik und Didaktik, Nr. 3, 1. Jg. (1970), S. 172 ff.
(44) ders., Textanalyse und Verstehenstheorie I, Studienbücher zur Linguistik und Literaturwissenschaft Bd. 5, Frankfurt/M. 1973
(45) *Gniffke-Hubrig*, Christa: Textsorten. Erarbeitung einer Typologie von Gebrauchstexten in der 11. Klasse des Gymnasiums, in: Der Deutschunterricht, Heft 1, Jg. 24 (1972), S. 39-52.
(46) *Gorjan*, Zlatko: Über das akustische Element beim Übersetzen von Bühnenwerken, in: Italiaander (Hrsg.), übersetzen, Hamburg 1965
(47) *Gössmann*, Wilhelm: Sakrale Sprache, München 1965

(48) *Goethe*, Johann W.: Der West-östliche Divan, dtv-Gesamtausgabe Bd. 5, München 1961
(49) *Gülich*, Elisabeth/*Raible*, Wolfgang: (Hrsg.) Textsorten. Differenzierungskriterien aus linguistischer Sicht, Frankfurt/M. 1972
(50) dies., Linguistische Textmodelle. Grundlagen und Möglichkeiten, München 1973
(51) *Güttgemanns*, Erhardt: studia linguistica neotestamentica, Gesammelte Aufsätze zur linguistischen Grundlage einer Neutestamentlichen Theologie. Beiträge zur evangelischen Theologie, hrsg. v. E. *Wolf*, Bd. 60, München 1970
(52) *Güttinger*, Fritz: Zielsprache. Theorie und Technik des Übersetzens, Zürich 1963
(53) *Hantsch*, Ingrid: Zur semantischen Strategie der Werbung, in: Sprache im technischen Zeitalter, 42, (1972), S. 93–112
(54) *Hartmann*, Peter: Text, Texte, Klassen von Texten, in: Bogawus 2, (1964), S. 15–25
(55) ders., Texte als linguistisches Objekt, in: W. Stempel (Hrsg.), Beiträge zur Textlinguistik, München 1971
(56) *Hartung*, Ernst A.: Was erwarten Theaterleute von einer Bühnenübersetzung?, in: Babel, Vol. XI, Nr. 1 (1965)
(57) *Haseloff*, O. W.: Über Wirkungsbedingungen politischer und werblicher Kommunikation, in: ders., (Hrsg.) Kommunikation, Berlin: Colloquium 1969
(58) *Hayakawa*, S. J.: Semantik. Dt. Übersetzung, o. J., 2. Auflage Darmstadt 1967
(59) *Hennecke*, Hans: Übersetzung im Dienste der Weltliteratur, in: Dt. Akademie für Sprache und Dichtung Darmstadt, Jahrbuch 1955, Heidelberg-Darmstadt 1956
(60) *Heringer*, Hans-Jürgen: Sprache als Mittel der Manipulation, in: Sprache – Brücke und Hindernis, München 1972
(61) *High*, Dallas M.: Sprachanalyse und religiöses Sprechen, Düsseldorf 1972
(62) *Ilek*, Bohuslav: On Translating Images, in: The Nature of Translation. Essays on the Theory and Practice of Literary Translation, Paris 1970, S. 135–138
(63) *Iser*, Wolfgang: Die Appellstruktur der Texte. Konstanzer Universitätsreden 28, hrsg. v. G. *Hess*, Konstanz 1971
(64) *Italiaander*, Rolf (Hrsg.): übersetzen. Vorträge und Beiträge vom Internationalen Kongreß literarischer Übersetzer in Hamburg, 1965
(65) *Jakobson*, Roman: Linguistics and Poetics, in: Style and Language, ed. Th. Sebeok, 1960
(66) ders., Linguistic Aspects, in: R. A. *Brower* (ed.), On Translation, New York 1966
(67) ders., Unbewußte sprachliche Gestaltung in der Dichtung, in: LiLi, Zeitschrift für Literaturwissenschaft und Linguistik, Jg. 1 Heft 1/2, (1971), S. 101–112
(68) *Jumpelt*, Rudolf W.: Die Übersetzung naturwissenschaftlicher und technischer Literatur, Berlin-Schöneberg 1961
(69) *Kade*, Otto: Subjektive und objektive Faktoren im Übersetzungsprozess, Phil. Diss., Leipzig 1965
(70) ders., Kommunikationswissenschaftliche Probleme der Translation, in: A. Neubert (Hrsg.), Grundfragen der Übersetzungswissenschaft, Beihefte zur Ztschr. *Fremdsprachen II*, Leipzig 1968, S. 3–19
(71) ders., Zum Verhältnis von Translation und Transformation, in: Studien zur Übersetzungswissenschaft, Beihefte zur Ztschr. *Fremdsprachen III/IV*, Leipzig 1971, S. 7–26
(72) *Kainz*, Friedrich: Psychologie der Sprache, 5 Bde, Stuttgart 1941 ff.
(73) *Kaufmann*, Hans Der Übertexter, in: Der Übersetzer, Nr. 4, Jg. 9 (1972), S. 2–3
(74) *Klappenbach*, Ruth/*Steinitz*, Wolfgang: Wörterbuch der deutschen Gegenwartssprache, Berlin 3. Auflage 1967

(75) *Klegraf*, Josef: Rezension zu K. *Reiss*, Möglichkeiten und Grenzen der Übersetzungskritik, hueber hochschulreihe 12, München 1971, in: IRAL, Vol. XI/3, August 1973, S. 279–282
(76) *Kloepfer*, Rolf: Die Theorie der literarischen Übersetzung. Freiburger Schriften zur Romanischen Philologie Bd. 12, München 1967
(77) *Koebner*, R./*Schmidt*, H.: Imperialism. The Story and Significance of a political Word, 1840–1960, Cambridge 1964
(78) *Köck*, Wolfram K.: Manipulation durch Trivialisierung, in: A. *Rucktäschel* (Hrsg.), Sprache und Gesellschaft, UTB 131, München 1972
(79) *Kolbe*, Wilhelm: Redensarten der spanischen Sprache. Ullstein Buch Nr. 632, Frankfurt/Berlin 1967
(80) *Koller*, Werner: Grundprobleme der Übersetzungstheorie, Bern u. München 1972
(81) *Kopperschmidt*, J.: Rhetorik. Einführung in die persuasive Kommunikation, Ulm 1971
(82) *Koschmieder*, Erwin: Das Problem der Übersetzung, in: Corolla linguistica, Festschrift f. Ferd. Sommer, Wiesbaden 1955
(83) ders., Beiträge zur allgemeinen Syntax, Heidelberg 1965
(84) *Lange*, Alfred: Redner und Rede, Ein Sachbuch der Überzeugungsrede, Rottweil/Neckar 1970
(85) *Leisi*, Ernst: Der Wortinhalt. Seine Struktur im Deutschen und Englischen, 2. erw. Auflage, Heidelberg 1961
(86) *Levý*, Jiří: Die literarische Übersetzung. Theorie einer Kunstgattung, Frankfurt/Bonn 1969
(87) *Magass*, Walter: Exempla ecclesiastica. Beispiele apostolischen Marktverhaltens, Bonn 1972
(88) *Malblanc*, Alfred: Stylistique comparée du francais et de l'allemand, Paris 1968
(89) *Margull*, Hans Jochen: Theologie der missionarischen Verkündigung, Stuttgart 1959
(90) *Meyers* Handbuch über die Literatur, hrsg. u. bearb. v. den Fachredaktionen des Bibliographischen Instituts, Mannheim 1964
(91) *Morris*, Charles W.: Signs, Language and Behavior, 2. Auflage, New York 1955
(92) *Moser*, Hugo: Sprache und Religion. Beihefte zur Ztschr. Wirkendes Wort 7, Düsseldorf 1964
(93) *Mounin*, Georges: Die Übersetzung. Geschichte, Theorie, Anwendung, München 1967
(94) *Neubert*, Albrecht: Pragmatische Aspekte der Übersetzung, in: Grundfragen der Übersetzungswissenschaft. Beihefte zur Zeitschr. *Fremdsprachen II*, Leipzig 1968, S. 21–33
(95) *Nida*, Eugene A.: Toward a Science of Translating. With special Reference to principles and procedures involved in Bible Translating, Leiden 1964
(96) *Nida*, Eugene A./*Taber*, Charles R.: Theorie und Praxis des Übersetzens unter besonderer Berücksichtigung der Bibelübersetzung, o. O., 1969
(97) *Nogradnik*, Christa: Die grammatikalische Struktur der spanischen Reklamesprache, in: Lebende Sprachen, Heft 2, 8. Jg. (1963), S. 50–51
(98) *Ortega y Gasset*, José: Miseria y Esplendor de la Traducción. Elend und Glanz der Übersetzung, Edition Langewiesche-Brandt, München 1956
(99) *Osswald*, Paul/*Gramer*, Egon: Die Sprache der Werbung, in: Der Deutschunterricht, Heft 5, Jg. 20 (1968)
(100) *Pekrun*, Richard: Das deutsche Wort, 2. Auflage, Heidelberg 1953

(101) *Pelster*, Theodor: Die politische Rede im Westen und Osten Deutschlands. Beihefte zur Ztschr. Wirkendes Wort 14, Düsseldorf 1966
(102) *Rabuse*, Georg: Werbung in französischer Sprache in: Wirtschaft und Werbung, Jg. 17 (1963), S. 827-830
(103) *Reich*, Hans: Sprache und Politik. Untersuchungen zu Wortwahl und Wortschatz des offiziellen Sprachgebrauchs in der DDR, Bd. I der Reihe Münchener Germanistische Beiträge, München 1968
(104) *Reichert*, Klaus: „Finnegans Wake" — Zum Problem einer Übersetzung, in: Neue Rundschau, 1. Heft, 83. Jg. (1972), S. 165-169
(105) *Reiss*, Katharina: Überlegungen zu einer Theorie der Übersetzungskritik, in: Linguistica Antverpiensia II, (1968), S. 369-383
(106) dies., Textbestimmung und Übersetzungsmethode. Entwurf einer Texttypologie, in: Ruperto-Carola, Bd. 46, Jg. 21 (1969), S. 69-75
(107) dies., Das Jahrhundert der Übersetzungen oder Die Übersetzung in Bildern und Vergleichen, in: Linguistica Antverpiensia IV, (1970), S. 175-195
(108) dies., Möglichkeiten und Grenzen der Übersetzungskritik, hueber-hochschulreihe Bd. 12, München 1971
(109) dies., Die Bedeutung von Texttyp und Textfunktion für den Übersetzungsprozeß, in: Linguistica Antverpiensia V, (1971), S. 137-147
(110) dies., Texttyp und Übersetzungsmethode, in: IRAL-Sonderband, Kongreßbericht der 3. Jahrestagung der Gesellschaft für Angewandte Linguistik (GAL), Heidelberg 1972, S. 98-106.
(111) dies., Eine verlegerische Tat? — Übersetzungskritische Betrachtungen zu Germán Arciniegas „Kulturgeschichte Lateinamerikas", in: Lebende Sprachen, Nr. 5, 17. Jg. (1972), S. 152-156.
(112) dies., Der Texttyp als Ansatzpunkt für die Lösung von Übersetzungsproblemen, in: Linguistica Antverpiensia VII, (1973), S. 111-127
(113) *Römer*, Ruth: Die Sprache der Anzeigenwerbung. Schriften des Institus für deutsche Sprache Bd. IV, Düsseldorf 1968
(114) dies., Pragmatische Dimension und sprachliche Wirkungen, in: Linguistische Berichte, 18, (1972), S. 19-26
(115) *Rohner*, Ludwig: Der deutsche Essay. Materialien zur Geschichte und Ästhetik einer literarischen Gattung, Neuwied-Berlin 1966
(116) *Rucktäschel*, Annamaria (Hrsg.): Sprache und Gesellschaft, UTB 131, München 1972
(117) *Rülker*, Klaus: Zur Rolle der Pragmatik in der zweisprachigen Kommunikation, in: Beihefte zur Ztschr. *Fremdsprachen III/IV*, Studien zur Übersetzungswissenschaft, Leipzig 1971, S. 99-112
(118) ders., Einige Probleme der Übersetzung naturwissenschaftlich-technischer Literatur unter besonderer Berücksichtigung des pragmatischen Aspekts in: H. *Spitzbardt* (Hrsg.), Spezialprobleme der wissenschaftlichen und technischen Übersetzung, Halle 1971
(119) *Sanders*, Willy: Linguistische Stiltheorie. Probleme, Prinzipien und moderne Perspektiven des Sprachstils, Kleine Vandenhoeck-Reihe 1386, Göttingen 1973
(120) *Scherner*, Maximilian: Text und Sinn, in: Der Deutschunterricht, Heft 3, Jg. 24 (1972), S. 51-69
(121) *Schlemmer*, Johannes (Hrsg.): Sprache — Brücke und Hindernis, 23 Beiträge nach einer Sendereihe des „Studio Heidelberg", Süddeutscher Rundfunk, München 1972

(122) *Schmidt*, Siegfried J.: Text als Forschungsobjekt der Texttheorie, in: Der Deutschunterricht, Heft 4, Jg. 24 (1972), S. 7-28
(123) ders., Texttheorie, UTB 202, München 1973
(124) *Schurr*, Viktor: Die Missionspredigt, in: ANIMA, Vierteljahresschrift für praktische Seelsorge, Heft 4 (1955)
(125) *Seibel*, Ernst A.: Einige Aspekte der Komik in spanischen Modismos, Phil.Diss., Köln 1963
(126) *Seiffert*, Helmut: Einführung in die Wissenschaftstheorie I, Beck'sche Schwarze Reihe Bd. 60, München, 3. Auflg. 1971
(127) *Semmelroth*, Otto: Wirkendes Wort, Frankfurt 1962
(128) *Senger*, Anneliese: Deutsche Übersetzungstheorie im 18. Jahrhundert (1734-1746), Phil.Diss. Köln, Bern 1971
(129) *Seyppel*, Joachim: William Faulkner, Berlin 1962
(130) *Silverstein*, Michael: Linguistik und Anthropologie, in: *Bartsch/Vennemann* (Hrsg.), Linguistik und Nachbarwissenschaften, Kronberg/Ts. 1973, S. 193-210
(131) *Spitzbardt*, Harry (Hrsg.): Spezialprobleme der wissenschaftlichen und technischen Übersetzung, Halle (Saale) 1971, Hueber-Verlag München 1972
(132) *Spitzer*, Leo: Amerikanische Werbung – verstanden als populäre Kunst, in: Eine Methode Literatur zu interpretieren, München 1966, S. 79-99
(133) *Stempel*, Wolf-Dieter (Hrsg.): Beiträge zur Textlinguistik. 7 Vorlagen und 4 Diskussionen, München 1971
(134) *Stiehl*, Ulrich: Einführung in die allgemeine Semantik, Bern 1970
(135) *Störig*, Hans Joachim (Hrsg.): Das Problem des Übersetzens, Stuttgart 1963
(136) *Stötzel*, Georg: Die heutige Sprache als Stiefkind der Germanistik, in: J. *Schlemmer* (Hrsg.), Sprache – Brücke und Hindernis, München 1972
(137) *Stresing*, Heinz: Die Sprache der Anzeigenwerbung. Eine vergleichende Untersuchung der deutschen und spanischen Werbesprache, Dipl.Arbeit (Masch.), Heidelberg 1969
(138) *Tabernig de Pucciarelli*, Elsa: Aspectos técnicos y literarios de la traducción, in: Boletín de Estudios germánicos, Universidad Nacional de Cuyo, tomo V, Mendoza 1964, S. 137-155
(139) *Teigeler*, P.: Verständlichkeit und Wirksamkeit von Sprache und Text, Stuttgart 1968
(140) *Texte zu Sprache und Linguistik* Arbeitsmaterialien Deutsch, Oberstufe, (Bearbeiter: Dietrich Homberger, Wolfgang Woywodt, unter Leitung der Verlagsredaktion Deutsch, Klett Verlag), Stuttgart 1972
(141) *Todorov*, Tzvetan: Die semantischen Anomalien, in: Literaturwissenschaft und Linguistik, hrsg. v. Jens *Ihwe*, Bd. 1 Frankfurt 1971
(142) *Tophoven*, Elmar: Bericht aus der Werkstatt, in: Der Übersetzer, Nr. 6, 9. Jg. (1972), S. 1-3
(143) *Treue*, Wolfgang/*Kandler*, Günther: Parteinamen, in: Sprachforum, 1. Jg. (1955), S. 210-222
(144) *Ulshöfer*, R.: Die Theorie der Schreibakte und die Typologie der Kommunikationsmuster oder Stilformen, in: Der Deutschunterricht, Heft 1, Jg. 26 (1974), S. 6-15
(145) *Veillet-Lavallée*, F.: La traduction dans une organisation internationale, in: BABEL, No. 4, (1962), S. 188-193
(146) *Vermeer*, Hans J.: Generative Transformationsgrammatik, Sprachvergleich und Sprachtypologie, in: Zeitschrift für Phonetik, Sprachwissenschaft und Kommunikationsforschung, Bd. 23, Heft 4 (1970), S. 385-404

(147) ders., Einführung in die linguistische Terminologie, Sammlung dialog 53, München 1971
(148) ders., Allgemeine Sprachwissenschaft. Eine Einführung, Freiburg 1972
(149) ders., Zur Beschreibung des Übersetzungsvorgangs, in: W. Wilss/G. Thome (Hrsg.) Aspekte der theoretischen, sprachenpaarbezogenen und angewandten Sprachwissenschaft, Saarbrücken 1974
(150) ders., Interaktions-Determinanten. Ein Versuch zwischen Pragma- und Soziolinguistik, in: IRAL-Sonderband, Kongreßbericht der 4. Jahrestagung der GAL, Oktober 1972, Heidelberg 1974
(151) *Wagner*, Hildegard: Die deutsche Verwaltungssprache. Eine Untersuchung der sprachlichen Sonderform und ihrer Leistung. Bd. 9 Sprache der Gegenwart, Düsseldorf 1970
(152) *Wahrig*, Gerhard: The Syntagma as a Fundamental Unit of Lexicon Entries, in: ZDL, 36 (1969), S. 257-268
(153) *Wehrmann*, Helmut: Das werbende Wort — juristisch gesehen, in: Wirtschaft und Werbung, Jg. 17 (1963), S. 416-420
(154) *Welte*, Werner: moderne linguistik: terminologie/bibliographie, 2 Bde, hueber hochschulreihe 17, München 1974
(155) *Werner*, Otto: Die Opernübersetzung — ein Beitrag zum Musiktheater, in: Die komische Oper 1947-1954, Berlin 1954
(156) *Wienold*, Götz: Textverarbeitung, Überlegungen zur Kategorienbildung in einer strukturalen Literaturgeschichte, in: LiLi, Ztschr. für Literaturwissenschaft und Linguistik, Heft 1/2, 1. Jg. (1971), S. 59-90
(157) *Wikenhauser*, Alfred: Einleitung in das Neue Testament, Freiburg 1953
(158) *Wilss*, Wolfram: Die Übersetzung. Probleme und Perspektiven des Übersetzens. Übersichtsartikel. (Masch.) 1972 (erscheint demnächst in: Handbuch der Linguistik)
(159) *Wilss*, Wolfram/*Thome*, Gisela (Hrsg.): Aspekte der theoretischen, sprachenpaarbezogenen und angewandten Sprachwissenschaft. Referate und Diskussionsbeiträge des 1. übersetzungswissenschaftlichen Kolloquiums am Institut f. Übersetzen und Dolmetschen der Universität des Saarlandes (26./27. Mai 1972), (Julius-Groos Verlag, Heidelberg) Saarbrücken 1974
(160) *Wunderlich*, Dieter: Die Rolle der Pragmatik in der Linguistik, in: Der Deutschunterricht, Heft 4, Jg. 22 (1970), S. 5-41
(161) ders., Pragmatik, Sprechsituation, Deixis, in: Ztschr. der Literaturwissenschaft und Linguistik, Heft 1/2, 1. Jg. (1971), S. 153-190
(162) *Wuthenow*, Ralph-R.: Das fremde Kunstwerk. Aspekte der literarischen Übersetzung. Palaestra Bd. 252, Göttingen 1969
(163) *Zabrocki*, Ludwik: Lernschwierigkeiten mit sprachlichen Ursachen, in: Sprache und Gesellschaft, Jahrbuch 1970 des Instituts für deutsche Sprache in Mannheim, Bd. 13, Düsseldorf 1971
(164) *Zimmer*, Dieter E.: Über den politischen Stil des Bayernkurier, in: DIE ZEIT, 12. Sept. 1969
(165) *Zimmermann*, Heinrich: Neutestamentliche Methodenlehre. Darstellung der historisch-kritischen Methode, Stuttgart 1967

Register der erörterten Übersetzungsprobleme

Pragmatische Divergenzen S. 100 ff.
Psychologische Divergenzen S. 96 ff.; S. 108
Strukturdivergenzen S. 117 f.

bildhafte Sprache S. 98 f.; S. 119
Expressivität der Sprache S. 109 f.
Sprachebenen S. 109
syntaktische Sprachgewohnheiten S. 117
Unpersönliche Ausdrucksweise S. 29, Anm. 44; S. 117 f.

Mentalitätsgebundenheit S. 112 f.
Ortsgebundenheit S. 110 f.; S. 120
Zeitgebundenheit S. 111 f.; S. 119

Argumentativer Appell S. 112 f.
Emotionaler Appell S. 113 f.

Anspielung S. 107, Anm. 61; S. 120
Antithese S. 115
Allegorie S. 115
Aufhänger S. 111; S. 115
Fremdwort S. 74, Anm. 28; S. 75, Anm. 44; S. 117 f.
Garanten S. 98.; S. 120
Idiomatische Redewendungen S. 118 f.
Imperativ S. 112
Metapher S. 95; S. 124, Anm. 22
Produktname S. 40; S. 95; S. 111
Reizwort S. 77, Anm. 69; S. 119 f.
Slogan S. 95; S. 110 f.; S. 116
Sprichwort S. 121 f.
Tabu S. 117
Vergleich S. 98; S. 118

NAMENREGISTER

Arntzen, H. 73
Ayala, F. 5

Badura, B. 132
Bally, Ch. 29
Bartsch, R. 132
Bausch, K.-R. 105, 108
Bieri, J. 75
Bierwisch, M. 32
Blanke, G. H. 125
Blinzler, J. 49, 79, 81, 90, 104, 125
Bödeker, J. D. 37-39, 41, 42, 74, 75, 96, 105, 123
Boesch, B. 77
Boivineau, R. 24, 84, 104, 105
Brang, P. 73
Breuer, D.4 78
Brinker, K. 4
Brower, R. A. 132
Buber, M. 104
Bühler, K. 9, 26
Bülow, F. 73
Bullinger, H. 75, 112, 123
Bultmann, R. 37, 53, 79, 80, 81, 82

Caillé, P. Fr. 32
Carnicé de Gallez, E. 74
Catford, J. C. 33
Cherubim, D. 133
Chiu, R. 2, 4
Coseriu, E. 26, 28

Dieckmann, W. 37, 43, 44, 67, 68, 73, 76-78, 83, 85
Dreher, B. 80
Dressler, W. U. 3, 25
Duméril, E. 32

Eco, U. 73, 124
Engel, U. 4, 28
Esser, W. 52, 80-82

Fedorov, K. 5
Fingerhut, M. 32
Friedrich, H. 25

Gerbert, M. 29, 32, 103, 104
Gipper, H. 32, 74
Glinz, H. 4, 5, 25
Gniffke-Hubrig, Ch. 3, 25, 67, 71, 84, 85
Gorjan, Z. 32
Gössmann, W. 80-82
Goethe, J. W. 21, 22, 93, 99
Gülich, E. 134
Güttgemanns, E. 27, 35, 38, 51, 72, 79, 80, 82
Güttinger, F. 3, 25, 108

Hantsch, I. 32, 37, 73, 74, 75, 76, 85, 105, 124, 125
Hartmann, P. 2-4, 35, 79
Hartung, E. A. 32
Haseloff, O. W. 78
Hayakawa, S. J. 37, 38, 43, 73, 76
Hennecke, H. 30
Heringer, H. J. 85
High, D. M. 80

Ilek, B. 125
Iser, W. 103

Jakobson, R. 26, 27, 30, 103, 125
Jumpelt, R. W. 5, 28, 29

Kade, O. 3, 5, 29, 71, 92, 93, 104
Kainz, F. 26, 30, 84, 123-125
Kandler, G. 78
Kaufmann, H. 88, 101, 104, 108
Klegraf, J. 32
Kloepfer, R. 27, 71, 104, 106, 125
Köck, W. 29
Koebner, R. 77
Kolbe, W. 126
Koller, W. 29, 31, 71, 106
Kopperschmidt, J. 76
Koschmieder, E., 108, 130

Lange, A. 77, 78, 123
Leisi, E. 124
Levý, J. 32

Magaß, W. 108
Malblanc, A. 105
Margull, H. J. 79
Morris, Ch. W. 106
Moser, H. 38, 49, 79
Mounin, G. 3, 5, 27, 28

Neubert, A. 5, 25
Nida, E. A. 29, 34, 37, 51, 71, 79, 80
 92, 104, 125
Nogradnik, Ch. 105, 123, 125

Ortega y Gasset, J. 31
Osswald, P. 105

Pekrun, R. 104
Pelster, Th. 37, 44, 77, 78, 106, 124

Rabuse, G. 83, 85, 105, 112, 124, 126
Raible, W. 134
Reich, H. 37, 46, 70, 77, 78, 85
Reichert, K. 31, 85, 108
Reiss, K. 3, 24, 27, 28, 30, 84, 106, 107
Römer, R. 37, 40, 71, 72, 74, 75, 76
Rohner, L. 73
Rucktäschel, A. 76
Rülker, K. 3, 25, 106, 107

Sanders, W. 4, 29
Saussure, F. 8
Scherner, M. 3, 4
Schmidt, H. 77
Schmidt, S. J. 3, 4, 25
Schurr, V. 80
Schwencke, O. 4, 28
Seibel, E. A. 109, 123
Seiffert, H. 25
Semmelroth, O. 50, 79
Senger, A. 125
Seyppel, J. 105
Silverstein, M. 123
Spitzbardt, H. 136, 137
Spitzer, L. 76, 105
Stempel, W. D. 137
Stiehl, U. 26
Stötzel, G. 85
Stresing, H. 75

Taber, Ch. R., 29, 34, 37, 51, 71, 79, 80,
 92, 104, 125
Tabernig de Pucciarelli, E. 5
Teigeler, P. 78
Todorov, T. 28
Tophoven, E. 30
Treue, W. 78

Ulshöfer, R. 137

Veillet-Lavallée, F. 99, 106
Vennemann, Th. 137
Vermeer, H. J. 27, 31, 76, 105, 106, 108,
 124, 130

Wagner, H. 29
Wahrig, G. 125
Wehrmann, H. 123
Welte, W. 102
Werner, O. 32
Wienold, G. 83
Wikenhauser, A. 82
Wilss, W. 27, 105, 108
Wunderlich, D. 26, 102, 106
Wuthenow, R. R. 27, 32, 99, 103, 106

Zabrocki, L. 104
Zimmer, D. E. 77, 103
Zimmermann, H. 79

SACHREGISTER

Abwertung, abwertend 46, 48, 67, 76
Adaptation 6, 22, 84, 93, 99, 101, 102, 105, 110, 112, 113
gffekt(träger) 35, 43, 48, 52, 57, 60, 94, 120
Aktualität(sbezug) 52, 65, 66, 84, 111, 114
Allegorie 47, 67, 78, 115
Alliteration 66, 84, 116
Analogie 20, 21, 108
Analyse 1, 34, 46, 79, 94, 106
Anapher 47, 66, 115
Anrede, direkte 41, 42, 47, 67, 115
Anschaulichkeit 54, 115, 123
Anspielung 95, 120
An-Sprache 41, 47, 50, 59, 65, 112
Antithese 41, 47, 54 66, 67, 115
Appell 10, 14, 19, 38, 40−44, 47−51, 53, 55, 56, 58, 60, 63−65, 67, 68, 70, 71, 78, 79, 83−85, 87, 91, 97, 101, 104, 105, 110, 112, 114, 119, 122
   Sach − 50, 52, 55, 56−59, 61, 62, 84, 87−89, 91, 111, 112
   Sprach − 55, 88, 91, 112
Appellarten 57, 58, 60
Appellfunktion 10, 17, 18, 38, 40, 43, 44, 48, 51, 52, 55−58, 65, 77, 95, 98, 99, 101, 112, 129
Appellwirkung 19, 39, 45−48, 50−53, 60, 61, 63, 64, 77−79, 81, 83, 90−93, 97, 98, 101, 110, 113, 115, 117, 118, 121, 130
Äquivalent, äquivalent 17, 75, 98, 106, 109, 115, 116−119, 123, 125
   versetztes − 106, 119
Äquivalenz 1, 29, 51, 80, 102, 105, 108, 118, 130
Argument(ation), argumentativ 39, 43, 46, 48, 50, 51, 53, 54, 56−58, 76, 79, 83, 91, 112, 113, 115
Aspekte, psychologische 27, 94, 96 f., 112 f., 130
Assoziation 8 31, 32, 40, 42, 45, 46, 51, 60, 68, 71, 74, 77, 81, 84, 85, 94, 98, 110, 116, 120, 123

Aufforderung 52, 112

Aufhänger 41, 42, 52, 66, 95, 111, 115
Aufwertung 40, 41, 45, 46, 48, 67, 74, 75
Ausdrucksfunktion 9, 10, 17, 27, 43
Ausgangssprache (= AS) 4

Befehl 41, 67, 112
Behauptung 41, 42, 67, 80, 112
Bild 47, 53, 54, 66, 78, 81, 84, 95, 102

Darstellungsfunktion 9, 17, 18
Demagogie 48, 50, 56, 57
Determinante 59, 60, 88, 106, 110, 111, 129
Disposition 45, 47, 48, 52, 59, 63, 65, 72
Dominanz 10, 11, 17, 18, 19, 28, 59, 86, 96, 128
   − des Empfängerbezugs 59−62, 96, 99, 110, 129
Dreierfigur 41−43, 66

Einprägsamkeit 41, 48, 52, 54, 65, 66 f., 114
Element 18, 54, 76, 80, 128
   apellatives − 17, 119
   Form − 21, 22, 24, 34, 51, 122
   lexikalisches − 31, 110
   sprachliches − 29, 39, 50, 53, 55 f., 66, 82, 83, 91, 94 f., 102, 114, 130
   stilistisches − 31, 110
Emotion(alität), emotional 35, 42, 44−48, 50, 52−54, 56, 57, 61, 65, 67 f., 76, 78, 81, 88, 89, 99, 114, 123, 129
Erinnerungswert 40, 47, 65, 66 f., 114
Euphemismus, euphemistisch 41, 48, 52, 68, 94, 102
Expressivität 10, 13, 14, 21, 30, 103, 118

Fachwort 46, 67
Frage 41, 47, 53, 66, 83, 112, 115
Fremdwort 41, 46, 52, 66−68, 75, 77, 79, 81, 94, 116, 117, 125

Funktion, kommunikative 7, 8, 10, 11, 13, 14, 17, 20, 23, 24, 29, 32, 37, 40, 43, 44, 55, 62, 78, 79, 86, 90-92, 103, 105, 107, 128, 129

Garant 42, 48, 54, 55, 57, 87, 98, 118, 120
Gemeinte, das 102, 108, 130
Gestaltungsprinzip 65, 68, 86, 94, 95, 114, 121, 129, 130
Gewährsleute 42, 48, 78
Glaubwürdigkeit(sstreben) 42, 46, 48, 54, 61, 65, 70 f., 76, 95, 98, 114, 117, 118, 120, 122, 129
Grammatik, grammat(ikal)isch 30, 94, 110, 118

Hermeneutik, hermeneutisch 87, 94, 97-99, 127, 130
Hochwertung 84
Hyperbel, hyperbolisch 47, 53, 67, 68
Hypotaxe 52, 117

Identifikation, Identifizierung 31-33, 69
Identität 15
Ideologie 37, 53, 57, 73, 79, 90
Idiomatik, idiomatisch 107, 118, 119, 125
Imperativ 48, 52, 112, 124
Individualität 59, 110
Information 7, 9, 10, 12-14, 17, 20, 23, 25, 26, 28, 29, 41-43, 45, 48, 58, 62, 68, 76, 89, 91, 100, 105, 107, 116
Intention 9, 22, 23, 37, 72, 86, 97
Interesse 41, 42, 47, 56, 57, 65-67, 76, 78, 81, 82, 87, 115, 129
Interpretation 97, 105, 106
Invarianz 10, 15, 20-22, 27, 29, 90, 91, 108

Klischee 42, 61, 71
Kollokation 46, 76
Kommunikation 8, 11, 25, 26, 34, 62, 124
Kommunikationsakt, (-vorgang) 1, 2, 12-15, 17, 27, 35, 62, 63, 86, 87, 99, 127, 128, 130
Kommunikationstheorie (-theoretisch) 11-17, 25, 37, 71, 101, 127, 128
Komparativ, unvollständiger 74, 125

Kompetenz 28, 102, 108
Konnotation 8, 84, 116, 125
Kontext 3, 42, 44, 47, 53, 67, 84, 85, 88, 119, 122
kulturgebunden 114, 115, 118-122
Kurzsatz 41, 52, 68

Langzeitwirkung 67
Lexik 20, 21, 94

Manipulation 83, 85, 96, 97
Mentalität 59, 61 f., 84, 87, 89, 91, 96, 110, 112, 123
Mentalitätsgebunden(heit) 61, 63
Merkmal(e) 1, 20, 34-40, 42, 50, 53, 64, 81, 83, 86
  textkonstituierende — 55-64, 86, 92, 94, 109, 110, 112, 129
  textspezifische — 55, 58, 64-71, 86, 92, 94, 114, 129
Metapher 47, 53, 54, 61, 66, 82, 84, 95, 96, 124
Missionierung 10, 36, 37, 50, 65, 66, 68, 79, 81, 89, 90, 96, 105
Modulation, modulieren 74, 95, 101, 102, 105, 108, 114, 118, 120
Motivation 42, 59, 85, 91, 93, 96-98, 102, 110
Motivationsforschung 61

Neu(wort)bildung 70

Ortsbezug, ortsbezogen 59, 60, 91, 110
Ortsgebundenheit 60, 61, 63, 111

Pamphlet(ismus) 57, 77
Paradox 51, 67, 76, 81, 115
Paraphrase 84, 93, 102, 104, 111
Parataxe 52, 81, 117
Performanz 28, 102
Persuasion 52, 56, 78
Polemik, polemisch 10, 56, 57
Polysyndeton 47, 117
Pragmatik, pragmatisch 4-6, 32, 100, 101, 106-108, 130
Primärfunktion (d. Übers.) 23, 27, 29, 86, 88, 91-93, 108, 129
Produktname 40, 46, 67, 75, 95, 110, 111, 116

Propaganda 37, 41, 43, 44, 46, 47, 50, 56, 63, 65–67, 72, 75, 80, 81, 89, 96, 105, 113, 117
Propagandasprache 37, 46–49, 53
Prospekt 58, 71, 92–94

Redegegenstand 12–14, 16, 18, 20, 29, 37–40, 44, 45, 49, 50, 53, 55–58, 62–64, 68, 73, 74, 77, 86–91, 109, 112, 128, 129
Redeweise 21, 30, 39, 45, 49, 62–64, 66, 68, 73, 74, 78, 81, 109, 113, 119, 129
Redewendung 51, 52, 66, 95, 102, 107 f., 118 f.
Redundanz 28, 66
Reizwert 52, 60, 77, 81
Reizwort 45, 48, 52, 66, 68, 75–77, 118–120
Reklame 10, 42, 43, 46, 47, 50, 56, 57, 60, 61, 65, 72, 73, 80, 84, 89, 96, 111, 113, 117
Reklamesprache 37, 41, 42, 45, 46, 48, 49, 70, 74
Rhetorik, rhetorisch 30, 41, 44, 47, 51, 53, 54, 66, 70, 76, 78, 95, 114
Rhythmus 41, 43, 54, 95, 116, 122

Sachorientiert(heit) 12, 19, 20
Sachverhalt 12, 25, 26, 30, 44, 46, 50, 54, 55, 64, 86, 87
Satire 7, 37, 64, 73, 84, 104
Satzbau 39, 41, 47, 51, 78, 80, 81
Schlagwort 46 f., 66–68, 78, 118, 119
Schlüsselwort 41, 45, 68, 118
Sekundärfunktion (d. Übers.) 24, 27, 88, 89, 91, 103, 129
Senderorientiert(heit) 13, 19, 21
Semantik, semantisch 21, 22, 27, 30, 31, 39, 40, 45, 46, 74, 79, 84, 98, 105, 106, 113, 115
Situation 26, 29, 38, 51, 54, 80, 88, 98, 99, 108, 119, 130
Slogan 39, 42, 43, 48, 51, 60, 67, 68, 76, 95, 105, 110, 116
Spannungsverhältnis 62–64, 109
Sprachbarriere 47, 77
Sprache, gebundene 41, 66, 116
Sprachfigur 51, 54, 67, 112, 122, 125
Sprachfunktion 9, 10, 18, 25–28, 43

Sprachgebrauch 43, 44, 50, 56
Sprachgemeinschaft 9, 60, 61, 101, 104, 110, 112–114, 116, 121, 122
Sprachmanipulation 68 ff., 70, 76, 114, 129,
Sprachschicht 41, 75, 94
Sprachverwendung(sstrategie) 65, 84, 100, 128, 129
Sprichwort 42, 55, 71, 76, 82, 95, 102, 119–121 f.
Stil 20, 21, 29, 32, 47, 54, 67, 68, 82, 94, 123
Stilbruch 47, 53, 68, 94, 109, 116
Stilebene 53, 109
Substitution 74, 92, 95, 110, 116, 120
Suggestion 39, 41, 45, 48, 67, 105
Suggestivität 61, 65, 67, 68, 114, 129
Superlativ(stil) 40, 47, 53, 68, 74, 118, 125
Syntagma 117, 125
syntaktisch 4, 39, 41, 81, 116
Syntax 18, 20, 21, 28, 52, 66, 80, 94

Tertiärfunktion (d. Übers.) 24, 88, 93, 104, 129
Textanalyse 79, 94, 99, 130
Textart 25
Text(e) 1, 2, 5, 6, 8, 9, 19, 28, 35 f., 71
Anzeigen- 42
appellbetonte — 10, 14, 127
audio-mediale — 15, 18, 23, 27, 28 f., 56, 73, 84, 91, 104, 129
ausdrucksbetonte — 10, 127
Bibel- 36, 90, 103
darstellende — 10, 127
effektbetonte — 27
expressive — 13, 14, 16, 18, 19, 21 f., 23, 24, 27, 31, 33–35, 37, 40, 41, 54, 57, 62, 64, 72, 78, 86, 88, 90, 91, 100, 103, 107–109, 112, 121, 122, 128, 129
fachsprachliche — 5, 106, 121
formbetonte — 27, 107
Gebrauchs- 1, 10, 34, 127
informative — 12, 13, 16, 18, 21, 23, 24, 30, 34, 35, 37, 39–41, 57, 58, 62, 64, 80, 83, 84, 86, 87, 91, 100, 107, 108, 112, 118, 121, 126, 128, 129
inhaltsbetonte — 26
literarische — 1, 5, 6, 10, 34, 127

missionarische — 37, 38, 49-55, 56, 59, 64, 67, 70, 75, 79, 80, 81, 83, 90, 92, 111
operative — 6, 14, 15, 16, 18, 19, 22 f., 24, 28, 29, 34-131
pragmatische — 1, 5, 6, 34, 127
Predigt- 36, 52, 95, 109
Propaganda- 37, 38, 43-49, 50, 52, 54, 55, 56, 59, 71, 75, 78, 87, 89, 92, 95, 103, 120
Reklame- 36-43, 45, 50, 52, 54, 59, 66, 68, 76, 83, 84, 87, 88, 89, 92, 98, 104, 105, 111
Werbe- 25, 67, 71, 121
Wort- 36
Verbund- 104
Textempfänger 8, 13, 35, 36, 38, 39, 40, 42
Textfunktion 3, 4, 15, 17, 23, 24, 28, 32, 80, 87, 89, 128
Textgestaltung 12-15, 17, 23, 25, 28, 57, 73, 101, 127
Textlinguistik, textlinguistisch 1, 4, 51, 79, 127
Textsorte 5, 7, 8, 10, 11, 18, 20, 23, 25, 26, 30, 31, 34, 36, 37, 38, 45, 48, 51, 53, 54, 55, 57, 59, 62-66, 68, 72, 79, 83, 88, 92, 94, 100, 101, 109, 114, 121, 129
Texttheorie 4, 25
Texttyp(ologie) 1, 5-19, 25, 27, 29, 31, 32, 34, 35, 39, 41, 55, 58, 61, 62, 72, 73, 86, 91, 92, 100, 102, 103, 118, 127, 128
Translation 1, 3, 29
Transposition, transponieren 95, 105

Überredung 39, 44, 50, 57, 59, 76, 96
Übersetzbarkeit 5, 6
Übersetzungsfunktion 3, 23, 80, 107
Übersetzungsmethode 1, 6, 8, 10, 20-24, 35, 86-108, 127
  autorgerechte — 21
  adapierende — 93, 99, 130
  funktionsadäquate — 23 f., 91
  identifizierende — 22, 23, 31
  intentionsadäquate — 20-23, 35, 37, 89, 91-93, 99, 109, 129, 130
  parodistische — 22, 23, 32, 93, 99

schlicht-prosaische — 21, 23
suppletorische — 23
textgerechte — 23, 86, 130
Übersetzungsoperation 6, 7, 61 f., 86, 92, 100, 105, 107
Übersetzungsproblem(atik) 5, 6, 15, 32, 35, 61, 75, 95, 99, 100, 101, 109-126
Übersetzungsprozeß 1, 5, 6, 9, 24, 37, 87, 99, 102, 127
Übersetzungsstrategie 86
Übersetzungstechniken 99-108
Übertexten 88, 101
Überzeugung 59, 96, 113
Umkodierung 3, 90, 98, 101, 107, 110, 117, 119
Umpolung 96
Umprogrammierung 120
Universalien 114, 124, 125

Verbalisierung 10, 15, 29, 30, 43, 72, 123, 128
Verbundorientiert(heit) 15
Vergleich 47, 54, 66, 74, 98, 102, 118
Verhalten(simpuls) 8, 10, 15, 17, 22, 23, 35, 50, 54, 55, 62, 63, 68, 71, 80, 112, 128
Verhaltensorientiert(heit) 14, 19, 22, 23
Verkürzung, syntaktische 41
Verständlichkeit 46, 47, 54, 65 f., 84, 110, 114
Volkstümlichkeit 54, 65 f., 114, 118

Werbesprache 38, 42
Werbung 36, 38-44, 46, 48, 49, 58, 67, 72, 74, 76, 85, 88, 89, 103, 105, 118, 125
Werturteil 40, 48, 54, 65, 83
  vorgeprägtes — 40 f., 46, 61, 67, 129
Wertung 43, 46-48, 52
Wiederholung 41, 54, 66
Wirkung, Wirksamkeit 31, 32, 59, 71, 72, 75, 77
  operative — 15, 27, 55, 79, 92
Wortbildung 39, 40, 46, 51, 65, 74, 79, 99
Wortspiel 41, 95, 102, 107
Wortwahl 39, 40, 45, 51, 52, 67, 68, 71, 80, 94
Wortzusammensetzung 39

145

Zeitbezug 59, 60 f., 84, 64, 91, 104, 111
Zeitgebunden(heit) 61, 63
Zielgruppe 42, 45, 59, 61, 65, 88
Zielsprache (= ZS) 4